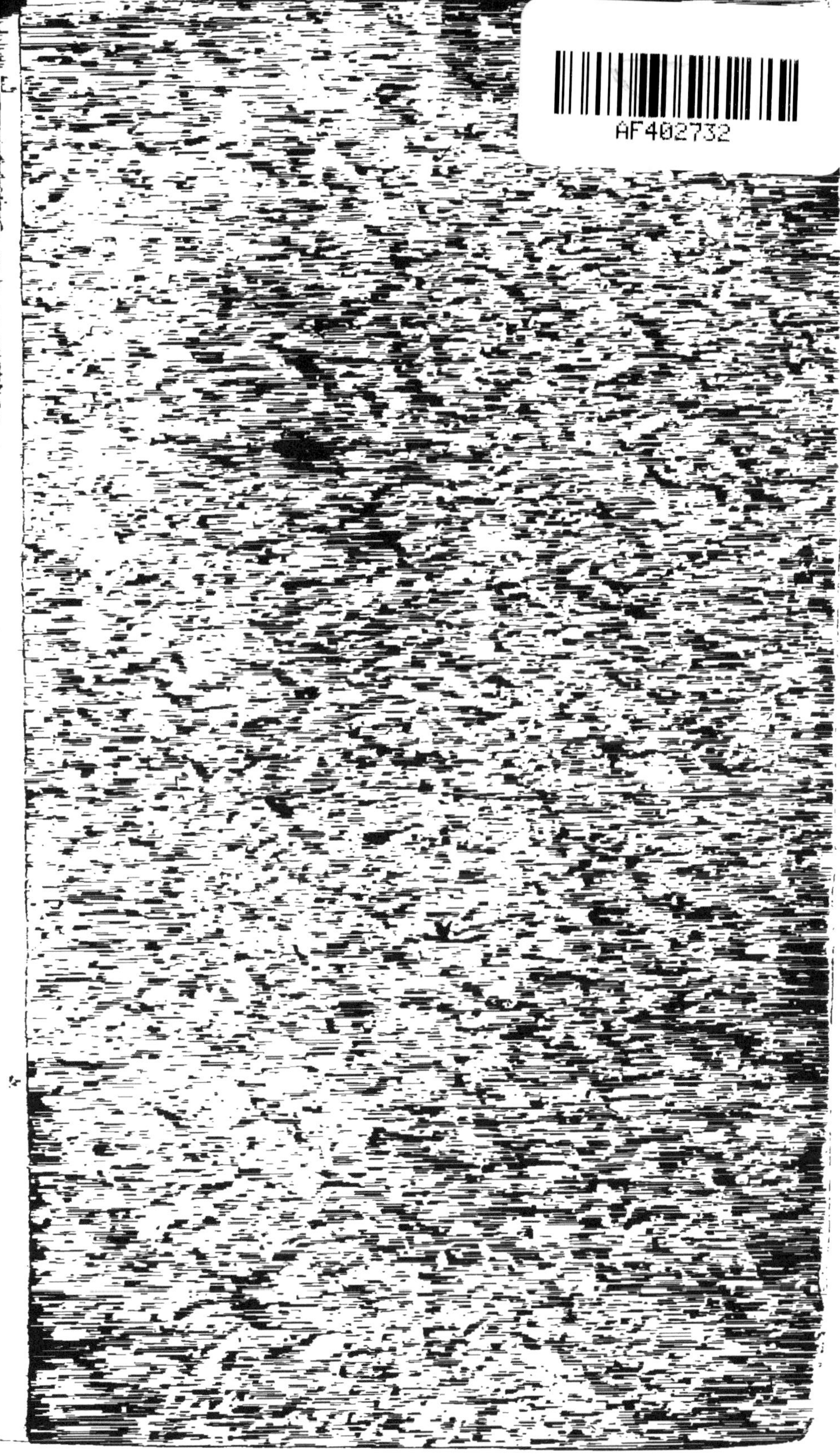
AF402732

R

LE MENTOR

VERTUEUX,

MORALISTE ET BIENFAISANT,

OU

Choix de Faits mémorables, d'Anecdotes intéressantes, d'Entretiens moraux, de Lettres et de Descriptions propres à inspirer le goût des choses honnêtes, et à former le style et le langage des jeunes gens.

ÉDITION REVUE ET CORRIGÉE.

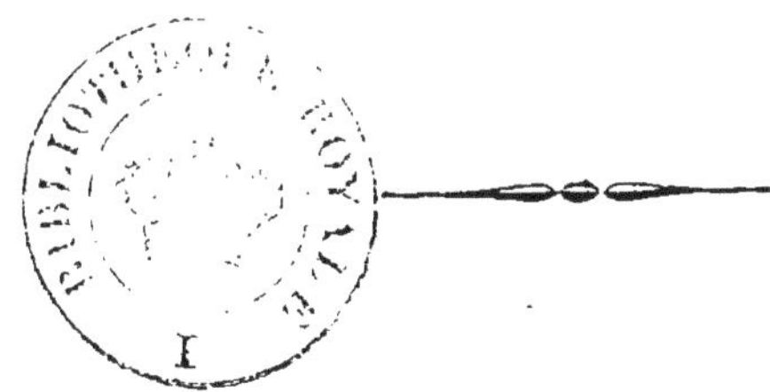

A PARIS,

CHEZ LOUIS COLAS, LIBRAIRE

DE LA SOCIÉTÉ POUR L'ENSEIGNEMENT ÉLÉMENTAIRE,

RUE DAUPHINE, N° 32.

1834.

PARIS. — IMPRIMERIE DE CASIMIR,

RUE DE LA VIEILLE-MONNAIE, N° 12.

A MON ÉLÈVE.

C'est pour vous inspirer le goût de la lecture, mon cher Émile, que je vous ai transcrit de ma main tous les fragmens de ce recueil. J'ai vû avec joie que le succès passait mon espérance, et que souvent vous vous portiez à des actes de bonté et de générosité par l'enthousiasme que faisait naître en vous la beauté d'un trait que vous aviez admiré. Sans doute, cet ouvrage pourra produire le même effet dans le cœur des jeunes gens qui, auss bien nés que vous, projetteront en secret de devenir les dignes rivaux des jeunes acteurs qu'ils verront en scène dans ces anecdotes ; et voilà pourquoi j'ai cru devoir les publier pour tous, après les avoir recueillies pour un seul. D'ailleurs, mon cher enfant, votre fortune doit un jour vous faire un devoir de la libéralité, comme j'espère que vos penchans vous en feront une volupté noble et digne de vous; alors vous aimerez à répandre dans les écoles qui seront sous votre protection, un Livre toujours cher à votre souvenir, puisqu'il vous aura donné des leçons de morale sans ennui et sans pédanterie, et qu'il aura contribué si efficacement à vous former dans l'art de bien faire, et dans celui de bien dire. Permettez-moi de me dire aujourd'hui, et d'être à jamais, sans compliment et sans flatterie,

Votre sincère ami,

L P.

AVERTISSEMENT.

———

On ne saurait trop multiplier les recueils de ce genre ; ils forment une espèce de contre-poids à la dégradation flétrissante que l'égoïsme imprime à notre siècle. Le succès qu'ont obtenu *la Morale en action*, *l'École du bonheur*, *les Annales de la vertu*, *les Étrennes de la vertu*, *les Vertus du peuple*, etc., etc., doit être plus flatteur pour les estimables auteurs de ces collections, que les fleurs éphémères, et trop souvent aviliés, des couronnes académiques. Ces livres, lorsqu'ils sont donnés en prix dans les écoles publiques de la ville et de la province, descendent dans l'humble atelier du pauvre et de l'artisan : là, ils deviennent souvent les délices journalières de toute une famille que la lecture de ces beaux traits instruit, touche, ravit et dispose à la vertu. C'est en cultivant, par de bonnes lectures et par de nobles entretiens, la délicatesse du sens moral, qu'on développe, qu'on exalte cette précieuse sensibilité, le plus bel apanage de l'homme, et sans laquelle la raison serait bien triste, bien froide, et rarement utile à nos semblables. Quelle vive émulation d'égaler ses modèles ne sent-on pas en soi, lorsqu'on vient de voir représenter ces drames bienfaisans dont nos anecdotes vertueuses ont fourni les sujets ! Quelles douces larmes ne verse-t-on pas au *Bienfait anonyme*, à l'*Habitant de la Guadeloupe*, aux *Trois Fermiers*, à l'*Honnête Étourdi*, à l'*Honnête Criminel*, à l'*Enfant trouvé*, etc., etc. Mais le peuple, mais les enfans, qu'il importe surtout d'instruire quand on veut régénérer les mœurs d'une nation, n'assistent pas à ces représentations. Il n'y a que les livres, et les livres peu chers, qui puissent leur offrir les modèles qu'ils doivent imiter. Pourquoi les maires de commune, pourquoi les chefs des écoles de la campagne ne répandent-ils pas avec profusion ces recueils d'anecdotes, tous si bien faits pour prêcher *sans ennui*, et ramener, par l'exemple, le goût et la pratique des choses honnêtes, c'est-à-dire *les bonnes mœurs ?* On a formé çà et là, dans les villages, des dépôts de remèdes gratuits pour les pauvres habitans des campagnes ; il faudrait établir dans toutes les maisons communes, et chez tous les curés, des dépôts de bons livres, pour propager les instructions élémentaires de la morale et de l'économie rustique, et l'histoire des découvertes utiles. Il faudrait que les pasteurs ne dédaignassent pas d'annoncer en chaire des choses qui n'ont rien de profane, quand elles servent à répandre des vérités. Moins le peuple aura d'ignorance et de préjugés, plus il sera heureux ; et rapprocher les hommes de ce bonheur tant cherché, n'est-ce pas la plus belle, la plus divine des fonctions des ministres de nos autels ?

Ce recueil est divisé en trois parties. Dans la première, on a réuni les beaux traits de l'histoire ancienne. La seconde renferme une foule d'anecdotes connues, mais est composée presque uniquement de traits où les jeunes gens sont acteurs. Des contes moraux, ou des entretiens relatifs à l'éducation, terminent *ce choix*, qui, par la réputation des auteurs que nous avons mis à contribution, annonce qu'on peut les proposer pour modèles aux jeunes étudians. Toute cette élite de faits mémorables, d'anecdotes instructives, et de brillantes descriptions, nous paraît propre à faire aimer la vertu, et à former la jeunesse dans l'art de la narration; elle convient surtout spécialement aux écoliers de seconde et de rhétorique, qui commencent à exercer leur plume dans la langue nationale, c'est-à-dire dans la langue qu'il leur importe essentiellement de savoir, puisque c'est dans celle-là qu'on parle et qu'on écrit, qu'on plaide; en un mot, puisque nous sommes Français, et non Romains ou Athéniens.

LE MENTOR

VERTUEUX,

MORALISTE ET BIENFAISANT.

LE MÉDECIN D'ALEXANDRE.

Alexandre-le-Grand, poursuivant l'armée de Darius par la Cilicie, se rendit maître de la ville de Tarse, au travers de laquelle on voyait passer le Cydne, rivière moins renommée pour la grandeur de son canal que pour la beauté de ses eaux, qui sont extrêmement claires, mais aussi extrêmement froides, à cause de l'ombrage dont ses rives sont couvertes. On était alors vers la fin de l'été, dont les chaleurs sont très-grandes en Cilicie; c'était encore au plus chaud du jour; et comme le roi arrivait tout couvert de sueur et de poussière, voyant cette eau si claire et si belle, il lui prit envie de s'y baigner. Il n'y fut pas sitôt entré, qu'il se sentit saisi d'un frisson si grand, qu'on crut qu'il allait mourir. On l'emmena dans sa tente, ayant perdu toute connaissance. La consternation fut générale dans tout le camp. Les soldats fondaient tous en larmes; et s'oubliant bientôt eux-mêmes et les malheurs qui les menaçaient, ils ne firent entendre que des regrets et des plaintes de ce que, dans la fleur de sa jeunesse et dans le cours de ses plus grandes prospérités, celui qui était leur roi et leur compagnon tout ensemble, leur était ainsi enlevé et comme arraché d'entre les bras.

Cependant il reprenait ses esprits ; et peu à peu revenant à soi, il reconnaissait ceux qui étaient autour de lui, quoique son mal ne semblât s'être relâché qu'en ce qu'il commençait à le sentir. Mais l'esprit était encore plus agité que le corps n'était malade ; car il avait reçu la nouvelle que Darius pourrait bientôt arriver. Il ne cessait de se plaindre de sa destinée, qui le livrait sans défense à son ennemi, et lui dérobait une si belle victoire, le réduisant à mourir dans une tente d'une mort obscure, et bien éloignée de cette gloire qu'il s'était promise. Ayant fait entrer ses confidens et ses médecins : « Vous voyez, mes amis, leur dit-il, dans quelle extrémité pressante la fortune me réduit. Il me semble déjà entendre le bruit des armes ennemies, et voir arriver Darius. Il était sans doute d'intelligence avec ma mauvaise fortune, quand il écrivit à ses satrapes des lettres si pleines de hauteur et de fierté à mon égard. Mais il n'en est pas où il pense, pourvu que l'on me traite à mon gré. L'état de mes affaires ne souffre pas de remèdes lents, ni des médecins timides. Une prompte mort m'est meilleure qu'une guérison tardive. Si les médecins croient avoir quelque ressource pour moi dans leurs remèdes, qu'ils sachent que je ne cherche pas tant à vivre qu'à combattre. »

Cette impatience précipitée du roi alarmait tout le monde. Les médecins qui savaient qu'on les rendrait responsables de l'événement, n'osaient hasarder un remède violent et extraordinaire, d'autant moins que Darius avait fait publier qu'il donnerait mille talens à quiconque tuerait Alexandre. Philippe, un des médecins d'Alexandre, Arcananien de nation, qui l'ayant toujours servi dès son bas âge, l'aimait tendrement, non-seulement comme son roi, mais comme son nourrisson, s'élevant, par affection pour son maître, au-dessus de toutes les considérations d'une prudence humaine, offrit de lui donner un remède qui ne serait pas fort violent, et qui ne laisserait pas de faire un prompt effet. Il demandait trois jours pour le préparer. A cette offre chacun trembla, excepté celui qui y était le plus intéressé, et que le délai seul de trois jours affligeait, dans l'impatience où il était de paraître à la tête de ses armées.

Sur ces entrefaites, Alexandre reçut une lettre de Parménion, qui était resté en Cappadoce, celui de tous les grands de sa cour en qui il se fiait le plus, par laquelle il lui mandait de se garder de Philippe ; que Darius l'avait corrompu, en lui promettant mille talens et sa sœur en mariage. Cette lettre le jeta dans une grande perplexité, ayant tout le temps de peser en lui-même les raisons de craindre et d'espérer qui s'offraient à son esprit. La confiance en un médecin dont il avait connu et éprouvé dès sa première enfance le tendre et fidèle attachement, l'emporta bientôt, et dissipa tous ses doutes. Il referma la lettre, et la mit sous son chevet, sans la communiquer à personne.

Le jour venu, Philippe entre avec son remède. Alexandre tirant la lettre de dessous son chevet, la donne à lire à Philippe ; en même temps il prend la coupe, et, les yeux attachés sur lui, il l'avale sans hésiter, et sans témoigner ni le moindre soupçon, ni la moindre inquiétude. Philippe, en lisant la lettre, avait témoigné plus d'indignation que de surprise et de crainte ; et la jetant sur le lit du roi : Seigneur, lui dit-il d'un ton ferme et assuré, votre guérison me justifiera bientôt du parricide dont on m'accuse. La seule grâce que je

vous demande, est que vous mettiez votre esprit
en repos, et que vous laissiez opérer le remède,
sans songer à ces avis que vous ont donnés des
serviteurs pleins de zèle à la vérité, mais d'un
zèle peu discret, et tout-à-fait hors de saison. Ces
paroles ne rassurèrent pas seulement le roi, mais
lui remplirent l'âme de joie et d'espérance ; et prenant Philippe par la main : Soyez vous-même en
repos, lui dit-il, car je vous crois doublement inquiet sur ma guérison et sur votre justification.

Cependant la médecine le travailla de telle sorte,
que les accidens qui s'en suivirent fortifièrent l'accusation de Parménion. Le roi perdit la parole,
et tomba dans de si grandes syncopes, qu'il n'avait
presque plus de pouls, ni d'apparence de vie.
Philippe n'oublia rien de ce qui était de son art
pour le secourir : et, quand il le vit revenu à lui,
il se mit à l'entretenir de choses agréables, lui
parlant tantôt de sa mère et de ses sœurs, tantôt
de cette grande victoire qui s'avançait à grands
pas pour couronner ses premiers triomphes. Enfin
la médecine s'étant rendue maîtresse, et ayant
répandu dans toutes les veines une vertu salutaire
et vivifiante, l'esprit fut le premier à reprendre
sa vigueur, et le corps ensuite, beaucoup plus
tôt qu'on ne l'avait espéré. Trois jours après il se
fit voir à son armée, qui ne pouvait se lasser de
le contempler, et qui avait peine à croire ce
qu'elle voyait, tant la grandeur du danger l'avait
consternée et abattue. Il n'y eut point de caresse
qu'elle ne fît au médecin, chacun venant l'embrasser, et lui rendre grâces comme à un Dieu qui
avait sauvé la vie au prince.

COMMENTAIRE PHILOSOPHIQUE DE L'ANECDOTE PRÉCÉDENTE.

L'HISTOIRE n'est pas toujours, comme on le pense communément, à la portée des enfans : voici une anecdote qui le prouve ; c'est R** qui la rapporte dans son Traité de l'éducation. J'étais, dit-il, aller passer quelques jours à la campagne chez une bonne mère de famille, qui prenait grand soin de ses enfans et de leur éducation. Un matin, j'étais présent aux leçons de l'aîné : son gouverneur, qui l'avait très-bien instruit de l'histoire ancienne, reprenant celle d'Alexandre, tomba sur le trait connu du médecin Philippe, qu'on a mis en tableau, et qui sûrement en valait bien la peine. Le gouverneur, homme de mérite, fit, sur l'intrépidité d'Alexandre, plusieurs réflexions qui ne me plurent point : mais j'évitai de le combattre, pour ne pas le décréditer dans l'esprit de son élève. A table, on ne manqua pas, selon la méthode française, de faire beaucoup babiller le petit bonhomme. La vivacité naturelle à son âge, et l'attente d'un applaudissement sûr, lui firent débiter mille sottises, à travers lesquelles partaient de temps en temps quelques mots heureux qui faisaient oublier le reste. Enfin vint l'histoire du médecin Philippe ; il la raconta fort nettement et avec beaucoup de grâce. Après l'ordinaire tribut d'éloges qu'exigeait la mère et qu'attendait le fils, on raisonna sur ce qu'il avait dit. Le plus grand nombre blâma la témérité d'Alexandre ; quelques-uns, à l'exemple du gouverneur, admiraient sa fermeté, son courage ; ce qui me fit comprendre qu'aucun de ceux qui étaient présens ne voyait en quoi consistait la véritable beauté de ce trait. Pour moi, leur dis-je, il me paraît que, s'il y a le moindre courage, la moindre fermeté dans l'action d'Alexandre, elle n'est qu'une extravagance. Alors tout le monde se réunit, et convint que c'était une extravagance. J'allais répondre et m'échauffer, quand une femme, qui était à côté de moi, et qui n'avait pas ouvert la bouche, se pencha vers mon oreille, et me dit tout bas : *Tais-toi, Jean-Jacques, ils ne t'entendront pas.* Je la regardai ; je fus frappé, et je me tus. Après le dîner, soupçonnant, sur plusieurs indices, que mon jeune docteur n'avait rien compris du tout à l'histoire qu'il avait si bien racontée, je le pris par la main, je fis avec lui un tour de parc ; et l'ayant questionné tout à mon aise, je trouvai qu'il admirait plus que personne le courage si vanté d'Alexandre. Mais savez-vous où il voyait ce courage ? uniquement dans celui d'avaler, d'un seul trait, un breuvage d'un mauvais goût, sans hésiter, sans marquer la moindre répugnance. Le pauvre enfant, à qui l'on avait fait prendre médecine il n'y avait pas quinze jours, et qui ne l'avait prise qu'avec une peine infinie, en avait encore le déboire à la bouche : la mort, l'empoisonnement ne passaient dans son esprit que pour des sensations désagréables, et il ne concevait pas pour lui d'autre poison que du séné. Cependant il faut avouer que la fermeté du héros avait fait une grande impression sur son jeune cœur ; et qu'à la première médecine qu'il lui faudrait avaler, il avait bien résolu d'être un Alexandre. Sans entrer dans des éclaircissemens qui passaient évidemment sa portée, je le confirmai dans ses dispositions louables, et je m'en retournai, riant moi-même de la haute sagesse des pères et des maîtres qui pensent apprendre l'histoire aux enfans. Quelques lecteurs mécontens du *tais-toi, Jean-Jacques*, demanderont, je le prévois, ce que je trouve enfin de si beau dans l'action d'Alexandre ! Infortunés ! s'il faut vous le dire, comment le comprendrez-vous? C'est qu'Alexandre croyait à la vertu ; c'est qu'il y croyait sur sa tête, sur sa propre vie ; c'est que sa grande âme était faite pour y croire. Oh ! que cette médecine avalée était une belle profession de foi ! Non, jamais mortel n'en fit une si sublime. S'il est quelque moderne Alexandre, qu'on me le montre à de pareils traits.

DAMON ET PYTHIAS.

Damon et Pythias, tous deux élevés dans les principes de la secte de Pythagore, et liés ensemble par les nœuds sacrés d'une étroite amitié, s'étaient juré l'un à l'autre une fidélité inviolable. Elle fut mise à une rude épreuve. Damon condamné à mort par Denis le tyran, demanda par grâce qu'il lui fût permis de faire un voyage dans sa patrie pour régler ses affaires, avec promesse de revenir dans un certain temps, et Pythias s'offrit généreusement pour caution. Les courtisans, et Denis surtout, attendaient avec impatience quelle serait l'issue d'une aventure si extraordinaire et si délicate. Le jour marqué approchant, et comme Damon ne revenait point, chacun blâmait le zèle imprudent et téméraire de celui qui l'avait cautionné. Celui-ci, loin de témoigner aucune crainte ni aucune inquiétude, répondait avec un visage tranquille et d'un ton affirmatif qu'il était sûr que son ami reviendrait; et, en effet, il arriva au jour et à l'heure marqués. Le tyran, ravi en admiration d'une si rare fidélité, et attendri à la vue d'une si aimable union, lui accorda la vie, et leur demanda par grâce d'être admis *en tiers de leur amitié.*

HISTOIRE D'ABDOLONYME.

Les Sidoniens s'étant soumis à Alexandre-le-Grand, ce prince chargea Éphestion de leur donner un roi d'entre eux qu'il jugerait le plus digne d'un si haut rang. Ce favori était logé chez deux jeunes frères des plus considérables du pays, auxquels il offrit le sceptre ; mais ils le refusèrent, apportant pour raison que, par les lois de l'état, nul ne pouvait monter sur le trône qu'il ne fût du sang royal. Éphestion, admirant cette grandeur d'âme, qui méprisait ce que les autres cherchent par le fer et par le feu : « Continuez, leur dit-il, « de penser ainsi, vous qui les premiers avez com-« pris combien il est plus glorieux de refuser un « royaume que de le posséder ; mais au moins « donnez-moi quelqu'un de la race royale, qui se « souvienne, quand il sera roi, que vous lui avez « mis la couronne sur la tête. » Ces deux frères, voyant que plusieurs, dévorés d'ambition, aspiraient à ce haut rang, et que, pour y parvenir, ils faisaient servilement la cour au favori d'Alexandre, déclarèrent qu'ils ne connaissaient personne plus digne du diadème qu'un certain Abdolonyme, descendu, quoique de loin, de la tige royale, mais si pauvre qu'il était contraint, pour vivre, de cultiver, par un travail journalier, un jardin hors de la ville. Sa probité l'avait réduit, comme bien d'autres, à cette pauvreté. Uniquement occupé de son travail, il n'entendait pas le bruit des armes qui avaient ébranlé toute l'Asie.

Les deux frères aussitôt l'étant allé chercher avec les habits royaux, le trouvèrent qui arrachait les mauvaises herbes de son jardin. Ils le saluèrent roi ; et l'un d'eux portant la parole : « Il s'agit, « lui dit-il, de changer ces vieux haillons avec « l'habit que je vous apporte. Quittez cet ex- « térieur vil et bas dans lequel vous avez vieilli ; « prenez un cœur de roi : mais portez et conservez « sur le trône cette vertu qui vous en a rendu « digne ; et quand vous y serez monté, devenu « le souverain arbitre de la vie et de la mort de « tous vos citoyens, gardez-vous bien d'oublier « l'état dans lequel vous avez été choisi. » Il sem- blait à Abdolonyme que c'était un songe : et, ne comprenant rien à tous ces discours, il leur de- manda s'ils n'avaient pas honte de se moquer ainsi de lui ? Mais comme il tardait trop à leur gré, ils le revêtent eux-mêmes et lui jettent sur les épaules une robe de pourpre toute brillante d'or ; et, après lui avoir fait mille sermens qu'ils parlaient avec sincérité, ils le conduisirent au palais. In- continent la renommée porta cette nouvelle dans toute la ville : le plus grand nombre en fut ravi de joie ; quelques-uns en murmurèrent, principale- ment les riches, qui, pleins de mépris pour la bassesse de sa fortune précédente, ne purent s'em- pêcher d'en marquer leur mécontentement dans la cour du prince. Alexandre commanda qu'on le fît venir ; et, après l'avoir long-temps considéré, il lui dit : « Ton air ne dément point ce que l'on « dit de ton origine : mais je voudrais bien savoir « avec quelle patience tu as porté ta misère!..... « Plaise aux dieux, répondit-il, que je puisse por- « ter cette couronne avec autant de joie et de « force! Ces bras ont fourni à tous mes désirs ; et

« tandis que je n'ai rien eu, rien ne m'a man-
« qué. »

Cette réponse fit concevoir au roi une grande
opinion de sa vertu ; et pour lui prouver son estime, il le combla de présens magnifiques, et ajouta
à ses états une des contrées voisines. (*M. Rollin.*)

~~~~~~

SOLON ET CRÉSUS.

LE philosophe Solon s'étant rendu à Sardis, à
la sollicitation de Crésus, roi de Lydie, qui témoignait un empressement extraordinaire pour
le voir, on le présenta d'abord à ce prince, qui
l'attendait assis sur son trône, et qui s'était exprès
revêtu de ce qu'il avait de plus précieux. Solon
ne parut point étonné à la vue de tant de magnificence. Crésus lui dit : Mon hôte, je connais ta
sagesse par réputation ; je sais que tu as beaucoup
voyagé ; mais as-tu jamais vu personne vêtu si
magnifiquement que moi ? Oui, répondit Solon,
les faisans, les coqs et les paons ont quelque chose
de plus magnifique, puisque tout ce qu'ils ont
d'éclatant leur vient de la nature, sans qu'ils se
donnent aucun soin pour se parer. Une réponse
aussi imprévue surprit fort Crésus. Il commanda à
ses gens que l'on ouvrît tous ses trésors, et qu'on
déployât devant Solon tout ce qu'il y avait de meubles précieux dans son palais. Il le fit venir une seconde fois devant lui. Avez-vous jamais vu, lui
dit-il, un homme plus heureux que moi ? Oui,
répondit Solon : c'est Tellus, citoyen d'Athènes,
qui a vécu en honnête homme dans une république
bien policée ; il a laissé deux enfans avec un bien
raisonnable pour les faire subsister, et enfin il a
eu le bonheur de mourir les armes à la main, en
~~~~~~

remportant une victoire pour sa patrie. Les Athéniens lui ont dressé un tombeau dans le lieu même où il avait perdu la vie, et lui ont rendu de grands honneurs.

Crésus ne fut pas moins étonné que la première fois. Il crut que Solon était un insensé. Eh bien, continua-t-il, quel est le plus heureux des hommes, après Tellus ? Il y a eu autrefois deux frères, répondit-il, dont l'un s'appelait Cléobis et l'autre Biton ; ils étaient si robustes, qu'ils sont toujours sortis victorieux de toutes sortes de combats. Ils s'aimaient parfaitement l'un et l'autre. Un jour de fête, la prêtresse de Junon, leur mère, pour qui ils avaient beaucoup de tendresse, devait aller nécessairement faire un sacrifice au temple ; on tardait trop à amener ses bœufs : Cléobis et Biton s'attelèrent à son char, et la traînèrent jusqu'au lieu où elle voulait aller. Tout le peuple leur donna mille bénédictions. Toutes les mères, ravies en admiration, félicitèrent celle-ci d'avoir mis au monde de tels enfans. Pénétrée des plus vifs sentimens de joie et de reconnaissance, elle pria instamment la déesse de vouloir accorder à ses fils pour récompense ce qu'il y avait de meilleur pour les hommes. Elle fut exaucée. Après le sacrifice, ils s'endormirent, dans le temple même, d'un doux sommeil, et y terminèrent leur vie par une mort tranquille. Crésus ne put s'empêcher de faire paraître sa colère. Comment ! répliqua-t-il, tu ne me mets donc point au nombre des heureux ? O roi des Lydiens ! répondit Solon, vous possédez de grandes richesses, et vous êtes maître de quantité de peuples ; mais la vie est sujette à de si grands changemens, qu'on ne saurait décider de la félicité d'un homme qui n'est pas encore au bout de sa carrière.

LE JEUNE CYRUS.

Quand Cyrus eut atteint l'âge de douze ans, sa mère, Mandane, le mena en Médie chez Astyage son grand-père, à qui tout le bien qu'il entendait dire de ce jeune prince avait donné un grande envie de le voir. Il trouva dans cette cour des mœurs bien différentes de celles de son pays. Le faste, le luxe, la magnificence y régnaient partout. Il charmait son grand-père par des saillies pleines d'esprit et de vivacité, et gagnait tous les cœurs par ses manières nobles et engageantes.

Astyage, voulant faire perdre à son petit-fils l'envie de retourner en son pays, fit préparer un repas somptueux, dans lequel tout fut prodigué, soit pour la quantité, soit pour la délicatesse et la qualité des mets. Cyrus regardait avec des yeux indifférens tout ce fastueux appareil; et comme Astyage en paraissait surpris : Les Perses, dit-il, au lieu de tant de détours et de circuits pour apaiser la faim, prennent un chemin bien plus court pour arriver au même but : un peu de pain et de cresson les y conduit. Son grand-père lui ayant permis de disposer à son gré de tous les mets qu'on avait servis, il les distribua sur-le-champ aux officiers du roi qui se trouvèrent présens : à l'un, parce qu'il lui apprenait à monter à cheval; à l'autre, parce qu'il servait bien Astyage; à un autre, parce qu'il prenait grand soin de sa mère. Sacas, échanson d'Astyage, fut le seul à qui il ne donna rien. Cet officier, outre sa charge d'échanson, avait celle d'introduire chez le roi ceux qui devaient être admis à son audience ; et comme il ne lui était pas possible d'accorder cette faveur à

Cyrus aussi souvent qu'il la lui demandait, ileut le malheur de déplaire à ce jeune prince, qui lui en marqua, dans cette occasion, son ressentiment. Astyage témoignant quelque peine qu'on eût fait cet affront à un officier pour qui il avait une considération particulière, et qui la méritait par l'adresse merveilleuse avec laquelle il lui servait à boire : Ne faut-il que cela, mon père, reprit Cyrus, pour mériter vos bonnes grâces ? Je les aurai bientôt gagnées; car je me fais fort de vous servir mieux que lui. Aussitôt on équipe le petit Cyrus en échanson. Il s'avance gravement, d'un air sérieux, la serviette sur l'épaule, et tenant la coupe délicatement des trois doigts. Il la présenta au roi avec une dextérité et une grâce qui charmèrent Astyage et Mandane. Quand cela fut fait, il se jeta au cou de son grand-père; et en le baisant, il s'écria, plein de joie : O Sacas, pauvre Sacas, te voilà perdu ! j'aurai ta charge. Astyage lui témoigna beaucoup d'amitié. Je suis très-content, mon fils, lui dit-il; on ne peut pas mieux servir. Vous avez cependant oublié une cérémonie qui est essentielle; c'est de faire l'essai. En effet, l'échanson avait coutume de verser de la liqueur dans la main gauche, et d'en goûter avant que de présenter la coupe au prince. Ce n'est point du tout par oubli, reprit Cyrus, que j'en use ainsi. Et pourquoi donc ? dit Astyage. C'est que j'ai appréhendé que cette liqueur ne fût du poison. Du poison ! et comment ? Oui, mon père; car il n'y a pas long-temps que, dans un grand repas que vous donniez aux grands seigneurs de votre cour, je m'aperçus qu'après qu'on eut un peu bu de cette liqueur, la tête tourna à tous les convives. On criait, on chantait, on parlait à tort et à travers.

Vous paraissiez avoir oublié que vous étiez roi, et eux, qu'ils étaient vos sujets : enfin, quand vous vouliez vous mettre à danser, vous ne pouviez vous soutenir. Comment ! reprit Astyage, n'arrive-t-il pas la même chose à votre père ? Jamais, répondit Cyrus. Eh ! quoi donc ? quand il a bu, il cesse d'avoir soif ; et voilà tout ce qui lui en arrive.

LES DIGNES RIVAUX.

Démosthène et Eschine.

L'ORATEUR Eschine, jaloux de la gloire de Démosthène, son rival, entreprit d'attaquer le décret qui lui avait accordé une couronne d'or.

Jamais cause n'excita tant de curiosité, et ne fut plaidée avec tant d'appareil. On accourut de toutes parts, et l'on accourut avec raison.

Quel plus beau spectacle que de voir aux mains deux orateurs, excellens chacun en son genre, formés par la nature, perfectionnés par l'art, et de plus animés par d'éternelles dissensions et par une haine implacable ! Eschine succomba, et paya de la juste peine de l'exil une accusation témérairement intentée. Au moment qu'il sortit d'Athènes, son vainqueur, la bourse à la main, courut après lui, et l'obligea d'accepter une offre qui dut lui faire d'autant plus de plaisir, qu'il avait moins lieu de s'y attendre. Sur quoi Eschine s'écria: Comment ne regretterais-je pas une patrie où je laisse un ennemi si généreux, que je désespère de rencontrer ailleurs des amis qui lui ressemblent?

Il alla s'établir à Rhodes, et ouvrit là une école d'éloquence, dont la gloire se soutint pendant plusieurs siècles. Il commença ses leçons par lire à ses auditeurs les deux harangues qui avaient causé son bannissement. On donna de grands éloges à la sienne ; mais quand ce vint à celle de Démosthène, les battemens de mains et les acclamations redoublèrent ; et ce fut alors qu'il dit ce mot, si louable dans la bouche d'un ennemi et d'un rival : Eh ! que serait-ce donc si vous l'aviez entendu lui-même ?

C'est ainsi qu'un grand cœur sait parler d'un grand homme.

LE TYRAN POÈTE.

Denis le tyran avait quelquefois la manie de faire des vers, et celle de les croire excellens ; mais, peu content de ses propres suffrages, il poussa la tyrannie jusqu'à extorquer des applaudissemens de tous ceux auxquels il lisait ses poèmes. Un essaim d'insipides flatteurs et de poètes faméliques se faisait un devoir de le confirmer dans la haute idée qu'il avait de ses productions. Philoxène, poète d'une grande réputation, et qui excellait surtout dans le genre dithyrambique, fut le seul qui ne se laissa point entraîner à ce torrent de louanges et de flatteries. Denis l'ayant régalé un jour d'une pièce de vers de sa façon, et l'ayant pressé de lui en dire son sentiment, Philoxène lui parla avec une entière franchise, et lui en fit remarquer tous les défauts. Le tyran, qui n'était pas accoutumé à ce langage, en fut très-blessé ; et attribuant une telle audace à la jalousie, ordonna qu'on le conduisît aux carrières ; cette peine répondait à celles de nos galères. Toute la cour, affligée et alarmée, s'intéressa pour le généreux prisonnier : on obtint sa délivrance. Il fut élargi le lendemain, et rentra dans les bonnes grâces du prince. Dans le repas que Denis donna ce jour-là aux mêmes convives, qui fut comme le sceau de la réconciliation, et dans lequel la joie et la gaieté régnèrent plus que jamais, après qu'on eut fait bonne chère, et longuement, le prince ne manqua pas de faire entrer parmi les propos de table ses vers, qui en faisaient le sujet le plus ordinaire. Il choisit surtout certains morceaux qu'il avait travaillés avec grand soin, qu'il regardait comme ses chefs-d'œuvre, et qu'il ne pouvait lire sans une sensible complaisance, et sans une vraie satisfaction de lui-même : mais pour mettre le comble à sa joie, il avait besoin du suffrage et de l'approbation de Philoxène, dont il faisait d'autant plus de cas, qu'il n'avait pas coutume de les prodiguer comme les autres. Ce qui s'était passé la veille était une bonne leçon pour ce poète. Denis lui demanda donc ce qu'il pensait des vers qu'il venait de lire. Philoxène ne se déconcerta point ; et, sans lui répondre un mot, se tournant vers les gardes, qui étaient autour de la table, il dit d'un ton sérieux mêlé de gaieté : *Qu'on me remène aux carrières.* Le prince ne put s'empêcher de rire de ce qui, dans une autre occasion, l'aurait offensé vivement, et ne lui en sut point du tout mauvais gré.

LE PRÉCEPTEUR PERFIDE.

Les Romains assiégeaient depuis long-temps la ville de Falère, sous la conduite de Camille, sans la pouvoir prendre. C'était alors un usage chez les Falisques de mettre les enfans de plusieurs familles entre les mains d'un même maître, qui, après leur avoir donné la leçon, assistait aussi à leurs divertissemens. Les premiers de la ville confiaient le soin de leurs enfans au maître qui surpassait ses confrères en science et en habileté. Celui qui occupait alors cette place, menait en temps de paix ses disciples hors des murailles de la ville, pour les exercer à différens jeux. Il n'interrompit point cette coutume depuis que la guerre eut été déclarée.

Un jour donc il les éloigna insensiblement des portes de la ville; puis, quand l'occasion lui parut favorable, il les mena dans le camp des Romains, et enfin dans la tente même de Camille, lui disant qu'il le rendait maître de Falère, en lui livrant ces enfans, dont les pères tenaient le premier rang dans la ville. Dès que Camille eut entendu ce début : Arrête, lui dit-il, et apprends que le général et le peuple que tu crois éblouir par une offre aussi détestable que ta personne, ne te ressemblent pas. Nous ne sommes point unis par aucun de ces traités que les hommes font ensemble; mais la nature a mis entre les Falisques et nous une liaison que rien n'est capable de rompre. La guerre a ses lois aussi bien que la paix, et nos pères nous ont appris à observer la justice à l'égard de nos ennemis, dans le temps que nous les combattons avec courage. Nous avons les armes à la main pour les employer non contre des enfans, qu'on épargne même dans des villes prises d'assaut, mais contre des hommes qui sont armés contre nous, et qui, sans avoir reçu aucune injure du peuple romain, sont venus attaquer ses légions dans leur camp. Tu veux me livrer leur ville par une trahison dont il n'y a pas d'exemple; mais je suis sûr de prendre Falère par la valeur, la patience, le travail et les armes.

Après lui avoir ainsi parlé, il le fit dépouiller,

lui fit attacher les mains derrière le dos, et ayant
armé de verges les mains de ses disciples, il leur
commanda de ramener ce traître dans la ville, en
le chassant devant eux à grands coups de fouet.
Quand ils rentrèrent tout le peuple s'assembla autour d'eux; et les magistrats ayant assemblé le sé-
nat, il se fit un si grand changement dans les esprits,
que ce peuple, qui était auparavant aveuglé par
la haine et par la colère, demanda la paix tout
d'une voix. Ils admirèrent la bonne foi des Romains, et se rendirent à eux, persuadés de vivre
plus heureux sous leur empire que sous leurs propres lois. Camille reçut de grands remercîmens et
de ses ennemis, et de ses concitoyens; et la paix
ayant été faite, l'armée fut ramenée à Rome.

MORT COURAGEUSE DE THÉOXÈNE.

Philippe, fils de Démétrius, et roi de Macé-
doine, avait fait mourir Hérodique, un des principaux du pays de Thessalie, et quelque temps
après ses deux gendres. Ses deux filles, nommées
Théoxène et Archo, étaient demeurées veuves,
ayant chacune un fils encore enfant. Théoxène,
recherchée par tout ce qu'il y avait de plus puissant dans la Thessalie, préféra la viduité au mariage. Archo épousa un seigneur du pays des
Énianes, nommé Poris, dont elle eut plusieurs
enfans, qu'elle laissa dans un bas âge, ayant été
enlevée par une mort prématurée. Théoxène,
pour être en état de faire élever sous ses yeux les
enfans de sa sœur, épousa Poris, et elle prit de
ses enfans le même soin que de son propre fils,
comme si elle eût été leur mère. Quand elle eut
connaissance du cruel édit par lequel Philippe

ordonnait d'enfermer les enfans de ceux qui avaient été tués, prévoyant bien qu'ils allaient être livrés à la brutalité du roi et de ses satellites, elle prit une étrange résolution, et déclara qu'elle égorgerait de ses propres mains tous ses enfans, plutôt que de les laisser tomber au pouvoir de Philippe. Poris, qui eut horreur d'une telle proposition, lui dit, pour l'en détourner, qu'il ferait passer tous ses enfans à Athènes chez des amis affidés, et qu'il les y conduirait lui-même. Ils partent donc de Thessalonique, pour se rendre à la ville des Énianes, et pour se trouver à une fête solennelle, qui s'y célébrait tous les ans en l'honneur d'Énée leur fondateur. Tout le jour s'étant passé en fêtes et en réjouissances, sur le minuit, lorsque tout le monde était endormi, ils s'embarquent sur une galère que Poris avait fait préparer, comme pour retourner à Thessalonique, mais en effet dans le dessein de passer à Eubée. Malheureusement un vent contraire les ayant empêchés d'avancer, quelques efforts qu'ils fissent, les repoussa vers la côte. A la pointe du jour, les officiers du roi, à qui la garde du port était confiée, les ayant aperçus, envoyèrent aussi-tôt une chaloupe armée, avec ordre, sous de grandes menaces, de ne point revenir sans la ga-lère. A mesure que la chaloupe approchait, Poris tantôt exhortait vivement la chiourme de faire effort pour avancer, tantôt levait les mains au ciel et priait les dieux de venir à leur secours.

Théoxène cependant, revenant à son premier dessein, et présentant à ses enfans le poison qu'elle avait préparé et des poignards qu'elle avait apportés avec elle : « La mort seule, leur dit-elle, peut vous délivrer ; voilà de quoi vous la procurer. Dérobez-vous à la brutalité du roi par la voie qui vous plaira le plus. Allons, mes enfans, vous qui êtes les plus grands, prenez ces poignards; ou si vous aimez mieux une mort plus lente, avalez ce poison. » Les ennemis étaient tout près, la mère les pressait; ils obéirent, et tous, ou ayant pris du poison, ou s'étant enfoncé le poignard dans le sein, furent jetés à la mer. Théoxène, ayant embrassé son mari, s'y précipita avec lui. Les officiers se saisirent de la galère, mais ils la trouvèrent vide.

LES DEUX AMIS GRECS.

Un vaisseau de la Calcide, revenant d'Italie et dirigeant sa course vers Athènes, fut surpris, au sortir du détroit de Sicile, par une violente tempête, qui le porta à la vue de l'île de Zacynthe, sans qu'il pût surmonter l'effort des vagues. Il y avait plusieurs personnes dans ce navire, et entre autres deux jeunes Calcidiens liés ensemble d'une étroite amitié, l'un robuste et vigoureux, nommé Euthidique, l'autre tout pâle et défait, appelé Damon, qui ne faisait que relever d'une grande maladie. Celui-ci se trouvant mal de l'agitation, s'approcha du bord du vaisseau, qui, dans cet intervalle, vint à pencher d'un coup de vent, et le renversa dans la mer. En tombant, il crie à l'aide à son ami, qui se jette aussitôt après lui sans délibérer, quoique ce fût en plein minuit, et qu'il fût déjà couché. Il commence à le soulever sur les flots, où il ne pouvait plus se tenir, à cause de la pesanteur de ses habits et de la faiblesse où il était. Ceux du navire, émus de compassion, les voulurent aider; mais ils furent emportés en un moment par la violence de la tempête; et, tout ce qu'ils purent faire, fut de leur jeter quelques pièces de liége, avec l'échelle du vaisseau. Ces deux amis vertueux nagèrent, à l'aide de quelques liéges, jusqu'au point du jour; alors apercevant l'échelle du navire, qui était faite de grosses planches, ils montèrent tous deux dessus, et se sauvèrent dans l'île qui était proche. De là ils se rendirent à Athènes, où ils passèrent leurs jours au sein de l'amitié et de la philosophie, et en bénissant les dieux, toujours prêts à secourir la vertu.

CHÉLONIDE ÉPOUSE ET FILLE.

Léonidas, roi de Sparte, étant poursuivi, comme infracteur des lois de la patrie, par Cléombrotus, son propre gendre, se réfugia dans le temple de Minerve; et depuis étant cité pour rendre compte de sa conduite devant l'assemblée du peuple, il ne jugea point à propos de se présenter, et se retira à Tégée. En conséquence, il fut privé du royaume, qui fut donné à son gendre. Sa fille, Chélonide, abandonna son mari, et après avoir inutilement sollicité pour son père, elle le suivit dans son exil. Quelque temps après, une nouvelle révolution ayant rétabli Léonidas sur le trône, et forcé Cléombrotus de se réfugier dans le temple de Neptune, son beau-père alla l'y investir avec une troupe de soldats; et, étant entré dans le temple, il lui reprocha avec de grands emportemens qu'étant son gendre, il se fût élevé contre lui, qu'il lui eût ôté son royaume, et qu'il l'eût chassé de sa patrie.

Cléombrotus n'avait rien à répondre à ces re-

proches; mais il se tenait là assis dans un profond silence, et avec une contenance qui mar-
quait son embarras. Sa femme, qui avait d'abord
embrassé le parti de son père injustement persé-
cuté, et quitté son mari pour le suivre, quitta
alors sans balancer son père triomphant pour son
mari malheureux. On la vit, changeant d'une
manière héroïque avec la fortune, assise auprès de
cet époux dont elle n'avait pas daigné partager
la grandeur, suppliante comme lui, et le tenant
embrassé avec ses deux enfans à ses pieds, l'un
d'un côté, l'autre de l'autre. Tous ceux qui
étaient présens fondaient en larmes, et admiraient la vertu de cette femme et cet amour con-
jugal. Cette pauvre femme montrant ses habits
de deuil et ses cheveux épars et négligés : Mon
père, s'écria-t-elle, ces habits lugubres, ce visage
abattu, et cette grande affliction où vous me
voyez, ne viennent point de la compassion que
j'ai pour Cléombrotus, ce sont les restes et les
suites du deuil que j'ai pris pour tous les maux
qui vous sont arrivés et pour votre fuite de
Sparte. Que faut-il donc que je fasse présente-
ment? Faut-il que pendant que vous régnez à
Sparte et que vous triomphez de vos ennemis,
je continue de vivre dans la désolation où je me
trouve? ou faut-il que je prenne des robes magnifiques et royales, lorsque ce mari que vous
m'avez donné dans ma jeunesse, je le vois sur le
point d'être égorgé par vos mains? S'il ne peut
désarmer votre colère, ni vous fléchir par les
larmes de sa femme et de ses enfans, sachez qu'il
sera plus puni de son mauvais dessein, et qu'il
souffrira un supplice plus cruel que celui que
vous lui préparez, lorsqu'il verra sa femme, qui

lui est si chère, mourir avant lui. Car comment pourrais-je me trouver avec les autres femmes de Sparte, moi qui n'aurai pu, par mes prières, toucher de compassion ni mon mari pour mon père, ni mon père pour mon mari, et qui, femme et fille, me serai toujours vue également malheureuse, et toujours un objet de mépris pour les miens? Quant à mon mari, s'il a pu avoir quelques raisons apparentes pour justifier ce qu'il a fait, je les lui ai ravies en le quittant, en prenant votre parti, et en servant presque de témoin contre lui-même; et vous, vous lui fournissez des moyens bien plausibles pour justifier son injustice, en faisant voir, par votre conduite, que la royauté est un si grand bien et un bien si désirable, que pour l'obtenir on peut avec justice égorger ses gendres, et sacrifier tout le bonheur de ses enfans.

En faisant ces lamentations, Chélonide appuya son visage sur la tête de Cléombrotus, et tourna sur les assistans des yeux abattus par la tristesse, et dont les larmes avaient terni tout éclat. Léonidas, après avoir parlé un moment avec ses amis, ordonna à Cléombrotus de se lever, et de sortir promptement de Sparte. En même temps il pria instamment sa fille de demeurer, et de ne pas l'abandonner après la marque de tendresse qu'il venait de lui donner, en lui accordant cette faveur insigne, le salut de son mari; mais il ne put la persuader, et dès que son mari se fut levé, elle lui remit l'un de ses enfans entre les bras, prit l'autre entre les siens, et après avoir fait sa prière à la déesse et adoré son autel, elle alla en exil avec lui; de sorte que, si Cléombrotus n'eût eu le cœur entièrement corrompu par la vaine

gloire et par cette ambition démesurée de régner,
il aurait trouvé que l'exil avec une compagne si
vertueuse, était pour lui un bonheur préférable
à la royauté.

L'AMI A TOUTE ÉPREUVE.

Agathoclès était de Samos, et n'avait rien d'illustre que son amitié pour Dinias, natif d'Éphèse,
d'une famille ancienne et opulente, mais qui
s'était enrichie depuis peu. Or, comme ceux qui
sont devenus riches en peu de temps ont toujours autour d'eux des parasites pour servir à
leurs divertissemens, Dinias ne manquait pas de
ces sortes de courtisans, qui font la cour à nos
richesses plutôt qu'à nous-mêmes. Mais Agathoclès, qui l'aimait dès sa plus tendre jeunesse, ne
les pouvait souffrir, quoiqu'il ne laissât pas de
vivre avec eux pour complaire à son ami, qui en
était si charmé, qu'il en faisait plus d'état que
de lui, jusque-là qu'il lui devint même insupportable par ses fréquentes remontrances; car il
ne pouvait s'empêcher de lui représenter la grandeur et le mérite de ses ancêtres, et de le conjurer avec larmes de ne pas dissiper le bien que
son père avait amassé avec beaucoup de peine;
tant qu'à la fin Dinias ne l'appelait plus à ses
plaisirs, et se cachait de lui lorsqu'il voulait faire
quelque partie. Comme un mal en attire toujours un autre, ses flatteurs lui mirent dans l'esprit l'amour d'une célèbre coquette, qui était
adroite à gagner les cœurs, et tantôt par des dé-
dains affectés, tantôt par de feintes caresses, savait si bien enflammer ceux qu'elle avait pris,
qu'ils ne pouvaient plus s'en défaire. Lorsqu'elle

eut attrapé ce jeune homme, simple et niais, à l'aide de ses faux amis, qui mettaient tout en œuvre pour le surprendre, elle ne le laissa pas échapper; mais, après l'avoir enveloppé dans ses filets, pour mieux en triompher, elle feignit de l'amour, et causa mille maux à ce pauvre infortuné : car, pour lui mieux faire valoir sa fausse tendresse, elle le tourmentait souvent en se dérobant à sa vue, sous prétexte qu'elle craignait de donner de la jalousie à son mari, qui était un homme de condition, et des principaux de la ville d'Éphèse. Cela l'enflamma de telle sorte, que, ne pouvant souffrir son absence, il envoyait tous les jours quelqu'un de ses amis la visiter; il ne s'entretenait que d'elle, et lorsqu'il ne la pouvait voir, il se consolait par la vue de son portrait. Cependant il lui donnait tout ce qu'il avait, meubles, argent, maisons, pierreries : de sorte qu'en peu de temps on vit fondre cette famille si opulente, qui était la première du pays; et, lorsqu'il n'eut plus rien, elle le quitta pour un jeune Candiote fort riche, qui commença d'entrer sur les rangs, surpris par les mêmes artifices. Dinias s'en plaint inutilement, tant que, se voyant abandonné par ses faux amis et par sa perfide maîtresse, il a recours à Agathoclès, qui voyait tout cela, il y avait long-temps, sans le pouvoir empêcher. Il lui conte donc son aventure avec quelque pudeur d'abord; mais à la fin il tranche le mot, lui avoue franchement qu'il ne pouvait plus vivre sans elle. Agathoclès, qui vit que ce serait peine perdue d'essayer de l'en dissuader, et qu'il n'était pas temps de lui faire des reproches, vend une seule maison qu'il avait, et lui en donne l'argent. Aussitôt il va trouver sa maîtresse qui le reçoit à bras ouverts, et ses flatteurs rentrent en grâce comme auparavant ; leurs amourettes recommencent si bien, qu'elle lui donne rendez-vous la nuit ; mais il ne fut pas plus tôt entré, que son mari se présente l'épée à la main, soit qu'il en fût averti par sa femme, ou non, et menace de le tuer. En cette extrémité, il ne perd point le jugement ; mais empoignant un bâton, il lui en donne un si grand coup sur la tête, qu'il l'assomme, et de rage en fait autant à sa femme, qu'il achève de tuer avec l'épée de son mari ; ensuite il repousse les valets étonnés qui se mettaient en devoir de l'arrêter, et se sauve chez Agathoclès, où, dès le matin, il est pris et mené au gouverneur de la province, qui le renvoie à l'empereur après avoir tout confessé. Dans cette triste conjoncture, son ami ne le quitte point ; il le suit prisonnier en Italie, où il entreprend sa défense. Comme il fut condamné, il l'accompagne dans son exil, et va demeurer avec lui en la petite île de Gyare, où il fut confiné pour le reste de ses jours. Il emploie à le nourrir le peu de bien qui lui restait ; et, lorsque tout fut mangé, il se loua à des pêcheurs d'huîtres qui servaient à la teinture de la pourpre, et l'entretint de son travail, sans l'abandonner, même après sa mort : car il s'habitua là, et ne retourna point en son pays.

LA VENGEANCE D'UNE GRANDE AME.

Démétrius Poliorcète avait fait beaucoup de bien au peuple de la ville d'Athènes. Ce prince, en partant pour la guerre, laissa sa femme et ses enfans chez les Athéniens. Il perdit la bataille, et fut obligé de s'enfuir. Il crut d'abord qu'il n'avait qu'à se retirer chez ses bons amis les Athéniens, mais ces ingrats refusèrent de le recevoir : ils lui renvoyèrent même sa femme et ses enfans, sous prétexte qu'ils ne seraient peut-être pas en sûreté dans Athènes, où les ennemis pourraient les venir prendre. Cette conduite perça le cœur de Démétrius, car il n'y a rien de si cruel pour un honnête homme, que l'ingratitude de ceux qu'il aime et auxquels il a fait du bien. Quelque temps après, ce prince raccommoda ses affaires, et vint avec une grande armée mettre le siége devant la ville d'Athènes. Les Athéniens, persuadés qu'ils n'avaient aucun pardon à espérer de Démétrius, résolurent de mourir les armes à la main, et donnèrent un arrêt qui condamnait à mort ceux qui parleraient de se rendre à ce prince ; mais ils ne faisaient pas réflexion qu'il n'y avait presque pas de blé dans la ville, et que bientôt ils manqueraient de pain. Effectivement, après avoir souffert la faim très-long-temps, les plus raisonnables dirent : « Il vaut mieux que Démétrius nous fasse tuer tout d'un coup, que de mourir par la faim ; peut-être aura-t-il pitié de nos femmes et de nos enfans. » Ils lui ouvrirent donc les portes de la ville. Démétrius commanda que tous les hommes mariés fussent assemblés dans une grande place, qu'il venait de faire environner de soldats qui avaient tous l'épée nue. Alors on n'entendait dans la ville que des cris et des gémissemens : les femmes embrassaient leurs maris, les enfans leurs pères, et leur disaient leur dernier adieu. Quand ils furent tous dans cette place, Démétrius monta dans un lieu élevé, et leur reprocha leur ingratitude dans les termes les plus touchans ; il était si pénétré, qu'il versait des larmes en leur parlant. Ils gardaient le silence, et s'attendaient à tout moment que ce prince allait commander à ses soldats de les massacrer. Ils furent donc bien surpris lorsque ce bon prince leur dit : « Je veux vous montrer combien vous êtes coupables à mon égard, car enfin ce n'est pas à un ennemi à qui vous avez refusé du secours, c'est à un prince qui vous aimait, qui vous aime encore, et qui ne veut se venger qu'en vous pardonnant et en vous faisant du bien. Retournez chez vous ; pendant que vous êtes restés ici, mes soldats, par mon ordre, ont porté du blé et du pain dans vos maisons. »

LE TRIOMPHE DE L'AMITIÉ.

Démétrius de Sunion avait été élevé dès son enfance avec Antiphile, et voyagea avec lui en Égypte, pour apprendre la philosophie cynique, au lieu que le dessein d'Antiphile était d'y étudier la médecine. Comme Démétrius était allé voir les antiquités du pays, et naviguait il y avait déjà six mois sur le Nil, ayant laissé au logis son camarade, qui ne pouvait souffrir les chaleurs et les autres incommodités du voyage, il arriva à Antiphile un accident qui lui fit regretter l'absence de son ami. Car un de ses esclaves s'associa avec quelques voleurs pour piller le temple d'Anubis, d'où ils emportèrent la statue du dieu avec plusieurs autres choses, qu'ils cachèrent sous un lit au logis d'Antiphile.

Mais les voleurs ayant été pris comme ils vendaient quelques pièces de leur larcin, ils confessèrent tout à la question : de sorte qu'on arrêta l'esclave, et ensuite le maître, qui était aux écoles publiques, après avoir trouvé chez lui le butin, car l'indignité de l'action faisait qu'on ne l'osait secourir, et chacun l'avait en horreur comme un sacrilége. Cependant ses deux autres esclaves emportèrent tout ce qui lui restait, tandis qu'il était en prison, abandonné de tout le monde, et tourmenté par le geolier, qui croyait faire service aux dieux en le maltraitant, et qui ne voulait pas seulement l'ouïr lorsqu'il voulait se justifier. Il tomba bientôt malade de chagrin et de misère, car il couchait sur la terre, sans pouvoir étendre ses jambes pour dormir, parce qu'on les attachait la nuit à une pièce de bois; mais de jour il n'avait qu'une main liée avec le cou. Toutefois le bruit des chaînes l'empêchait de pouvoir reposer le jour, non plus que la nuit, parce qu'il était enfermé pêle-mêle avec plusieurs autres criminels dans un cachot puant, où il avait de la peine à respirer. En ce funeste état, insupportable même aux plus robustes, et à plus forte raison à un jeune homme qui avait été élevé tendrement, il commençait à défaillir peu à peu, et ne voulait déjà plus rien prendre, lorsque Démétrius, qui ne savait rien de l'affaire, arriva, et sitôt qu'il l'eut appris, courut en hâte à la prison, où l'on ne voulut pas le laisser entrer, à cause qu'il était tard, et que le geolier était retiré et les gardes posées. Il fallut donc attendre jusqu'au lendemain, qu'il eut de la peine à entrer et encore plus à reconnaître son ami, tout défiguré, après l'avoir cherché long-temps comme on cherche un homme entre les morts en un jour de bataille; s'il ne se fût avisé de l'appeler par son nom, il ne l'eût jamais pu trouver. Mais

quand il eut répondu, il le reconnut à sa voix,
et lui détournant les cheveux de dessus le front,
s'évanouit à ce spectacle, et Antiphile aussi. Démétrius, étant revenu le premier, aida son compagnon à reprendre ses esprits, et lui donna la
moitié de son manteau, au lieu des haillons dont
il était couvert. Ensuite il sortit pour l'assister ;
et comme il n'avait ni argent ni crédit, il se
louait pour porter des marchandises sur le port,
et, après avoir travaillé tout le matin, il portait
tout ce qu'il avait gagné à son ami, dont il donnait une partie au geolier, et s'entretenait du
reste. Mais, la nuit venue, il fallait qu'il se reti-
rât et qu'il dormît à la porte sur un petit lit qu'il
s'était fait d'herbes et de branches ; car on ne
voulait pas le laisser coucher dans la prison. Ils
vécurent ainsi quelque temps, jusqu'à ce qu'un
des prisonniers étant mort de poison, à ce qu'on
croyait, on ne voulut plus laisser entrer personne : si bien que Démétrius, qui ne pouvait
quitter son ami, s'alla par désespoir déclarer com-
plice du même crime, et fut attaché avec lui ;
encore eut-il bien de la peine à obtenir cette
courtoisie du geolier. Cependant ils tâchaient
d'adoucir leurs maux par leur conversation, et
chacun avait plus de soin de la santé de son
compagnon que de la sienne, particulièrement
Démétrius, qui, étant tombé malade, ne laissait
de faire ce qu'il pouvait pour consoler Antiphile.
Sur ces entrefaites, un accident imprévu leur
rendit la liberté lorsqu'ils ne l'attendaient plus :
car un prisonnier s'étant procuré une lime, rompit la chaîne où ils étaient tous attachés, et se
sauva avec les autres, après avoir tué les gardes ;
mais la plupart furent repris comme ils s'écar-

taient çà et là. Cependant nos deux amis demeurèrent dans la prison, et arrêtèrent leur esclave, aimant mieux mourir que de passer pour coupables d'un crime pire que la mort même. Le gouverneur de l'Égypte, ayant appris cette nouvelle, les mit tous deux en liberté, après qu'ils eurent justifié de leur innocence ; mais, plein d'admiration pour leur vertu, il donna dix mille drachmes à Antiphile, et le double à Démétrius, qui se retira vers les Gymnosophistes des Indes , et laissa le tout à son camarade.

LA FILLE DE CATON.

Brutus, chef des conspirateurs contre César, ou plutôt contre l'oppresseur de la liberté romaine, se trouvant à la tête d'une si hasardeuse entreprise, et voyant attaché à sa personne et à sa conduite le sort de tout ce qu'il y avait de plus brillant et de plus illustre dans Rome par la vertu et par la naissance, se possédait assez pour conserver pendant le jour et en public un air de calme et de tranquillité qui ne donnait lieu à aucun soupçon. Mais chez lui et pendant la nuit, il n'était plus le même, et sa femme Porcia, fille de Caton, s'aperçut qu'il avait l'esprit agité de quelque grand dessein, de quelque souci cuisant qu'il affectait de lui cacher. Elle aimait tendrement son mari, et voulait partager avec lui le poids de son inquiétude ; mais, avant que de lui demander aucun éclaircissement, elle résolut de faire sur elle-même une épreuve des plus singulières, et d'essayer jusqu'où elle pourrait porter la constance. Elle prend un petit couteau, de ceux dont on se servait pour couper et polir les ongles, et ayant fait sortir de sa chambre toutes ses femmes, elle se l'enfonce profondément dans la cuisse ; le sang coule en abondance, et les douleurs violentes sont bientôt suivies de la fièvre. Brutus, plein de trouble et d'alarmes, ne savait que penser. Alors Porcia, dans le temps qu'elle souffrait le plus, lui tint ce discours : « Brutus, je suis fille de Caton, et je vous ai été donnée, non pas pour partager simplement votre lit et votre table comme une maîtresse, mais pour entrer en société de tout ce qui peut vous être agréable ou fâcheux. Votre conduite à mon égard est irréprochable ; mais moi, que ferai-je pour vous, et par où vous prouverai-je ma reconnaissance de vos bons procédés, si je ne vous aide à porter une inquiétude secrète et des soins qui demandent de la fidélité ? Je sais que les femmes ne passent pas communément pour être bien capables de garder un secret ; mais, Brutus, la bonne éducation et une société vertueuse peuvent beaucoup sur les mœurs et sur le caractère ; et qui peut à plus juste titre se glorifier de ces avantages, que la fille de Caton et la femme de Brutus ? J'y comptais pourtant moins par le passé ; mais maintenant je viens de me convaincre que la douleur même ne triomphe pas de mon courage. » En finissant de parler, elle lui montra la blessure qu'elle s'était faite, et lui rendit compte de son motif et de tout ce qu'elle avait pensé. Brutus étonné, ravi en admiration, leva les mains au ciel, demandant aux dieux de pouvoir, en réussissant dans son entreprise, parvenir à être regardé comme le digne époux de Porcia ; il lui fit part ensuite de tout le projet de la conspiration, et il n'eut pas lieu de se repentir de la confiance qu'il prit en elle, et qu'elle avait si bien méritée.

ARTIFICE MALHONNÊTE DE PITHIUS.

Canius, chevalier romain, qui avait de l'enjouement et l'esprit orné, alla passer quelque temps à Syracuse, où son unique affaire, disait-il, était de ne rien faire ; il parlait souvent d'acheter un petit jardin, où il pût, loin des importuns, avoir ses amis et se réjouir avec eux. Sur le bruit qui s'en répandit, un certain Pithius lui dit qu'il avait un jardin qui n'était pas à vendre, mais dont il le priait d'user librement ; il invita en même temps son homme à y souper le lendemain. Canius accepta.

Pithius, à qui sa caisse attirait beaucoup de considération, fit assembler les pêcheurs pour leur demander que, le lendemain, ils eussent à pêcher devant son jardin, et il leur détailla ses ordres. Canius ne manque pas au rendez-vous. Repas magnifique, quantité de barques qui faisaient un spectacle et qui venaient toutes à l'envi présenter leur pêche ; les poissons tombaient en tas aux pieds de Pithius. « Eh ! dit Canius, qu'est-ce ci ? Tout ce poisson ! tant de barques ! — Faut-il, reprit Pithius, que cela vous étonne ? Tout le poisson de Syracuse est ici. C'est le seul endroit où il y ait de l'eau. Sans ce lieu-ci, les pêcheurs ne sauraient où aller. » Voilà que Canius ne tint plus contre l'envie de l'acheter : d'abord le banquier se défend, à la fin il cède. Canius, plein de son idée, et ne regardant pas à l'argent, prend maison et meubles, donne tout ce qu'on veut avoir, fait son billet : l'affaire est conclue. Il prie ses amis pour le jour suivant. Il y arrive de bonne heure ; il ne voit pas le moindre bateau. Il s'informe du voisin s'il n'y a pas ce jour-là quelque fête pour les pêcheurs. « Aucune que je sache, répondit-il ; mais ordinairement on ne pêche point ici, et je ne savais hier à quoi attribuer ce que je voyais. » Canius, de s'emporter. Mais, quel remède ? Aquilius, mon collègue et mon ami, n'avait pas encore publié les formules contre le dol, où il explique très-bien ce que c'est que le dol en homme qui sait définir : « C'est, dit-il, donner, montrer à entendre qu'on veut une chose et en faire une autre. » Pithius, par conséquent, et tous autres qui ont de semblables détours, sont gens artificieux, sans foi et sans probité.

CLÉMENCE D'AUGUSTE.

Auguste, ce prince cruel et vindicatif avant l'époque où il se vit le maître du monde, se distingua par sa douceur et par son humanité lorsqu'il fut parvenu à l'empire. Tandis qu'il séjournait dans les Gaules, on vint lui donner avis que L. Cinna, personnage de peu de mérite et d'un génie borné, tramait une conjuration contre lui. On lui dit où, quand et de quelle manière la chose devait s'exécuter : c'était un des complices qui l'en informait. Auguste résolut de se venger du perfide, indiqua pour le lendemain un conseil de ses amis. Il passa une nuit fort agitée et fort inquiète, pensant qu'il s'agissait de condamner un jeune homme qui d'ailleurs était sans reproche, un jeune homme de la plus haute noblesse, et petit-fils du grand Pompée. Il ne pouvait plus se déterminer à ordonner la mort d'un seul homme, lui qui avait autrefois dicté, en soupant avec Marc-Antoine, l'édit de proscription. Poussant des soupirs, il parlait seul avec lui-même, et exprimait vivement les différentes pensées qui se combattaient dans son esprit : « Quoi, disait-il, « je laisserai mon assassin libre et tranquille, et « l'inquiétude restera pour moi ! Après que tant « de guerres civiles ont respecté mes jours, après « que j'ai échappé aux périls de tant de combats « sur terre et sur mer, un traître veut m'immoler « au pied des autels, et je ne lui ferai pas subir « la peine qu'il mérite ! » Car il devait être attaqué pendant qu'il offrirait un sacrifice. Il s'arrêtait ; et, après quelques momens de silence, il élevait de nouveau sa voix pour se faire son procès à soi-même avec plus de sévérité qu'à Cinna. Il continuait de s'apostropher ainsi : « Si ta mort « est l'objet des vœux de tant de citoyens, es-tu « digne de vivre ? Quand finiront les supplices ? « quand cesseras-tu de verser du sang ? Ta tête « est exposée en butte aux coups de la jeune no-« blesse qui compte s'immortaliser en t'égor-« geant. Non, la vie n'est pas d'un assez grand « prix, si, pour t'empêcher de périr, il faut « que tant d'autres périssent. » Sa femme Livie, qui entendit tous ces discours, l'interrompit enfin : « Voulez-vous, lui dit-elle, « écouter les conseils d'une femme ? Imitez les « médecins, qui, lorsque les remèdes accoutu-« més ne réussissent point, essaient de leurs con-« traires. Jusqu'ici vous n'avez rien gagné par la « sévérité : Lépidus a succédé à Salvidienus, Mu-« rena à Lépidus, Cepion à Murena, Egnatius à « Cepion, pour ne point parler de tant d'autres « que vous avez fait repentir de leur audace. Es-« sayez maintenant de la clémence ; pardonnez « à Cinna, il est découvert, il ne peut plus vous

« nuire ; et la grâce que vous lui accorderez peut
« vous procurer beaucoup de gloire. » Auguste,
charmé d'avoir trouvé quelqu'un qui approuvait
le parti de la douceur, vers lequel il penchait déjà
lui-même, remercia tendrement son épouse, et
contremanda sur-le-champ ses amis ; et, ayant
appelé Cinna seul, il fit sortir tout le monde de
son appartement, lui ordonna de s'asseoir, et lui
parla en ces termes : « J'exige avant tout que
« vous m'écoutiez sans m'interrompre ; que vous
« me laissiez achever ce que j'ai à dire sans vous
« récrier ; lorsque j'aurai fini, vous aurez
« toute liberté de répondre. Je vous ai trou-
« vé, Cinna, dans le camp de mes adver-
« saires : vous n'étiez pas seulement devenu mon
« ennemi, mais vous étiez né pour l'être. Dans
« de telles circonstances, je vous ai accordé la
« vie, je vous ai rendu tout votre patrimoine.
« Vous êtes aujourd'hui si riche, et dans une si-
« tuation si florissante, que les vainqueurs portent
« envie à la condition du vaincu ; je vous ai ac-
« cordé le sacerdoce que vous m'avez demandé,
« en faisant un passe-droit à plusieurs autres dont
« les pères avaient servi dans mon armée. Après
« que je vous ai comblé de tant de bienfaits,
« vous avez formé le projet de m'assassiner ! » A
ce mot, Cinna s'étant écrié qu'une telle fureur
était bien loin de sa pensée : « Vous ne me tenez
« point parole, reprit Auguste ; nous étions con-
« venus que vous ne m'interrompriez point : oui,
« je vous le répète, vous voulez m'assassiner. »
Il lui exposa ensuite toutes les circonstances,
toutes les mesures prises ; il lui nomma le lieu et
les complices, et en particulier celui qui devait
porter le premier coup. En voyant alors que

Cinna était consterné et gardait un morne silence, non plus en vertu de la convention, mais par remords de conscience et par terreur, il ajouta : « Par quel motif avez-vous conçu un pareil des-« sein ? Est-ce pour régner à ma place ? Assuré-« ment le peuple romain est bien à plaindre si je « suis le seul obstacle qui vous empêche de de-« venir empereur : à peine pouvez-vous gouver-« ner votre maison. Dernièrement un affranchi « vous a écrasé par son crédit dans une affaire « particulière qui vous intéressait. Tout vous est « difficile, excepté de conjurer contre votre prince « et votre bienfaiteur. Voyons, examinons : suis-« je le seul qui arrête le succès de vos projets am-« bitieux ? Pensez-vous réduire à supporter votre « domination un Paulus, un Fabius Maximus, « les Cossus et les Servilius, et tant d'autres no-« bles qui ne se parent point d'un vain titre, et « qui rendent à leurs ancêtres l'honneur qu'ils en « reçoivent ? » Auguste continua dé parler sur ce ton pendant plus de deux heures, alongeant ex-près la durée de la seule vengeance qu'il préten-dait exercer sur le coupable. Il finit en lui disant : « Cinna, je vous ai autrefois donné la vie comme « à mon ennemi, je vous la donne maintenant « comme à mon assassin. Commençons aujourd'hui « à être sincèrement amis. Efforçons-nous de « rendre douteux, si en vous pardonnant j'aurai « plus de générosité que vous ne ferez voir de re-« connaissance. » Il donna ensuite à Cinna le con-sulat pour l'année suivante, en se plaignant de ce qu'il n'osait pas le lui demander lui-même. Depuis ce temps, Auguste n'eut qu'à se féliciter de sa clémence. Cinna lui fut toujours fort attaché et très-fidèle : il le fit son légataire universel, et il n'y eut plus dans la suite de conspiration contre Auguste. (*Par M. de Poncol.*)

~~~~~~~~~~~~~~~~~~~~~~~~~~~~~~~~~~

PRÉCIS DE LA VIE D'AGRICOLA.

Ce grand capitaine, ce vertueux citoyen, naquit à Fréjus, colonie romaine qui était alors très-florissante. Son père, qui en avait régi la police et les finances, fut massacré par l'ordre de Caligula, pour avoir refusé de se rendre le délateur de Silanus. Le fils, privé de ses exemples domestiques, fut élevé par les soins d'une mère vertueuse, qui mit sa complaisance à cultiver le fruit de son amour. Marseille, qui avait l'urbanité de Rome, sans en avoir adopté le luxe et la dissolution, fut le lieu que cette mère vigilante choisit pour le soustraire à la contagion qui infectait les sources publiques. Son penchant l'entraînait vers la philosophie; l'amour de l'étude devint une passion qui asservit toutes les autres. Sa mère crut devoir corriger cette intempérance de savoir qui le détournait des connaissances nécessaires à l'homme public.

Ce fut sous les ordres de Suétone qu'il fit son apprentissage de guerre. Ce capitaine sage et expérimenté démêlait en lui la semence des talens qui s'empressaient d'éclore, et ce fut pour les mieux cultiver qu'il le reçut dans sa maison. La gloire des grands maîtres est d'avoir des élèves qui leur ressemblent : supérieurs à l'envie, ils se voient sans chagrin surpassés par eux.

L'Angleterre, où se faisait cette guerre, était agitée par des tempêtes : les vétérans massacrés, les colonies dévorées par les flammes, les armées défaites, annonçaient la ruine prochaine de la do-
~~~~~~~~~~~~~~~~~~~~~~~~~~~~~~~~~~

mination romaine dans cette île. Ce fut au milieu de ces orages qu'Agricola fut mis à la tête d'une cohorte ; il vit dans ce commandement moins un titre de décoration qu'un fardeau dont il fallait apprendre à soutenir le poids. Il s'instruisit de ses devoirs, il parcourut toute l'Angleterre, et se trouva dans toutes les actions les plus meurtrières. Courageux sans faste et sans ostentation, il ne refusa aucun poste périlleux, et n'eut jamais la vanité de les briguer. Les exemples de Suétone jetèrent dans son cœur un germe fécond d'émulation ; et, lorsque son devoir ne le retint plus dans la province, il se rendit à Rome, où il épousa Domitie, dont la naissance illustre lui fraya un chemin à toutes les dignités. Époux tendre et fidèle, il lui déféra le sceptre domestique, dont elle était digne par la pudicité de ses mœurs.

Pendant sa questure d'Asie, il fit admirer son esprit d'ordre et de détail. Les exactions furent punies ; son désintéressement opposa un frein à la cupidité du proconsul, qui cessa d'être coupable dès qu'il n'eut plus de complices. Il revint pauvre et chargé de gloire. Sa modération fut récompensée par le tribunat ; mais il ne fit rien de mémorable dans l'exercice de cette charge, ni dans celui de sa préture, parce que Néron punissait l'éclat des talens, et qu'il y avait plus de sûreté à ne rien faire, qu'à exécuter des choses utiles qui auraient été la censure de l'administration du tyran. Ses emplois lui imposèrent l'obligation de donner des jeux et des spectacles ; il s'en acquitta avec modération, et, magnifique avec décence, il prévint le reproche d'avarice et de profusion. Sa maxime était de s'assujettir aux usages, et d'en éviter les abus. Son intégrité le fit choisir par

Galba pour s'opposer à l'avidité sacrilége de ceux qui enlevaient les offrandes des temples ; il apporta dans cette recherche une exactitude religieuse. Tandis qu'il pouvait jouir à Rome de toute sa gloire, sa piété filiale l'en arracha pour aller rendre les devoirs funèbres à sa mère, qui avait été massacrée par les soldats d'Othon. L'héritage des nations était successivement disputé par des ambitieux, qui ne semblaient monter sur le trône que pour être précipités dans l'abîme. Il était alors impossible à l'homme de bien d'agir par principes, et de marcher d'un pas ferme sur ce théâtre mobile. Agricola, jaloux de son obscurité, en fut arraché par Nutien, qui gouvernait l'empire, tandis que Domitien, jeune encore, s'abandonnait aux plus sales débauches. Chargé de nouvelles levées, il les fit avec tant de succès, qu'il en fut récompensé par le commandement de la dixième légion, qui avait été la dernière à reconnaître Vespasien. L'Angleterre, où il avait commencé à développer ses talens, en fut encore le théâtre ; il y servit sous les ordres de Petitius Cerealis, qui voulut l'associer à sa gloire en lui confiant les expéditions importantes. Des succès sans aucun mélange de revers ne lui causèrent point cette ivresse qui égare les favoris de la fortune. Toujours simple et modeste, il fit honneur à son chef de ses victoires ; et, comme il était sans ostentation, il n'excita point l'envie. Vespasien, après l'avoir élevé au rang de patricien, lui confia le gouvernement d'Aquitaine, qui était un degré au consulat. Sa franchise militaire semblait incompatible avec la dextérité qu'exige le secret des affaires. Quiconque est plus accoutumé à se servir de son bras que de son esprit, manque souvent de cette souplesse artificieuse qui assure le succès de la politique. Agricola, né pour les emplois, n'eut point cet orgueil insultant que le guerrier exhale sur le citoyen pacifique, ni cette austérité rebutante qu'on contracte dans l'embarras des affaires. Le travail lui devint facile, parce qu'il sut se régler ; la variété de ses occupations fut son délassement. Grave sans être austère, il inspirait sur son tribunal le respect et la confiance ; et, dès qu'il en était descendu, il avait cette simplicité décente, qui est le plus noble attribut de l'homme public. Jaloux des prérogatives de sa place, il n'avait pas la vaine ambition d'en passer les limites, et il n'usait de son pouvoir que pour conserver à chacun ses priviléges. Au bout de trois ans, il fut appelé à Rome, où la voix publique le nommait au consulat : c'était attester qu'il en était digne. Cette dignité à laquelle il fut élevé, ne fut pas la seule récompense dont on honora son mérite ; il fut nommé pontife et gouverneur d'Angleterre.

Dès qu'il eut débarqué dans cette île, il dédaigna les réceptions pompeuses qu'on avait faites à ses prédécesseurs ; et, quand on le croyait occupé à recevoir des hommages et à donner des fêtes, il signalait les premiers jours de son commandement par une victoire : il releva l'éclat de ce succès par la précaution qu'il prit de le cacher. Il ne mit point, selon la coutume, des feuilles de laurier sur ses faisceaux, ni dans la lettre qu'il écrivit à l'empereur. La plupart des grands généraux semblent tous jetés dans le même moule ; les peindre, c'est multiplier les copies. Il n'y a que les génies supérieurs qui offrent des traits particuliers, dignes de passer à la postérité. Agricola, pour faire rétablir la discipline militaire tombée dans le relâchement, crut devoir commencer par une réforme dans sa maison, entreprise aussi difficile que de régir un empire. Ses domestiques, traités avec douceur, n'eurent aucune influence dans la distribution des grades et des récompenses; il n'y eut plus d'autres recommandations que les services. Les plus courageux et les plus fidèles furent les mieux récompensés. Doux et clément, il excusait les fautes légères, et punissait avec éclat et sévérité les crimes. Le poids des impôts fut diminué par l'égalité de la répartition. La police, qu'il introduisit dans les affaires, le fit regarder moins comme un général que comme le législateur de la nation.

Il mit cet esprit d'ordre dans son armée à l'ouverture de la campagne. Le soldat convaincu de pillage fut sévèrement puni. Cette discipline le rendit cher aux barbares, et plusieurs peuples, qui combattaient pour conserver leur liberté, mirent bas les armes, et se crurent libres avec son alliance. Ce fut ainsi qu'également craint et respecté, il rassembla des peuples sauvages dont il adoucit les mœurs farouches, en leur faisant goûter les délices de la paix. Il subjugua plus de pays par sa douceur que par ses armes. Les Anglais, sans besoins, languissaient sans industrie : il leur fit concevoir qu'ils n'étaient que des barbares; et, rougissant de l'être, ils sortirent de leur engourdissement, et sentirent naître l'émulation créatrice des grandes choses. Leurs enfans reçurent l'éducation des Romains, dont ils prirent les habits et les usages; et ce fut par le vernis des mœurs polies qu'on leur déguisa les fers de la servitude.

La troisième année fut une continuité de prospérité, de sorte que la quatrième ne fut employée qu'à mieux assurer ses conquêtes. Ces insulaires étaient trop sauvages pour se familiariser avec le joug : souvent vaincus et toujours rebelles, Agricola n'avait pas plus tôt remporté une victoire, qu'il fallait tenter la fortune d'un nouveau combat. Il marcha contre les Écossais, plus faciles à vaincre qu'à être subjugués. Il fut attaqué dans sa marche par ces barbares ; la mêlée fut meurtrière : la neuvième légion fut taillée en pièces. Il rétablit l'ordre parmi les troupes épouvantées, et les barbares, pliant à leur tour, se précipitèrent dans les bois et les marais, qui favorisèrent leur retraite. Ce revers n'abattit point leur courage, et la dernière campagne fut la plus meurtrière et la plus glorieuse pour Agricola, puisqu'elle termina une guerre dont l'issue assura la domination de cette île fameuse aux Romains. La relation qu'il en écrivit à Domitien fut reçue avec l'extérieur d'une joie reconnaissante. Ce monstre couronné, jaloux de la gloire d'autrui, ne vit dans le courage actif de son général que la censure de sa paresse et de ses débauches. Dévoré du poison de l'envie, il se rendit inaccessible. Jamais il ne se livrait à la réflexion du cabinet, que pour méditer quelque attentat contre la vertu qui offensait ses yeux. La crainte de soulever le soldat lui fit dissimuler sa haine. Il lui fit décerner les ornemens du triomphe, avec une statue couronnée de lauriers. Mais Agricola, au lieu d'entrer dans Rome en triomphateur, eut ordre de se rendre de nuit chez le prince, qui le reçut avec froideur, en le laissant confondu dans la foule. Il connaissait trop le cœur du tyran, pour ne pas prévoir ce qu'il devait en attendre. Il crut devoir se soustraire à ses fureurs, en se condamnant à l'obscurité; il ne se montra qu'avec un extérieur simple et modeste, qui faisait méconnaître le grand homme dans une cour où l'étalage du luxe usurpait la considération due à la supériorité du génie. Des délateurs calomnièrent ouvertement son innocence, sans pouvoir en obscurcir l'éclat. Les courtisans plus adroits préparaient sa perte en exaltant son mérite en présence de l'empereur bassement jaloux. Les fléaux dont l'empire fut frappé sur le Danube et sur le Rhin, rappelèrent le souvenir de la valeur du vainqueur d'Albion; alors il s'éleva un cri pour le mettre à la tête des armées. C'était déclarer que lui seul en était digne; mais en même temps c'était aigrir contre lui un monstre farouche, qui frémissait au bruit des acclamations dont la multitude honorait la supériorité des talens, et qui ne laissait jamais la vertu impunie : ce fut dans ces circonstances qu'il fut attaqué de la maladie qui le ravit à la terre. La douleur publique fut le plus bel éloge des actions de sa vie, et en même temps un témoignage que Rome corrompue conservait, par un reste de pudeur, quelque attachement pour les gens de bien; la sensibilité était d'autant plus vive, qu'on le croyait empoisonné. L'empereur, pour dissiper des soupçons que lui-même avait fait naître, l'envoyait chaque jour visiter par ses médecins et ses affranchis; mais il était trop abhorré pour séduire la crédulité. Il était peut-être innocent, et l'on s'obstinait à le croire coupable. Il ne trouva pas même son apologie dans le testament d'Agricola, qui l'instituait son héritier conjointement avec sa femme et sa fille. C'était alors une maxime avouée, qu'il n'y avait que les méchans princes qui fussent les héritiers d'un bon père. Agricola mourut âgé de cinquante-six ans, et l'histoire n'a pas dédaigné de nous transmettre tous ses traits. Sa taille, sans être extraordinaire, était régulière et bien pro-portionnée, sa physionomie douce et affable tem-pérait l'éclat de ses talens, et il ne manqua à son bonheur et à sa gloire que d'avoir vécu sous un Trajan. La mort lui enleva plusieurs enfans ; il eut de grands motifs de consolation dans une fille qui lui survécut, et qui fut l'épouse de Tacite, qui transmit à la postérité les choses louables qu'il avait su exécuter. (Tacite. *Par M. Robinet, censeur royal.*)

ÉPONINE ET SABINUS,

Anecdote romaine.

Sabinus était un Romain qui, durant les guer-res civiles, s'engagea dans un parti contraire à celui de Vespasien, et prétendit même à l'em-pire. Mais, quand la puissance de Vespasien fut bien établie, Sabinus ne s'occupa que des moyens qui pouvaient le soustraire aux persécutions, et en imagina un aussi bizarre que nouveau. Il pos-sédait de vastes souterrains, inconnus à tout le monde, et il résolut de s'y cacher ; cette lugubre retraite l'affranchissait du moins de l'insuppor-table crainte des supplices et d'une mort igno-minieuse, et il y portait l'espoir que peut-être quelque nouvelle révolution lui donnerait la pos-sibilité de reparaître dans le monde. Mais, parmi tant de sacrifices que sa situation le forçait de faire, il en était un surtout qui déchirait son cœur ; il avait une femme jeune, belle, sensible et vertueuse ; il fallait la perdre et lui dire un éternel adieu, ou lui proposer de s'ensevelir pour jamais dans une sombre prison, et de renoncer à la liberté, à la société, à la clarté du jour. Sabinus connaissait la tendresse et la grandeur d'âme d'Éponine, cette épouse si chère ; il était sûr qu'elle consentirait avec transport à le suivre, et à ne vivre que pour lui ; mais il craignit pour elle les regrets qui trop souvent succèdent à l'enthousiasme, et dont la vertu même ne garantit pas toujours ; enfin il eut assez de générosité pour ne vouloir pas abuser de celle d'Éponine, ou, pour mieux dire, il n'avait qu'une idée imparfaite de la manière dont une femme peut aimer. Il ne mit dans sa confidence que deux affranchis, qui le suivirent. Il assemble ses esclaves, leur persuade qu'il est décidé à se donner la mort ; il les récompense, les congédie, brûle sa maison, et se sauve ensuite dans ses souterrains avec ses fidèles affranchis. Personne ne douta de sa mort. Éponine était absente ; mais bientôt cette fausse nouvelle parvint jusqu'à elle, et l'abusa comme tout le monde. Elle résolut de ne point survivre à Sabinus ; comme elle était observée et gardée avec soin par ses parens et ses amis, elle choisit à regret le genre de mort le plus lent, et refusa constamment toute espèce de nourriture. Cependant les affranchis de Sabinus, qui tour à tour sortaient chaque soir des souterrains pour aller chercher les alimens, s'informèrent, par ordre de leur maître, de la situation d'Éponine, et apprirent qu'elle touchait presque au dernier moment de sa vie : ce rapport fit connaître à Sabinus que lorsqu'il s'était cru géné-

reux, il n'avait été qu'ingrat. Accablé d'inquiétude, pénétré de reconnaissance, il envoie sur-
le-champ un de ses affranchis instruire Éponine
de son secret, et du lieu de sa retraite.

Pendant que cette commission s'exécutait,
quelles durent être les craintes et l'impatience
de Sabinus ! Son messager trouvera-t-il Éponine
vivante ? Si cette tendre épouse respire encore,
la nouvelle qu'on lui porte ne lui causera-t-elle
pas une révolution funeste? Sabinus, après avoir
conduit Éponine sur le bord de sa tombe, va-
t-il, par sa fatale imprudence, l'y précipiter, et
devenir l'assassin du seul objet qui puisse l'attacher à la vie ?..... Voilà donc le prix qu'elle recevra pour tant d'amour et de fidélité !.... Mais,
tandis que le malheureux Sabinus s'abandonne
ainsi à ces déchirantes réflexions, le Ciel lui prépare un moment de bonheur, fait pour dédommager d'une vie entière de souffrances : avant la
fin du jour, Éponine elle-même doit paraître
dans ce lugubre souterrain qui retentit si tristement des cris de Sabinus.... Ce lieu d'horreur et
de ténèbres, désormais habité par la vertu la
plus pure, va devenir le temple auguste de la
sainte fidélité et l'asile heureux du bonheur.
Comment s'empêcher de regretter que les historiens ne nous aient pas transmis le détail touchant de la première entrevue d'Éponine et de
son époux, lorsqu'elle parut tout à coup à ses
yeux, pâle, tremblante, arrachée au trépas par
le seul désir de vivre dans un cachot avec ce
qu'elle aime, et l'instant où, se jetant dans les
bras de Sabinus, elle lui dit sans doute : « Je
« viens adoucir ton sort en le partageant ; je
« viens reprendre les droits sacrés et d'épouse et

« d'amie ; je viens enfin te consacrer la vie que
« tu m'as rendue. » Quelle admiration, quelle
reconnaissance dut éprouver Sabinus ! Comme
dans un moment tout est changé autour de lui !
Quel charme répand Éponine sur chaque objet
qui l'environne ! Cette vaste caverne n'offre plus
rien de triste aux yeux de Sabinus ; cependant,
en songeant que c'est désormais la demeure
d'Éponine, il soupire.... Hélas! il ne peut offrir
qu'une affreuse prison à celle qui serait digne de
régner dans un palais.

Éponine et Sabinus concertèrent ensemble les
mesures qu'ils devaient prendre pour leur sûreté
commune. Il était impossible qu'Éponine dispa-
rût entièrement du monde, sans s'exposer à des
recherches dangereuses ; d'ailleurs, en renon-
çant pour toujours à sa famille et à ses amis, elle
s'ôtait les moyens de servir Sabinus si l'occasion
s'en présentait. Il fut donc décidé qu'elle ne
viendrait dans le souterrain que la nuit. Mais sa
maison en était éloignée ; il fallait faire cinq
lieues à pied : comment une femme timide et délicate, élevée dans le luxe et la mollesse, oserait-
elle, si belle et si jeune, s'exposer, sous la garde
d'un seul affranchi, à tous les dangers d'un
voyage nocturne et pénible, qui devait se renouveler si souvent ? Comment enfin aurait-elle assez de discrétion et de prudence pour dérober à
tous les yeux et ses démarches et son secret ?
Comment ? Elle aimait, elle pouvait se passer
d'expérience, de force et de courage ; elle était
guidée par les deux plus grands mobiles des actions extraordinaires, l'amour et la vertu, si rarement réunis, mais si puissans lorsqu'ils se
trouvent ensemble. Éponine en effet tint avec

exactitude tous les engagemens que son cœur lui avait fait prendre : elle venait régulièrement chaque soir au souterrain, et souvent elle y passait plusieurs jours de suite, ayant su prendre les précautions nécessaires pour que son absence ne donnât aucun soupçon. La vie sauvage et retirée qu'elle menait dans le monde, la douleur qu'on lui supposait, lui procuraient la facilité de dérober ses démarches au public, et d'échapper aux observations des gens curieux et désœuvrés. Pour aller voir son époux, elle triomphait de tous les obstacles ; ni les rigueurs de l'hiver, ni le froid, ni la pluie, ne pouvaient l'arrêter ou la retarder : quel spectacle pour Sabinus lorsqu'il la voyait arriver tremblante, hors d'haleine, ne pouvant à peine se soutenir sur ses pieds délicats et meurtris, et tâchant cependant, par un doux sourire, {de dissimuler sa lassitude et sa souffrance, ou, pour mieux dire, les oubliant auprès de lui !... Mais un nouvel événement doit rendre encore Éponine plus chère, s'il est possible, à Sabinus ; elle va bientôt devenir mère et donner le jour à deux jumeaux.... Quelle nouvelle source de bonheur pour elle, mais en même temps de crainte et d'inquiétude !.... A quel embarras vont la livrer l'obligation de cacher son état à tout ce qui l'entoure, et l'impossibilité d'avoir les secours dont une femme, dans sa situation, peut si difficilement se passer !.... Mais avec un cœur si fidèle et si passionné, Éponine est-elle une femme ordinaire ? est-il une épreuve au-dessus de ses forces, et qui puisse la décourager ou l'abattre ?..... Non ; elle saura dérober la connaissance d'un secret aussi important à ses domestiques, à sa famille, à ses amis : pourrait-

elle manquer d'expédiens et de prudence? Eh!
il s'agit de conserver son honneur, sa réputation
et la vie de Sabinus. Elle saura triompher de la
douleur même et la supporter sans se plaindre.
Absente de Sabinus, et tout à coup atteinte d'un
mal aussi nouveau pour elle que violent, elle
s'enferme, invoque, au défaut des secours humains, l'assistance du Ciel, répète mille fois le
nom de Sabinus, et se résigne à son sort avec
autant de patience que de courage. C'est ainsi
qu'elle devint mère de deux enfans, dont l'existence si chère la dédommage et la récompense
de tout ce qu'elle a souffert. Aussitôt que la nuit
est venue, Éponine, prenant ses enfans dans ses
bras, s'échappe de sa maison; et, chargée de ce
précieux fardeau, elle arrive au souterrain. Qui
pourrait peindre le profond attendrissement, les
transports et la joie de Sabinus, en apprenant
d'Éponine qu'il est père, et en recevant à la fois
dans ses bras son épouse et ses enfans!..... ces
enfans, gages touchans de la tendresse la plus
parfaite et la plus pure, condamnés dès leur
naissance à vivre et à croître dans une prison!...
Cruelle pensée! faite pour empoisonner le bonheur de Sabinus, qui sans doute, en les embrassant, dut se dire : « Infortunés enfans, hélas!
« quand pourrez-vous jouir de la lumière et de
« la liberté? Mais Éponine est votre mère, vous
« serez chéris par elle; ah! vous ne vous plain-
« drez point de votre destinée. »
Les deux enfans d'Éponine furent élevés dans
le souterrain, et n'en sortirent jamais durant l'espace de neuf ans que Sabinus y resta caché. Loin
que le temps eût diminué l'assiduité d'Éponine,
il ne fit que rendre ses voyages plus fréquens

au souterrain : elle y trouvait son époux et ses enfans; devenue étrangère au monde et à la société, l'univers et le bonheur n'existaient pour elle qu'au fond de la caverne de Sabinus. Cependant ses absences, devenant chaque jour plus multipliées et plus longues, donnèrent enfin des soupçons, et l'excès de la sécurité acheva de la perdre; elle fut observée, suivie, et l'infortuné Sabinus découvert. Des soldats envoyés par l'empereur viennent l'arracher de son souterrain, et ne conçoivent pas, en voyant cette affreuse demeure, qu'on puisse la regretter et verser des pleurs en la quittant. Dans cette extrémité, Éponine, ne démentant ni sa vertu, ni le courage dont elle avait donné tant de preuves, se rend au palais de l'empereur, suivie de ses deux enfans. On se précipite en foule sur son passage : chacun veut la voir et l'applaudir; tout le palais retentit des acclamations qu'elle excite, et c'est ainsi qu'on vit du moins la vertu malheureuse obtenir le tribut d'éloges qu'elle mérite. Éponine, insensible à la gloire, ne comprenant pas même qu'on puisse admirer sa conduite, et plaignant ceux qu'elle étonne, s'avance tristement à travers la foule qui l'environne, et arrive enfin à l'appartement de l'empereur. Tout le monde se retire : alors Éponine, se jetant avec ses enfans aux pieds de Vespasien, lui parla en ces termes :

« Voyez, César, à vos genoux, la femme et les
« enfans de l'infortuné Sabinus, ces enfans in-
« nocens, élevés dans un lugubre cachot, et qui,
« pour la première fois, jouissent aujourd'hui de
« la vue du soleil. Eh quoi! cet astre radieux
« qui ne luit pour eux que depuis si peu d'in-

« stans, doit-il éclairer le supplice de Sabinus?
« et ce jour qui les arrache des ténèbres et de la
« captivité, doit-il être enfin le dernier des jours
« de leur père?... Mais quel fut le crime de Sa-
« binus? L'ambition. César, si cette passion n'eût
« pas dominé dans votre âme, feriez-vous le
« bonheur de l'univers, seriez-vous l'arbitre du
« sort de mon époux?... Vous avez prouvé jus-
« qu'ici que la fortune ne fut point aveugle en
« vous favorisant ; achevez de la justifier par vo-
« tre clémence.... Tout vous est soumis; vous
« régnez. Ah! connaissez le plus doux charme
« de ce haut rang où vous a placé le sort; plai-
« gnez les malheureux, et sachez pardonner.
« Pourriez-vous être insensible aux pleurs d'une
« épouse, d'une mère, aux gémissemens de ses
« enfans? Vous êtes souverain, vous êtes père,
« et l'innocence et la nature auraient en vain
« versé des larmes à vos pieds! Hélas! le Ciel
« ne s'est-il pas chargé lui-même du châtiment
« de Sabinus? Ne vous a-t-il pas ôté le droit de
« le punir, en ne le livrant en vos mains qu'a-
« près neuf ans de captivité?... Souffrirez-vous
« qu'on puisse vous reprocher un jour cet excès
« de rigueur, si peu nécessaire à votre sûreté?
« Ah! César, songez-y, votre inflexibilité ne
« peut ravir à Sabinus qu'une vie obscure et lan-
« guissante, tandis qu'elle ternirait aux yeux de
« la postérité cette gloire si brillante et si pure,
« heureux et juste fruit de vos travaux et de vos
« exploits. »

On demandera sans doute, après la lecture de
cette anecdote intéressante, si Vespasien se laissa
toucher : hélas! non; et ce prince, peu sensible
à tant de vertus, condamna à la mort l'époux

d'Éponine, qui, engagé dans un parti contraire au sien, avait manifesté des prétentions à l'empire. Au reste, l'héroïsme d'Éponine ne se démentit pas jusqu'au dernier instant, et elle accompagna son mari au supplice. (*Par Madame de Genlis.*)

ANECDOTE SUR TURENNE.

Le bon Plutarque excelle, comme historien, par des détails dans lesquels nous n'osons plus entrer ; il a une grâce inimitable à peindre les grands hommes dans les petites choses, et il est si heureux dans le choix de ses traits, que souvent un mot, un sourire, un geste lui suffit pour caractériser son héros. Avec un mot plaisant, Annibal rassure son armée effrayée, et la fait marcher en riant à la bataille qui lui livra l'Italie. Agésilas, à cheval sur un bâton, me fait aimer le vainqueur du grand roi. César, traversant un pauvre village et causant avec ses amis, décèle, sans y penser, le fourbe qui disait ne vouloir qu'être l'égal de Pompée. Alexandre avale une médecine, et ne dit pas un seul mot ; c'est le plus beau moment de sa vie. Aristide écrit son propre nom sur une coquille, et justifie ainsi son surnom. Philopémen, le manteau bas, coupe du bois dans la cuisine de son hôte. Voilà le véritable art de peindre. La physionomie ne se montre pas dans les grands traits, ni le caractère dans les grandes actions : c'est dans les bagatelles que le naturel se découvre. Les choses publiques sont ou trop communes, ou trop apprêtées ; et c'est presque uniquement à celles-ci que la dignité moderne permet à nos auteurs de s'arrêter.

Un des plus grands hommes du siècle dernier fut incontestablement M. de Turenne. On a eu le courage de rendre sa vie intéressante par de petits détails qui le font connaître et aimer ; mais combien s'est-on vu forcé d'en supprimer qui l'auraient fait connaître et aimer davantage! Je n'en citerai qu'un, que je tiens de bon lieu, et que Plutarque n'eût eu garde d'omettre, mais que Ramsay n'eût eu garde d'écrire, quand il l'aurait su.

Un jour d'été qu'il faisait fort chaud, le vicomte de Turenne, en petite veste blanche et en bonnet, était à sa fenêtre dans son antichambre. Un de ses gens survient, et, trompé par l'habillement, le prend pour un aide de cuisine avec lequel ce domestique était familier; il s'approche doucement par derrière, et, d'une main qui n'était pas légère, lui applique un grand coup sur les fesses. L'homme frappé se retourne à l'instant; le valet voit, en frémissant, le visage de son maître. Il se jette à genoux tout éperdu : *Monseigneur, j'ai cru que c'était Georges...Et quand c'eût été Georges,* s'écrie Turenne en se frottant le derrière, *il ne fallait pas frapper si fort.*

Voilà donc ce que vous n'osez dire! Misérables! soyez donc à jamais sans naturel, sans entrailles; trempez, durcissez vos cœurs de fer dans votre vile décence : rendez-vous méprisables à force de dignité.—Mais, toi, bon jeune homme, qui lis ce trait et qui sens avec attendrissement toute la douceur d'âme qu'il montre, même dans le premier mouvement, lis aussi les petitesses de ce grand homme dès qu'il était question de sa naissance et de son nom. Songe que c'est le même Turenne qui affectait de céder partout le pas à son neveu, afin qu'on vît bien que cet enfant était le chef d'une maison souveraine. Rapproche ces contrastes, aime la nature, méprise l'opinion, *et connais l'homme. (J.-J. Rousseau.)*

L'ÉCUEIL DE L'AMITIÉ POSTICHE.

Richard Steele donnait d'excellens préceptes d'économie ; mais personne n'était moins économe que lui : sa prodigalité le réduisit souvent à de fâcheuses circonstances. Généralement aimé de ceux qui le connaissaient, il faisait les délices des plus aimables sociétés de Londres. Un baronnet du Lincolnshire, fort riche et grand admirateur de Steele, ne cessait de le combler d'éloges et de marques d'estime ; il le pressait de disposer de son crédit, de sa fortune, et surtout de ne point recourir à d'autres, s'il se trouvait jamais dans quelque situation embarrassante. Richard Steele fut bientôt dans cette situation ; il alla chez son ami, qui, ne se doutant point du sujet de cette visite, s'épuisait en offres de services, et ne parlait que du désir qu'il avait de trouver une occasion favorable. « Comment ! dit Steele, et c'est précisément cette maudite occasion qui me conduit chez vous. J'ai besoin de cent livres pour apaiser un créancier qui me tourmente, et qui ne veut plus attendre. » Cette demande inattendue pétrifia le baronnet ; il bégaya quelque mauvaise excuse. « Quoi ! sir, répondit Steele, vous m'avez engagé, par vos fausses promesses, à vous exposer l'état de mes affaires, et vous me refusez ? Écoutez : je supporte avec constance tous les revers du sort ; mais je ne saurais souffrir l'insulte que vous me faites : ou prêtez-moi tout à l'heure l'argent que vous m'avez offert, ou préparez-vous à mon ressentiment. » Steele prononça ces mots avec tant de fermeté, que le baronnet, tremblant, ouvrit son porte-feuille et lui présenta un billet de cent livres. Steele le prit, et, regardant avec mépris le timide prêteur : « Sir baronnet, lui dit-il, quelque peu d'envie que j'aie de devoir cette somme à un misérable aussi vil que vous, je reçois cependant votre billet, et promets de vous le rembourser au premier jour; mais, afin qu'à l'avenir vous soyez plus réservé dans vos offres et moins lâche dans vos procédés, souffrez que je prenne la liberté de vous donner une leçon. » Steele saisit en même temps le ba-ronnet par le nez, et, le tirant avec force, le con-traignit d'avouer qu'il était le plus misérable des hommes.

ANECDOTE ANGLAISE.

Il se passa, dit-on, en Angleterre, une scène assez plaisante entre un honnête cordonnier et un gentilhomme prétendant être nommé député au parlement. Celui-ci, d'un air fort humble, entre dans la boutique de l'artisan, qui lui demande d'un ton brusque de quelle affaire il s'agissait. « De me rendre un petit service, répondit le gen-
« tilhomme ; il ne me manque plus qu'une voix
« pour être élu, et je vous prie de m'accorder la
« vôtre. —Oh bien! si cela est, reprit le cor-
« donnier, en lui présentant une escabelle, as-
« seyez-vous là, causons ensemble, et voyons un
« peu quel homme vous êtes..... Vous buvez de
« la bière, n'est-ce pas? En voilà un pot déjà en-
« tamé : nous le finirons de compagnie. Allons,

« prenez mon verre, buvez à ma santé, je boirai
« ensuite à la vôtre....—Qu'à cela ne tienne, » répondit le gentilhomme....... En même temps il
boit, en faisant un peu la grimace. « Dieu me
« damne! vous fumerez, car je fume, moi,» pour-
suivit l'artisan..... « Eh ! mais.... comme vous
« voudrez, » repartit le candidat en dévorant son
dépit. D'un air assez gauche il allume sa pipe à
celle de son nouveau camarade; et les voilà tous
deux en train de politiquer. Enfin le protecteur,
fort content d'avoir fait passer son protégé par
toutes sortes d'humiliations, le congédie sans
façon... « Sortez sur-le-champ de chez moi, et ne
« comptez pas sur mon suffrage : je me respecte
« trop pour le donner à un homme qui se respecte
« si peu, et qui cherche à s'élever par tant de bas-
« sesses. »

LE PORTIER GÉNÉREUX.

Un pauvre homme, qui était portier à Milan,
chez un maître de pension, trouva un sac où il
y avait deux cents écus. Celui qui l'avait perdu,
averti par une affiche publique, vint à la pension;
il donna de bonnes preuves que le sac lui appartenait : le portier le rendit. Plein de joie et de reconnaissance, il offrit à son bienfaiteur vingt
écus, que celui-ci refusa absolument : il se réduisit donc à dix, puis à cinq ; mais le trouvant
toujours inexorable : « Je n'ai rien perdu, dit-il
d'un ton de colère, en jetant par terre son sac, je
n'ai rien perdu si vous ne voulez rien recevoir.»
Le portier reçut cinq écus, qu'il distribua aussitôt
aux pauvres. Combien la noblesse des sentimens
relève les conditions les plus communes !

LES DEUX AMIS ANGLAIS.

Les deux classes de l'école de Westminster ne sont séparées que par un rideau, qu'un écolier déchira un jour par hasard. Comme cet enfant était d'un naturel doux et timide, il tremblait de la tête aux pieds, dans la crainte du châtiment qui lui serait infligé par un maître connu pour être rigide. Un de ses camarades le tranquillisa, en lui promettant de se charger de la faute et de subir la punition : ce que réellement il fit. Les deux amis, qui étaient devenus hommes, lorsque la guerre civile d'Angleterre éclata, embrassèrent des intérêts opposés : l'un suivit le parti du parlement, et l'autre le parti du roi, avec cette différence, que celui qui avait déchiré le rideau tâcha de s'avancer dans les emplois civils, et celui qui en avait subi la peine, dans les emplois militaires.

Après des succès et des malheurs variés, les républicains remportèrent un avantage décisif dans le nord de l'Angleterre, firent prisonniers tous les officiers considérables de l'armée de Charles, et nommèrent peu après des juges pour faire le procès à ces rebelles, ainsi qu'on les appelait alors. L'écolier timide, qui est un de ces magistrats, entend prononcer parmi les noms des criminels celui de son généreux ami, qu'il n'a pas vu depuis le collége; il le considère avec toute l'attention possible, croit le reconnaître, s'assure par des questions sages qu'il ne se trompe pas, et, sans se découvrir lui-même, prend avec un grand empressement le chemin de Londres. Il y employa si heureusement son crédit auprès de

Cromwell, qu'il préserva son ami du triste sort qu'éprouvèrent ses infortunés complices.

HÉROISME D'UNE REINE.

Montaigu, qui commandait l'armée du prince Édouard, profitant du désordre qui régnait dans le camp de Henri IV, roi d'Angleterre, l'attaqua et le força ; le roi et la reine se sauvèrent chacun de leur côté. Quelque temps après, Henri fut arrêté et conduit dans la tour de Londres ; l'habitude où ce prince était d'être gouverné, le rendait assez indifférent sur ses maîtres. La reine Marguerite, son épouse, n'avait pas la même insensibilité : digne du trône par sa vertu, et supérieure au malheur par sa constance, elle se sauva avec son fils dans une forêt, où elle fut rencontrée par des voleurs. Ces brigands commencèrent par la dépouiller de ses pierreries ; mais, ayant pris querelle entre eux pour le partage d'un si riche butin, la reine, dont l'âme ne s'altérait jamais par le malheur, profita de leur division pour leur échapper, et se jeta dans le plus épais de la forêt. Tenant son fils entre ses bras, et marchant au hasard, elle rencontre un autre voleur ; la lassitude ne lui permettant plus de fuir, et ne craignant que pour son fils, elle s'avance vers le voleur avec cet air de majesté qui ne l'abandonna jamais : « Tiens, mon ami, lui dit-elle, sauve « le fils de ton roi. » Le voleur, touché de compassion et frappé de respect, prit le jeune prince, aida à la reine à marcher, et la conduisit au port de mer, où ils trouvèrent une barque qui les passa à L'Écluse. Le duc de Bourgogne reçut cette princesse avec le respect dû aux illustres malheureux, lui donna deux mille écus, et la fit reconduire auprès du roi René, son père.

TRAIT DE JUSTICE.

L'empereur, se promenant seul dans les rues de Vienne, vêtu comme un simple particulier, rencontra une jeune personne tout éplorée, qui portait un paquet sous son bras. « Qu'avez-vous? lui dit-il affectueusement; que portez-vous? où allez-vous? ne pourrais-je calmer votre douleur? — Je porte des hardes de ma malheureuse mère, répondit la jeune personne au prince qui lui était inconnu; je vais les vendre; c'est, ajouta-t-elle d'une voix entrecoupée, notre dernière ressource. Ah! si mon père, qui versa tant de fois son sang pour la patrie, vivait encore, ou s'il avait obtenu la récompense due à ses services, vous ne me verriez pas dans cet état. — Si l'empereur, lui répondit le monarque attendri, avait connu vos malheurs, il les aurait adoucis; vous auriez dû lui présenter un mémoire, et employer quelqu'un qui lui eût exposé vos besoins. — Je l'ai fait, répliqua-t-elle, mais inutilement; le seigneur à qui je m'étais adressée m'a dit qu'il n'avait jamais pu rien obtenir. — On vous a déguisé la vérité, ajouta le prince en dissimulant la peine qu'un tel aveu lui faisait; je puis vous assurer qu'on ne lui aura pas dit un mot de votre situation, et qu'il aime trop la justice pour laisser périr la veuve et la fille d'un officier qui l'a bien servi. Faites un mémoire, apportez-le moi demain au château, en tel endroit, à telle heure; si tout ce que vous dites est vrai, je vous ferai parler à l'empereur, et vous en obtiendrez justice. » La jeune personne , en essuyant ses pleurs, prodiguait des remercîmens à l'inconnu, lorsqu'il ajouta : « Il ne faut pas cependant vendre les hardes de votre mère. Combien comptiez-vous en avoir? —Six ducats, dit-elle. —Permettez que je vous en prête douze jusqu'à ce que nous ayons vu le succès de nos soins. »

A ces mots, la jeune fille vole chez elle, remet à sa mère les douze ducats avec les hardes, lui fait part des espérances qu'un seigneur inconnu vient de lui donner : elle le dépeint, et des parens qui l'écoutaient reconnaissent l'empereur dans tout ce qu'elle en dit. Désespérée d'avoir parlé si librement, elle ne peut se résoudre à aller le lendemain au château ; ses parens l'y entraînent : elle y arrive tremblante, voit son souverain dans son bienfaiteur, et s'évanouit. Cependant le prince, qui avait demandé la veille le nom de son père, et celui du régiment dans lequel il avait servi, avait pris des informations, et avait trouvé que tout ce qu'elle lui en avait dit était vrai. Lorsqu'elle eut repris ses sens, l'empereur la fit entrer avec ses parens dans son cabinet, et lui dit de la manière la plus obligeante : « Voilà, mademoiselle, pour madame votre mère, le brevet d'une pension égale aux appointemens qu'avait monsieur votre père, dont la moitié sera réversible sur vous, si vous avez le malheur de la perdre ; je suis fâché de n'avoir pas appris plus tôt votre situation, j'aurais adouci votre sort. » Depuis cette époque, ce prince a fixé un jour par semaine où tout le monde est admis à son audience.

LES SUITES DE L'INDISCRÉTION.

Histoire morale.

L'INDISCRÉTION d'une personne a souvent entraîné la ruine de plusieurs familles, semé la division entre les amis les plus intimes, et fait commettre des crimes atroces.

Wilkins, seignéur anglais, eut le malheur d'être disgracié de son roi, qui l'envoya dans l'île de Jersey. Là, sans amis, il menait la vie la plus languissante et la plus affreuse: vingt fois il avait été près de se percer de son épée, et vingt fois cette réflexion, que la vie est un présent du Ciel dont l'homme lui doit compte, avait retenu son bras.

Avant que de se rendre au lieu de son exil, il avait prié un de ses amis de se charger de l'éducation d'un fils unique, gage précieux de la tendresse de deux époux injustement malheureux.

Milord Gervey (c'est le nom de cet ami) mourut; cet accident détermina Wilkins à repasser secrètement à Londres, afin d'arranger ses affaires, retirer ses fonds et ramener son fils. Milord Thaley lui offrit sa maison, et Wilkins s'y rendit de manière à n'être pas reconnu. Ses affaires étaient terminées.... Le soleil ne devait pas le lendemain éclairer ses pas dans la capitale. Il se félicitait du succès de son voyage... Le jeune duc de Cercey entre, considère Wilkins, et le reconnaît; ce dernier lui avoue qu'il est à Londres *incognito*, et qu'il n'y est venu que pour y ramasser les débris de sa fortune. Il demande le secret; le duc le lui promet, babille un instant, et sort.... Un de ses amis le rencontre, lui demande des nouvelles.... Le secret pèse au duc, il veut en partager le poids.... Il manque au devoir le plus essentiel de la société..... L'ami du duc était un des plus grands ennemis de Wilkins : il profite de l'occasion pour lui arracher la vie; il courut le déclarer au ministre, qui fait arrêter Wilkins, son fils et son généreux hôte... Wilkins paie de sa tête la désobéissance; l'exil est la récompense de celui qui s'est acquitté des devoirs de l'hospitalité, et le jeune Wilkins partage le même sort.

Telles furent les suites de l'indiscrétion du duc de Cercey : il sentit vivement la faute qu'il avait commise, mais elle était irréparable; les marques de douleur qu'il donna firent succéder la compassion à l'indignation qu'on avait d'abord conçue contre lui : on le plaignit de ne pas joindre aux qualités qui le faisaient aimer, l'art, le grand art de se taire.

LE MONARQUE CHINOIS.

L'empereur Kam-Hi étant à la chasse, et s'étant écarté de ceux de sa suite, trouva un pauvre vieillard qui pleurait amèrement, et qui paraissait affligé de quelque disgrâce extraordinaire; il s'approche de lui, touché de l'état où il le voit, et, sans se faire connaître, lui demande ce qu'il avait. « Ce que j'ai ? lui répliqua le vieillard : hélas! seigneur, quand je vous l'aurai dit, c'est un mal auquel vous n'apporterez aucun remède. — Peut-être, mon bon homme, repartit l'empereur, que je vous serai de plus grand secours que vous ne pensez; faites-moi confidence de ce qui vous afflige. — Puisque vous le voulez savoir, reprit le vieillard, c'est qu'un gouverneur d'une des maisons de plaisance de l'empereur, trouvant mon bien, qui est auprès de cette maison royale, à sa bienséance, s'en est emparé, et m'a réduit à la mendicité où vous me voyez. Il a plus fait : je n'avais qu'un fils qui était le soutien de ma vieillesse, il me l'a enlevé et en a fait son esclave. Voilà, seigneur, le sujet de mes pleurs. » L'empereur fut si touché de ce discours, que, ne pensant qu'à venger un crime qu'on commettait sous son autorité, il demanda d'abord à ce vieillard s'il y avait loin du lieu où ils étaient à la maison dont il parlait; et le vieillard lui ayant répondu qu'il n'y avait guère qu'une demi-lieue, il lui dit qu'il voulait y aller avec lui, pour exhorter le gouverneur à lui rendre son bien et son fils, et qu'il ne désespérait pas de le persuader. « Le persuader! reprit le vieillard; ah! seigneur, souvenez-vous, s'il vous plaît, que je viens de vous dire que cet homme appartient à l'empereur. Il n'est sûr, ni pour vous, ni pour moi, de lui aller faire une pareille proposition; il ne m'en traitera que plus mal, et vous en recevrez quelque insulte que je vous prie de vous épargner. — Que cela ne vous inquiète pas, reprit l'empereur; je suis résolu à tout, et j'espère que nous aurons meilleure issue de notre négociation que vous ne pensez. » Le vieillard, qui voyait briller dans cet homme inconnu quelque chose de ce que la naissance imprime sur le front aux gens de ce rang, crut ne devoir plus faire de résistance. Il objecta seulement qu'étant cassé de vieillesse et à pied, il ne pourrait pas suivre le train du che-

val sur lequel l'empereur était monté. « Je suis
jeune, répondit le prince ; montez sur mon cheval, et j'irai à pied. » Le vieillard ne voulut point
accepter l'offre. L'empereur trouva l'expédient
de le prendre en croupe derrière lui ; et le vieillard, s'en excusant encore sur ce que sa pauvreté
lui ayant ôté les moyens de changer de linge et
d'habits, il serait en danger de lui communiquer
une vermine dont il ne se pouvait défendre : « Allez, mon ami, repartit l'empereur, ne laissez pas
de monter derrière moi, j'en serai quitte pour
changer d'habits. » Le vieillard monta donc enfin,
et ils furent bientôt rendus tous deux à la maison
où ils allaient. L'empereur n'y fut pas plus tôt arrivé, qu'il demanda le gouverneur, lequel, étant
venu, fut bien surpris lorsque le prince, en
l'abordant, lui découvrit, pour se faire connaître,
le dragon en broderie qu'il portait sur l'estomac,
et que son habit de chasse cachait. Il semble que,
pour rendre plus célèbre cette action mémorable
de justice et d'humanité, la plupart des grands
qui suivaient l'empereur à la chasse se trouvèrent là autour de lui comme si on leur eût
donné rendez-vous ; car ce fut devant cette grande
assemblée qu'il fit mille reproches sanglans au
persécuteur du bon vieillard, et qu'après l'avoir
obligé de lui rendre son bien et son fils, il lui
fit sur-le-champ trancher la tête. Il fit plus : il
mit le vieillard en sa place, et l'avertit de prendre garde que, la fortune changeant ses mœurs,
un autre ne profitât un jour de ses injustices,
comme il venait de profiter de celles d'autrui.

Quel trait dans un empereur âgé de quatorze
ans !

TRAIT TIRÉ DE L'HISTOIRE DES ARABES.

Hégiage, célèbre guerrier arabe, mais d'un caractère cruel et féroce, avait condamné plusieurs prisonniers de guerre à la mort. L'un d'eux, ayant obtenu d'Hégiage un moment d'audience, lui tint ce discours : « Vous devriez, seigneur, m'accorder ma grâce; car un jour Abdarrahman ayant prononcé des imprécations contre vous, je lui représentai qu'il avait tort, et dès cet instant j'ai toujours été brouillé avec lui. » Hégiage lui ayant demandé s'il avait quelque témoin de ce fait, l'officier nomma un prisonnier prêt à subir la mort ainsi que lui. Le général fit avancer ce dernier, et après l'avoir interrogé, il accorda la grâce que l'autre sollicitait; ensuite, il demanda à celui qui avait servi de témoin, s'il avait aussi pris sa défense contre Abdarrahman. Celui-ci, continuant de rendre hommage à la vérité, eut le courage de répondre qu'il n'avait pas cru devoir le faire. Hégiage, malgré sa férocité, fut vivement frappé de tant de franchise et de grandeur d'âme. « Eh bien! reprit-il après un moment de silence, si je vous accordais la vie et la liberté, seriez-vous encore mon ennemi?—Non, seigneur, répondit le prisonnier. —Il suffit, dit Hégiage, je compte entièrement sur cette simple parole; vous m'avez trop prouvé l'horreur que vous cause le mensonge pour que je puisse douter de vos promesses. Conservez cette vie qui vous est moins chère que l'honneur et que la vérité, et recevez la liberté comme la juste récompense due à tant de vertus. »

Vous voyez, mes enfans, continua la baronne,

que la vérité, ainsi que l'a dit votre mère, nous sert même dans les circonstances où il semble qu'elle pourrait nous être funeste. N'auriez-vous pas cru que, dans cette occasion, elle eût dû redoubler la fureur d'un homme impérieux et sanguinaire ? Cependant elle est si belle et si touchante, qu'au lieu d'irriter un tyran, elle l'adoucit et le désarma.—Et puis, dit Pulchérie, quand une fois on a prouvé qu'on est bien vrai, on n'a pas besoin d'affirmer ce qu'on dit. — Sans doute, les protestations sont inutiles ; un simple *oui* persuade mieux que tous les sermens que pourrait faire une personne dont la sincérité ne serait pas bien reconnue. Vous vous rappelez à ce sujet sans doute la glorieuse preuve d'estime que Xénocrate reçut des Athéniens ; je vous ai lu ce trait. On ne peut posséder cette précieuse qualité sans être véritablement vertueux : aussi tous les grands hommes ont-ils été particulièrement recommandables par leur amour pour la vérité, entre autres Xénocrate, cet illustre philosophe, et Épaminondas, ce héros si vertueux, qui avait pour règle constante de ne mentir jamais, même en riant. (*Madame de Genlis.*)

LE MAURE ET L'ESPAGNOL.

LA plupart des Maures qui font leur séjour dans les villes d'Afrique, tirent leur extraction des malheureux proscrits qui ont été chassés d'Espagne en divers temps, et c'est une opinion presque unanime parmi ces barbares, que le plus agréable sacrifice qu'on puisse faire à Dieu est de tuer un chrétien. Ali Pélégrini, un de leurs généraux, ayant un jour débarqué sur la côte quelques prisonniers espagnols après un sanglant combat, un Maure s'approcha de lui, et se jetant à ses pieds : « Seigneur, lui dit-il, vous êtes bien heureux d'avoir tué tant de chrétiens et de trouver l'occasion d'en tuer tous les jours ; vous serez couvert de gloire dans le Paradis. Pour moi, je n'ai jamais eu cette satisfaction ; mais il ne tiendrait qu'à vous de me la procurer en m'abandonnant un de ces misérables esclaves pour l'immoler à Dieu. » Ali parut consentir à cette demande, et montrant au Maure un Espagnol jeune et robuste, lui dit de se rendre dans le bois voisin où il lui enverrait sa proie. En même temps, il fit part à l'esclave des desseins du Maure, lui permettant de se défendre s'il était attaqué.

L'Espagnol, ayant pris un sabre et un fusil, entra hardiment dans le bois ; mais son ennemi, le voyant armé, prit la fuite, et revint trouver le général, auquel il avoua que la crainte l'avait empêché d'exécuter son projet. Alors Ali lui dit d'un ton sévère : « Apprends, malheureux, que la mort d'un chrétien n'est agréable au Tout-Puissant et à son prophète, que lorsqu'on le tue avec bravoure, et qu'il n'y a aucun mérite devant Dieu à massacrer des gens qui sont dans l'impuissance de se défendre. » Le Maure se retira couvert de confusion, et tous les Turcs applaudirent aux sentimens généreux de leur chef.

L'HÉROISME HÉRÉDITAIRE.

Durant les troubles de la Ligue, Barry, gouverneur de Leucate en Languedoc, fut fait prisonnier par je ne sais quel accident, et conduit à

Narbonne, dont les ligueurs étaient les maîtres ; ils le pressèrent vivement et inutilement de leur livrer sa place. On le menaça à la fin de le condamner à mort, à moins qu'il n'obligeât sa femme, demeurée à Leucate, à leur en ouvrir les portes : il fut inébranlable. La femme, avertie du danger de son époux, répond que, si les ligueurs veulent commettre une injustice, elle ne croit pas devoir les arrêter par une lâcheté, et qu'elle ne rachètera jamais la vie de son mari en livrant une forteresse pour la conservation de laquelle il se ferait gloire de mourir. Irrités d'une constance que des gens plus généreux auraient admirée, les ligueurs exécutèrent leur cruelle menace. Henri IV, qui se connaissait en belles actions, donna le gouvernement de Leucate au fils de deux personnes comparables à ce que l'antiquité a eu de plus grand. Sous le règne suivant, une armée espagnole forma le siége de cette ville. Serbellon, qui la commandait, fit tenter le gouverneur par les promesses les plus magnifiques. « Que vous me connaissez mal, répondit Barry à l'envoyé ; l'honneur me sera toujours plus cher que toutes les richesses du monde, que la vie même. A Dieu ne plaise que je dégénère de la vertu de mon père et de ma mère, et que je ne suive pas le grand exemple de courage et de fidélité qu'ils ont laissé dans leur famille ! L'un aima mieux mourir que de livrer Leucate aux ennemis de son roi, et l'autre refusa constamment de racheter par une trahison la vie d'un époux tendrement aimé. Donnerai-je pour quelques pistoles ce que ma mère n'a pas voulu donner pour une chose qu'elle estimait sans prix ? Si j'ai le malheur de ne pouvoir conserver Leucate, je conserverai du moins mon honneur et ma réputation. J'aime mieux être pauvre dans ma patrie, que riche chez ses ennemis.

Le suborneur, voyant qu'il ne gagnait rien, annonça à Barry que la place serait vigoureusement battue dès le lendemain. « Que j'aime à vous entendre parler de la sorte! répliqua le gouverneur. Si les Espagnols m'attaquent fortement, ils me donneront occasion d'acquérir une double gloire; j'aurai résisté à leurs promesses trompeuses et à leurs vains efforts contre une place mieux défendue qu'attaquée.» Barry tint parole; il fit une résistance opiniâtre. Le duc d'Halluin vint à son secours, et battit l'armée de Serbellon. On trouva parmi les morts des femmes déguisées en hommes; un Français ayant demandé aux prisonniers espagnols s'ils connaissaient ces nouvelles Amazones: « Vous vous trompez, répondit spirituellement un d'entre eux; ce ne sont point des femmes. S'il y en avait dans notre armée, ce sont les lâches qui ont pris là fuite. »

SAINT BASILE ET SAINT GRÉGOIRE
DE NAZIANZE,

Modèles pour les étudians.

Saint Basile et saint Grégoire de Nazianze étaient tous deux sortis de familles nobles ; ils naquirent presque en même temps. Ils avaient l'un et l'autre tout ce qui rend les enfans aimables : beauté de corps, agrément dans l'esprit, douceur et politesse dans les manières : leur naturel heureux fut cultivé avec tout le soin possible. Après les études domestiques, on les envoya séparément dans les villes de la Grèce qui avaient le plus de réputation pour les sciences, et ils y prirent des leçons des plus excellens maîtres.

Enfin ils se rejoignirent à Athènes. On sait que cette ville était le théâtre et le centre des belles-lettres et de toute érudition ; elle fut aussi le berceau de l'amitié fameuse de nos deux saints, ou du moins elle servit beaucoup à en serrer les nœuds d'une manière plus étroite. Une aventure assez extraordinaire y donna occasion. Il y avait à Athènes une coutume fort bizarre par rapport aux écoliers nouveau-venus, qui s'y rendaient de différentes provinces. On commençait par les introduire dans une assemblée nombreuse de jeunes gens comme eux, et là on leur faisait essuyer mille brocards, mille railleries, mille insolences : après quoi on les menait aux bains publics en cérémonie, à travers la ville, escortés et précédés par tous ces jeunes gens qui marchaient deux à deux. Lorsqu'on y était arrivé, toute la troupe s'arrêtait, jetait de grands cris, et faisait mine de vouloir enfoncer les portes, comme si l'on refusait de les leur ouvrir. Quand le nouveau-venu y avait été admis, pour lors il recouvrait sa liberté. Grégoire, qui était arrivé le premier à Athènes, et qui savait combien cette ridicule cérémonie était contraire et coûterait au caractère grave et sérieux de Basile, eut assez de crédit parmi ses compagnons pour l'en faire dispenser. « Ce fut là, dit saint Grégoire de Nazianze, dans l'admirable récit qu'il fait lui-même de cette aventure, ce qui donna lieu à notre sainte amitié, ce qui commença à allumer en nous cette flamme qui ne s'éteignit jamais, et ce qui perça nos cœurs d'un trait qui y demeura toujours. »

Cette liaison, formée et commencée comme je

viens de le dire, se fortifia de plus en plus, surtout lorsque ces deux amis, qui n'avaient rien de
secret l'un pour l'autre, eurent reconnu qu'ils
avaient tous deux le même but et cherchaient le
même trésor, je veux dire la sagesse et la vertu.
Ils vivaient sous le même toit, mangeaient à la
même table, avaient les mêmes exercices et les
mêmes plaisirs, n'étaient, à proprement parler,
qu'une même âme.

Ces deux saints, et l'on ne peut trop le répéter
aux jeunes gens, brillèrent toujours parmi leurs
compagnons par la beauté et la vivacité de leur
esprit, par leur assiduité au travail, par le succès
extraordinaire qu'ils eurent dans toutes leurs
études, par la facilité et la promptitude avec lesquelles ils saisirent toutes les sciences qu'on en-
seignait à Athènes, belles-lettres, poésie, éloquence, philosophie; mais ils se distinguèrent
encore plus par une innocence de mœurs qui était
alarmée à la vue du moindre danger, et qui craignait jusqu'à l'ombre du mal. Un songe qu'eut
saint Grégoire dans sa plus tendre jeunesse, et
dont il nous a laissé en vers une élégante description, contribua beaucoup à lui inspirer de
tels sentimens. Pendant qu'il dormait, il crut voir
deux vierges du même âge et d'une égale beauté,
vêtues d'une manière modeste et sans aucune de
ces parures que cherchent les personnes du siècle;
elles avaient les yeux baissés en terre et le visage
couvert d'un voile, qui n'empêchait pas qu'on
n'entrevît la rougeur que répandait sur leurs joues
une pudeur virginale. « Leur vue me remplit de
joie, car elles paraissaient avoir quelque chose
au-dessus de l'humain. Elles, de leur côté, m'embrassèrent et me caressèrent comme un enfant

qu'elles aimaient tendrement ; et quand je leur demandai qui elles étaient, elles me dirent, l'une, qu'elle était la Pureté, et l'autre, la Continence. Après, elles s'envolèrent au ciel, et mes yeux les suivirent le plus loin qu'ils purent.

Tout cela n'était qu'un songe, mais qui fit un effet très-réel sur le cœur. Il n'oublia jamais cette image si agréable de la chasteté, et il la repassait avec plaisir dans son esprit : ce fut, comme il le dit lui-même, une étincelle de feu, qui, s'enflammant de plus en plus, l'embrasa d'amour pour une continence parfaite.

Ils avaient un grand besoin, lui et Basile, d'une telle vertu pour se soutenir au milieu des périls d'Athènes, la ville du monde la plus dangereuse pour les mœurs, à cause de ce concours extraordinaire de jeunes gens qui s'y rendaient de toutes parts, et qui y apportaient chacun leurs vices. «Mais, dit saint Grégoire, nous eûmes le bonheur d'éprouver dans cette ville corrompue quelque chose de pareil à ce que disent les poëtes d'un fleuve qui conserve la douceur de ses eaux au milieu de l'amertume de celles de la mer, d'un animal qui subsiste au milieu du feu. Nous n'avions aucun commerce d'amitié avec les méchans. Nous ne connaissions à Athènes que deux chemins : l'un qui nous conduisait à l'église et aux saints docteurs qui y enseignaient, l'autre nous menait aux écoles et chez nos maîtres de littérature ; pour ceux qui conduisaient aux fêtes mondaines, aux spectacles, aux assemblées, aux festins, nous les ignorions absolument.»

Il semble que des jeunes gens de ce caractère, qui se séparaient de toute société, qui n'avaient aucune part aux plaisirs et aux divertissemens de ceux de leur âge, dont la vie pure et innocente était une censure continuelle du dérèglement des autres, devaient être en butte à tous leurs compagnons et devenir l'objet de leur haine, ou du moins de leur mépris et de leurs railleries. Ce fut tout le contraire; rien n'est plus glorieux à la mémoire de ces deux illustres amis, et, j'ose le dire, ne fait plus d'honneur à la piété même qu'un tel événement. Il fallait en effet que leur vertu fût bien pure, et leur conduite bien sage et bien mesurée, pour avoir su, non-seulement éviter l'envie et la haine, mais s'attirer généralement l'estime, l'amour, le respect de tous leurs compagnons.

C'est ce qui parut d'une manière bien éclatante, lorsqu'on apprit qu'ils songeaient à quitter Athènes pour retourner dans leur patrie. La douleur fut universelle; les cris et les plaintes retentissaient de toutes parts, les larmes coulèrent de tous les yeux : ils allaient perdre, disaient-ils, tout l'honneur de leur ville et la gloire de leurs écoles.

Je ne sais s'il est possible d'imaginer un modèle plus parfait pour les jeunes gens que celui que je viens d'exposer à leurs yeux, où l'on trouve réunis tous les traits qui rendent la jeunesse aimable et estimable : noblesse du sang, beauté d'esprit, ardeur incroyable pour l'étude, succès merveilleux dans toutes les sciences, manières polies et honnêtes, modestie étonnante au milieu des louanges, et une piété que les mauvais exemples ne firent qu'accroître et fortifier. (*M. Duguet.*)

TRAIT HÉROIQUE.

L'empereur Achmet Ier succéda à Mahomet III; il monta sur le trône l'an 1602. Il n'avait alors que quinze ans, et ce fut la première fois que l'on vit un prince aussi jeune régner en Turquie. Il n'y avait que peu de mois qu'il était parvenu à l'empire, lorsque le grand-visir mourut. Achmet ne choisit aucun de ceux qui l'environnaient pour remplir cette importante dignité. Mourad, pacha du Caire, était un vieillard sage et plein d'expérience; au milieu des troubles du règne précédent, il avait maintenu tous les États d'Afrique dans la plus profonde paix, et fait passer exactement tous les impôts au trésor public, sans vexer les peuples et sans s'enrichir. N'ayant jamais vu son nouveau maître, il était loin de prévoir son élévation, et n'imaginait pas qu'avec un monarque aussi jeune, les soins d'un sujet fidèle dussent l'emporter sur les intrigues de la cour. Cependant, au fond de l'Égypte, il reçut les sceaux et l'ordre de se rendre à Constantinople; ce choix d'Achmet annonçait à l'empire un prince qui désirait le bien, et qui saurait aimer ses peuples. Quelques années après, la guerre contre les Perses fut résolue, malgré l'avis de Mourad, qui fut chargé du commandement des armées, et qui choisit pour lieutenant Nasouf, jeune homme actif, entreprenant, qui avait acquis de grandes richesses dans différens gouvernemens. Le grand-visir partit à la tête de ses troupes; et, loin de presser sa marche, il mit la plus grande lenteur dans ses opérations. Ce défaut d'activité fit naître au perfide Nasouf l'idée de supplanter son bienfaiteur et son ami; il écrivit secrètement à la Porte, et il offrit à l'empereur soixante mille sequins pour les frais des approvisionnemens, si Sa Hautesse voulait le faire grand-visir à la place de Mourad. Le sultan, plein d'estime et de reconnaissance pour son ministre, fut indigné de l'ingratitude de Nasouf: il envoya sa lettre à Mourad, en lui mandant qu'il le laissait maître absolu de son lieutenant; qu'il lui permettait également de le conserver, de le dégrader, ou enfin de le faire étrangler. Mourad, sur-le-champ, fit ordonner à Nasouf de se rendre dans sa tente, et lui montra la lettre de l'empereur; Nasouf crut lire l'arrêt irrévocable de sa mort. Cependant il voulut entreprendre de se justifier, ou plutôt descendre à des prières, lorsque Mourad l'interrompant: «Vous avez fait une perfidie, lui dit-il; « mais vous avez de grands talens. Je vous crois « en effet capable de commander l'armée; ainsi « je vous en remets la charge, et les sceaux de « l'empire, devenus trop pesans pour mon âge. « Soyez fidèle à l'empereur: puissent vos armes « être victorieuses!» Aussitôt Mourad assembla les troupes, et proclama lui-même son successeur. Mourad finit tranquillement ses jours dans une retraite agréable. La Providence ne permit pas que Nasouf jouît long-temps du fruit de sa trahison: devenu grand-visir, il épousa une fille de l'empereur; mais, ayant indignement abusé de sa faveur, il fut étranglé par les ordres d'Achmet.

TRAIT D'AMOUR FRATERNEL,

Anecdote portugaise.

En 1585, des troupes portugaises qui passaient dans les Indes firent naufrage. Une partie aborda dans le pays des Cafres, et l'autre remit à la mer sur une barque construite des débris du vaisseau. Le pilote, s'apercevant que le bâtiment était trop chargé, avertit le chef Édouard de Mello que l'on va couler à fond si l'on ne jette dans l'eau une douzaine de victimes. Le sort tomba, entre autres, sur un soldat dont l'histoire n'a point conservé le nom. Son jeune frère tomba aux genoux de Mello, et demanda avec instance de prendre la place de son aîné : « Mon frère, dit-il, est plus capable que moi ; il nourrit mon père, ma mère et mes sœurs ; s'ils le perdent, ils mourront tous de misère : conservez leur vie en conservant la sienne, et faites-moi périr, moi qui ne puis leur être d'aucun secours. » Mello y consent, et le fait jeter à la mer. Le jeune homme suit la barque pendant six heures ; enfin il la rejoint. On le menace de le tuer, s'il tente de s'y introduire : l'amour de la conservation triomphe de la menace ; il s'approche, on veut le frapper avec une épée qu'il saisit et qu'il retient jusqu'à ce qu'il soit entré : sa constance touche le monde ; on lui permet enfin de rester avec les autres, et il parvient ainsi à sauver sa vie et celle de son frère.

APOLOGUE ALLEMAND.

La générosité consiste surtout à faire du bien à ses ennemis ; c'est le sujet de cet apologue, de M. Lichwehr.

Un honnête père de famille, chargé de biens et d'années, voulut régler d'avance sa succession entre ses trois fils, et leur partager ses biens, le fruit de ses travaux et de son industrie. Après en avoir fait trois portions égales et avoir assigné à

chacun son lot : Il me reste, ajouta-t-il, un dia-
mant de grand prix ; je le destine à celui de vous
qui saura mieux le mériter par quelque action
noble et généreuse, et je vous donne trois mois
pour vous mettre en état de l'obtenir. Aussitôt
les trois fils se dispersèrent : mais ils se rassemblèrent au temps prescrit. Ils se présentèrent devant leur juge, et voici ce que l'aîné raconte :
«Mon père, durant mon absence, un étranger s'est
trouvé dans des circonstances qui l'ont obligé de
me confier toute sa fortune ; il n'avait de moi aucune sûreté par écrit, et n'aurait été en état de
produire aucune preuve, aucun indice même du
dépôt ; mais je le lui ai remis fidèlement : cette
fidélité n'est-elle pas quelque chose de louable ?
—Tu as fait, mon fils, lui répondit le vieillard, ce
que tu devais faire ; il y aurait de quoi mourir de
honte, si l'on était capable d'en agir autrement ;
car la probité est un devoir : ton action est une
action de justice, ce n'est point une action de
générosité.»

Le second fils plaida sa cause à son tour, à peu
près en ces termes : «Je me suis trouvé pendant mon
voyage sur le bord d'un lac; un enfant venait imprudemment de s'y laisser tomber ; il allait se noyer, je
l'en ai tiré, et je lui ai sauvé la vie aux yeux des
habitans d'un village que baignent les eaux de ce
lac; ils pourront attester la vérité de ce fait.—A la
bonne heure, interrompit le père ; mais il n'y a
point encore de noblesse dans cette action, il n'y
a que de l'humanité.»Enfin le dernier des trois frères prit la parole :«Mon père, dit-il, j'ai trouvé mon
ennemi mortel qui, s'étant égaré la nuit, s'était
endormi, sans le savoir, sur le penchant d'un
abîme ; le moindre mouvement qu'il eût fait au

moment de son réveil, ne pouvait manquer de le précipiter : sa vie était entre mes mains ; j'ai pris soin de l'éveiller avec les précautions convenables, et je l'ai tiré de cet endroit fatal. —Ah ! mon fils, s'écria le bon père avec transport et en l'embrassant tendrement, c'est à toi, sans contredit, que la bague est due.» (*M. Hubert.*)

JUGEMENT MÉMORABLE.

Cette anecdote se trouve dans une ancienne relation latine d'un voyage à Pékin, par J.-B. Peteau.

Un riche inspecteur des manufactures de la Chine, étant sur le point de faire une longue tournée, donna un gouverneur à ses deux fils, dont l'aîné n'avait que neuf ans, et qui tous deux annonçaient d'heureuses dispositions. Le père fut à peine parti, que l'instituteur, abusant de l'autorité qu'on lui avait confiée, devint le tyran de la maison : il éloigna les honnêtes gens qui pouvaient éclairer ses démarches, et fit chasser ceux d'entre les domestiques qui avaient le plus à cœur les intérêts de leur maître absent. On eut beau l'instruire de ce désordre, il n'en voulut rien croire, parce qu'ayant une belle âme, il n'imaginait pas qu'on pût jamais en agir ainsi. Ce n'eût été encore que demi-mal, si ce méchant pédagogue eût pu donner à ses écoliers quelques vertus et des talens ; mais, comme il en manquait lui-même, il n'en fit que des enfans grossiers, impérieux, faux, cruels, libertins et ignorans. Après cinq ans de course, l'inspecteur, de retour, vit enfin la vérité, mais trop tard, et, sans autrement punir le serpent qu'il avait réchauffé dans son sein, il se contenta de le renvoyer. Ce monstre eut l'impudence de citer son maître au tribunal d'un mandarin, pour qu'on eût à lui payer la pension qu'on lui avait promise.

« Je la paierais très-volontiers, et même dou-
« ble, répondit-il en présence du juge, si ce
« malheureux m'avait rendu mes enfans tels que
« je devais naturellement l'espérer. Les voici,
« poursuivit-il en s'adressant à l'homme de
« loi : examinez-les et prononcez. » En effet, après les avoir interrogés, et entendu toutes leurs inepties, le mandarin porta cette sentence mémorable : « Je condamne cet *éducateur* à la mort, comme homicide de ses élèves, et leur père, à l'amende de trois livres de poudre d'or, non pour l'avoir choisi mauvais, car on peut se tromper, mais pour avoir eu la faiblesse de le conserver si long-temps. Il faut qu'un homme, ajouta-t-il par réflexion, ait la force d'en perdre un autre quand il le mérite, et surtout si le bien de plusieurs l'exige. » (*M. Feutry.*)

EXEMPLE CÉLÈBRE D'AMOUR FILIAL.

Les annales japonaises font mention de cet exemple extraordinaire d'amour filial. Une femme était restée veuve avec trois garçons, et ne subsistait que de leur travail. Quoique le prix de cette subsistance fût peu considérable, les travaux néanmoins de ces jeunes gens n'étaient pas toujours suffisans pour y subvenir. Le spectacle d'une mère qu'ils chérissaient, en proie au besoin, leur fit un jour concevoir la plus étrange résolution. On avait publié, depuis peu, que quiconque livrerait à la justice le voleur de certains effets, toucherait une somme assez considérable. Les trois frères s'accordent entre eux qu'un des trois passera pour le voleur, et que les deux autres le mèneront au juge. Ils tirent au sort pour savoir qui sera la victime de l'amour filial, et le sort tombe sur le plus jeune, qui se laisse lier et conduire comme un criminel. Le magistrat l'interroge ; il répond qu'il a volé : on l'envoie en prison, et ceux qui l'ont livré touchent la somme promise. Leur cœur s'attendrit alors sur le danger de leur frère : ils trouvent le moyen d'entrer dans la prison ; et, croyant n'être vus de personne, ils l'embrassent tendrement et l'arrosent de leurs larmes. Le magistrat, qui les aperçoit par hasard, surpris d'un spectacle si nouveau, donne commission à un de ses gens de suivre ces deux délateurs ; il lui enjoint expressément de ne les point perdre de vue qu'il n'ait découvert de quoi éclaircir un fait si singulier. Le domestique s'acquitte parfaitement de la commission, et rapporte qu'ayant vu entrer ces deux jeunes gens dans une maison, il s'en était approché, et les avait entendus raconter à leur mère ce que l'on vient de lire ; que la pauvre femme, à ce récit, avait jeté des cris lamentables, et qu'elle avait ordonné à ses enfans de reporter l'argent qu'on leur avait donné, disant qu'elle aimait mieux mourir de faim que de se conserver la vie au prix de celle de son cher fils. Le magistrat, pouvant à peine concevoir ce prodige de piété filiale, fait venir aussitôt son prisonnier, l'interroge de nouveau sur ses prétendus vols, le menace même du plus cruel supplice ; mais le jeune homme, tout occupé de sa tendresse pour sa mère, reste immobile. « Ah ! c'en est trop, lui dit le magistrat en se jetant à

4*

son cou ; enfant vertueux, votre conduite m'étonne.» Il va aussitôt faire son rapport à l'empereur, qui, charmé d'une action si héroïque, voulut voir les trois frères, les combla de caresses, assigna au plus jeune une pension considérable, et une moindre à chacun des deux autres.

LE BON FILS,

Anecdote attendrissante.

Un enfant de très-bonne naissance, placé à l'École militaire, se contentait, depuis plusieurs jours, de la soupe et du pain sec avec de l'eau. Le gouverneur, averti de cette singularité, l'en reprit, attribuant cela à quelque excès de dévotion mal entendue ; le jeune enfant continuait toujours sans découvrir son secret. M. P. D., instruit par le gouverneur de cette persévérance, fit venir le jeune élève, et, après lui avoir doucement représenté combien il était nécessaire d'éviter toute singularité et de se conformer à l'usage de l'École, voyant qu'il ne s'expliquait pas sur les motifs de sa conduite, fut contraint de le menacer, s'il ne se réformait, de le rendre à sa famille. « Hélas ! monsieur, dit alors l'enfant, vous voulez savoir la raison que j'ai d'agir comme je fais ; la voici. Dans la maison de mon père, je mangeais du pain noir en petite quantité ; nous n'avions souvent que de l'eau à y ajouter : ici je mange de bonne soupe, le pain y est bon, blanc et à discrétion ; je trouve que je fais grande.chère, et je ne puis me résoudre à manger davantage, me souvenant de l'état de mon père et de ma mère. »

M. P.D. et le gouverneur ne pouvaient retenir

leurs larmes en voyant la sensibilité et la fermeté de cet enfant. « Monsieur, reprit M.P.D., si monsieur votre père a servi, n'a-t-il pas de pension?—Non, répondit l'enfant. Pendant un an il en a sollicité une; le défaut d'argent l'a contraint d'y renoncer. Il a mieux aimé languir que de faire des dettes à Versailles. — Eh bien! dit M.P.D., si le fait est aussi prouvé qu'il paraît vrai dans votre bouche, je vous promets de lui obtenir cinq cents livres de pension. Puisque vos parens sont si peu à leur aise, vraisemblablement ils ne vous ont pas bien fourni le gousset; recevez pour menus plaisirs ces trois louis que je vous présente de la part du roi; et, quant à monsieur votre père, je lui enverrai d'avance les six mois de la pension que je suis assuré de lui obtenir. —Monsieur, reprit l'enfant, comment pourrez-vous lui envoyer cet argent?—Ne vous en inquiétez pas, répondit M.P.D., nous en trouverons le moyen. — Ah! monsieur, reprit promptement l'enfant, puisque vous avez cette facilité, remettez-lui aussi les trois louis que vous venez de me donner. Ici j'ai de tout en abondance: cet argent me deviendrait inutile, il fera grand bien à mon père pour ses autres enfans.»

ANECDOTE SUR CATINAT,

Tirée de son Éloge.

QUELQUE attachement que Catinat eût pour la solitude de Saint-Gratien, cependant il passait à Paris quelques mois de l'hiver, du moins tant que sa fortune le lui permit; mais, toujours fidèle à ses goûts et à son caractère, il avait choisi son logement dans un des quartiers de la capitale le plus

tranquille et le moins brillant. L'enclos des Char-
treux, qui n'était pas éloigné de sa demeure, était
la promenade qu'il préférait d'ordinaire : tout ce
qui inspirait le calme et le recueillement semblait
lui plaire et l'appeler ; et, pour un homme qui
avait tout fait et tout vu, des hommes qui ont
renoncé à tout ne pouvaient pas être un spectacle
indifférent. On fut surpris un jour de le voir dans
cet enclos, comme autrefois le sage de Phrygie,
jouer avec des enfans : mais n'est-ce pas ce que
fait tous les jours le philosophe, quand il vit avec
les passions des hommes ? La demeure royale de
ces guerriers qui ont donné leurs jours à la patrie,
et dont elle nourrit la vieillesse, ce prytanée
militaire était aussi l'objet de ses fréquentes
visites.

Un enfant (c'était le fils de son homme d'affaires), qui l'avait entendu parler avec éloge de
ce vénérable édifice, vint un jour, avec l'empressement naïf de son âge, prier le maréchal de Catinat de le mener à l'hôtel des Invalides : il y consent, prend l'enfant par la main, le mène avec
lui, arrive aux portes. A la vue du maréchal, la
garde se range sous les armes, les tambours se
font entendre, les cours se remplissent, on répète de tous côtés : *Voilà le père la Pensée.* Ce
mouvement, ce bruit, causent à l'enfant quelque
frayeur; Catinat le rassure:«Ce sont,dit-il,des marques de l'amitié qu'ont pour moi ces hommes respectables.»Il le conduit partout,lui fait tout voir.
L'heure du repas sonne ; il entre dans la salle où
les soldats s'assemblent ; et, avec cette noble simplicité, cette franchise des mœurs guerrières,
qui rapprochent ceux que le même courage et
les mêmes périls ont rendus égaux : *A la santé,*

dit-il, *de mes anciens camarades !* Il boit et fait boire l'enfant avec lui : les soldats, debout et découverts, répondent par des acclamations qui le suivent jusqu'aux portes ; et il sort emportant dans son cœur la douce émotion de cette scène trop au-dessus de l'âme d'un enfant, mais dont le récit, conservé dans les mémoires de sa vie, a pour nous encore aujourd'hui quelque chose d'attendrissant et d'auguste. (*Par M. de Laharpe.*)

NOUVELLE INSTITUTION.

Le mardi 24 juin 1784, je passais (dit l'auteur qui rapporte cette anecdote) par la rue Saint-Germain-l'Auxerrois. J'y fus arrêté par le spectacle le plus touchant. Un grand nombre d'enfans de l'un et de l'autre sexe, âgés d'environ douze ou treize ans, s'avançaient avec beaucoup d'ordre et de modestie du côté du Grand-Châtelet ; une douce joie, mêlée d'attendrissement, paraissait sur tous les visages. Le premier de chaque sexe avait à la main une bourse contenant une somme d'argent. Arrivés aux portes de la prison, ils s'arrêtent : les deux enfans dépositaires de la bourse s'avancent avec gravité au milieu de leurs jeunes compagnons et de leurs jeunes compagnes, entrent dans la prison et en sortent peu de temps après. Le jeune trésorier conduisait par la main un homme qui portait l'honnêteté peinte sur sa figure, et la jeune trésorière, une veuve qui, intéressante par elle-même, intéressait encore plus par un enfant en bas âge qu'elle tenait de l'autre main : ils vont ainsi reprendre leur place à la tête de la procession. L'attendrissement était général ; plusieurs versaient des larmes, tous comblaient de bénédictions le pasteur qui formait ainsi des enfans à la vertu. Curieux d'apprendre toutes les particularités d'une cérémonie aussi intéressante, je m'adressai à un ecclésiastique de la paroisse. « Nous avons, me dit-il, le bonheur d'avoir à notre tête un pasteur qui a un cœur extrêmement sensible pour les malheureux. Persuadé qu'il n'est point de vertu plus essentielle au christianisme et plus propre à le faire aimer, il a voulu en donner une leçon frappante à ces enfans, qui ont été admis, pour la première fois, à la sainte communion. Il est venu dans le lieu où nous les instruisons, et, après un discours très-touchant et proportionné à leur âge, sur la charité chrétienne, qui les a fait tous fondre en larmes, il a ajouté qu'il connaissait un père de famille très-laborieux, ayant quatre enfans à sa charge, et une veuve non moins respectable, tous deux arrachés à leur famille et détenus depuis plusieurs mois dans la prison, pour n'avoir pu, sans qu'il y ait aucune négligence de leur part, payer les mois de nourrice du dernier de leurs enfans, et qu'il voulait qu'ils partageassent avec lui la gloire d'en être les libérateurs. En conséquence il a indiqué une quête. On avait fait, peu de temps auparavant, un examen public sur les instructions de toute l'année. Les deux enfans les plus sages, les plus assidus et les plus instruits, ont reçu en dépôt la rançon d'un captif pour leur récompense. Vous avez vu le reste de la cérémonie, mais nous seuls avons été témoins de la grande sensibilité qu'ont marquée tous les enfans, lorsqu'ils ont vu paraître ces deux infortunés : il a fallu user d'autorité pour les empêcher de donner tout ce qu'ils avaient. » Tels sont les détails que j'ai appris de cet honnête et vertueux ecclésiastique. Convenez, messieurs, qu'ils sont des plus intéressans, et qu'il était difficile de donner à des enfans une idée plus sublime et plus consolante de la religion ; pour moi, je vous avoue que, quoique personne n'admire et ne respecte plus que moi tous les établissemens qu'on a formés comme à l'envi, dans notre siècle, pour servir d'encouragement à la vertu, celui-ci me paraît avoir un caractère qui le distingue de tous les autres et le rend préférable : c'est que la vertu y est seule la récompense de la vertu. Je vois un grand nombre d'enfans animés de la plus noble émulation ; et le seul prix promis à leurs efforts est de concourir plus prochainement à briser les liens d'un malheureux. Cependant ceux qui l'ont remporté n'ont pas été moins satisfaits ni moins enviés par leurs concurrens, que si on leur avait fait un avantage personnel : ce qui prouve que nous ne rendons pas assez de justice aux enfans, et que les motifs les plus nobles peuvent faire impression sur eux, pourvu qu'on sache les leur présenter.

ANECDOTE SUR M. ROLLIN.

Un bénédictin des Blancs-Manteaux, dont M. Rollin, encore jeune, allait souvent entendre ou servir la messe, fut le premier qui aperçut en lui les grandes dispositions qu'il avait pour les lettres. Il connaissait la mère du jeune homme, qui était une femme de mérite ; il lui parla, et lui dit qu'il fallait absolument qu'elle le fît étudier. Son inclination le portait bien à l'étude ;

mais des raisons plus fortes en apparence s'y opposaient toujours. Elle était devenue veuve, sans
nulle ressource du côté de la fortune que la
continuation du métier de son mari, qui était
coutelier. Ses enfans pouvaient seuls l'aider à le
soutenir, et elle se trouvait hors d'état de faire
pour aucun d'eux les frais d'une autre éducation.
Le bon religieux, bien loin de se rebuter, continua ses instances, et le principal obstacle ayant
été levé par l'obtention d'une bourse du collége
des Dix-Huit, le sort du jeune Rollin fut décidé
en conséquence; et dès-lors il parut tout autre,
même aux yeux de sa mère. Elle commença par
trouver plus d'esprit et de délicatesse dans les
marques de son respect et de sa soumission.
Elle fut ensuite sensible à ses progrès, qu'on lui
annonçait de toutes parts, et dont on ne lui
parlait qu'avec une sorte d'étonnement; et, ce
qui ne la flatta pas moins, sans doute, ce fut de
voir les parens de ses compagnons d'étude, les
plus distingués par leur naissance et par le rang
qu'ils tenaient dans le monde, envoyer ou venir
eux-mêmes la prier de trouver bon que son fils
passât avec eux les jours de congé, et fût asso-
cié à leurs plaisirs comme à leurs exercices. A la
tête de ces parens illustres était M. Le Pelletier,
le ministre, dont les deux fils aînés avaient trouvé
un redoutable concurrent dans ce nouveau-venu;
leur père, qui connaissait mieux qu'un autre les
avantages de l'émulation, ne chercha qu'à l'augmenter. Quand le jeune boursier était empereur,
ce qui lui arrivait souvent, il lui envoyait la
même gratification qu'il avait coutume de donner à ses fils, et ceux-ci l'aimaient, quoique leur
rival. Ils le menaient chez eux dans leur carrosse :

ils le descendaient chez sa mère, quand il y avait affaire; ils l'y attendaient; et un jour qu'elle remarqua qu'il prenait sans façon la première place, elle voulut lui en faire une sorte de réprimande, comme une faute essentielle contre la politesse; mais le précepteur répondit humblement que M. Le Pelletier avait réglé qu'on se rangerait dans le carrosse suivant l'ordre de la classe. (*M. Filassier.*)

FAIT ARRIVÉ A NIMES.

Un petit colporteur de pâtisserie parut sous mes fenêtres au même instant où un grand nombre d'enfans du peuple sortait à flots tumultueux d'une école chrétienne de mon voisinage. Il fut bientôt entouré par la troupe indisciplinée; cet âge est sans pitié, et le panier aux pâtés courait un grand danger : j'en frémissais. Le marchand, qui vit le péril, voulut s'enfuir; il n'était plus temps : les enfans l'avaient saisi, chacun le retenait, chacun feignait d'en vouloir à sa boutique, qu'il défendait avec une sollicitude peu commune. Après de longs débats, il parvint à se dégager, et il s'échappa sans avoir rien perdu; mais en fuyant, il laissa tomber, sans s'en apercevoir, la plus belle tartelette qui fût dans son panier. Un de ceux qui avaient été les plus acharnés à le persécuter, un enfant d'environ dix ans, qui paraissait fort vif, se jeta sur cette proie : je crus qu'il allait la dévorer; point du tout, il courut après le marchand, l'atteignit, et lui rendit sa tartelette. Je m'empressai de descendre dans la rue; je voulais acheter la boutique entière, et la livrer aux enfans, en considération de la générosité de leur camarade ; mais je ne trouvai plus personne. Le panier, le marchand, les enfans, tout avait disparu, et il ne me resta plus que le regret de n'avoir pu récompenser une louable action.

SAINVAL ET GERVAIS,

Anecdote française.

Les nœuds d'une tendre amitié unissaient les jeunes Sainval et Gervais ; mêmes goûts, mêmes amusemens. Occupés de ces douces affections dont l'âme est susceptible, ils passaient les jours les plus heureux. Un matin qu'ils étaient ensemble dans un bois à cueillir des noisettes, Gervais aperçut un nid d'oiseaux : embrasser l'arbre, grimper sur la branche, fut l'ouvrage d'un instant. Il satisfait son envie, et le voilà possesseur de quatre oiseaux que l'inexpérience rendait encore timides. Pendant qu'il cherchait les moyens de descendre sans les faire périr, un loup affamé vient droit à Sainval, qui jette un cri. Gervais voit le danger, et quoique persuadé qu'il ne risque rien sur l'arbre, il se laisse glisser pour secourir son ami ; il saisit un caillou. Le loup furieux s'élance sur Sainval ; Gervais le prévient, enfonce son bras dans la gueule de l'animal, et le tient en respect, en serrant fortement sa langue, tandis que Sainval perce de son couteau le loup, qui expire.

Sainval témoigne par ses caresses sa reconnaissance à son ami. Tous deux traînent leur proie à la ville. On s'assemble de toutes parts pour apprendre leur aventure, et le récit détaillé qu'ils en font arrache des larmes de sentiment à tous les spectateurs. Gervais se dérobe bientôt aux applaudissemens qu'on donne à sa bravoure, retourne au bois chercher ses oiseaux, les retrouve, et joue autour de la cage qui les renferme.

LE GENTILHOMME GÉNÉREUX.

Un gentilhomme fit un de ces traits qui devraient être répétés dans toutes les histoires. On lui avait proposé un duel; la loi de Dieu, les lois de l'État, le lui défendaient, et il l'avait constamment refusé. Son agresseur, chez qui la passion étouffait tout autre sentiment, et faisait taire la raison, résolut de l'engager malgré lui. Un jour, il se trouve dans une rue écartée où devait passer ce gentilhomme, et tirant de sa poche deux pistolets, il lui en présente un. Celui-ci, contraint de défendre sa vie, prend l'arme qu'on lui présente, et propose à son adversaire de tirer le premier. Il accepte; mais, dans l'agitation étrange où il était, il manqua son coup. « Rechargez si vous voulez, et tirez encore, » lui dit le gentilhomme, avec un sang-froid qui aurait dû le désarmer, s'il n'eût pas été aveuglé par la passion. Il ne se le fit pas dire deux fois, et tire un second coup qui porta dans les habits. « Maintenant ce serait à mon tour, reprit le gentilhomme généreux; mais je frémirais d'attenter à la vie d'un de mes concitoyens; oubliez ce qui peut vous avoir indisposé contre moi, j'oublie volontiers la violence de votre procédé. Embrassons-nous, et qu'il me soit permis de croire que vous me comptez au nombre de vos amis. » Ces paroles ouvrirent enfin les yeux à son fougueux agresseur; il se jeta à ses pieds, et lui jura une amitié dont il ne s'est jamais départi. Une pareille action est-elle inférieure à ce qu'ont fait de plus grand ces guerriers fameux qu'on nomme des héros ?

LE CADET GÉNÉREUX.

Un marchand de Londres avait deux fils : l'aîné, d'un mauvais cœur et d'un caractère dur, haïssait son jeune frère, qui était plus aimable que lui, et d'un naturel doux et paisible ; il n'était pas de mauvais traitemens qu'il ne lui fît essuyer dès que l'occasion s'en présentait, et les remontrances et les réprimandes du père ne purent lui faire changer de conduite. Le père avait une fortune considérable dans le commerce ; se sentant déjà vieux, il fit son testament ; et, par un partage des plus étranges, lui qui connaissait ses deux enfans, qui aimait le cadet et blâmait la dureté de l'aîné, laissa à l'aîné tout son bien, avec tout ce qu'il avait de fonds et de vaisseaux, le priant seulement de continuer le négoce et d'aider son jeune frère. Il mourut quelque temps après. Dès que l'aîné se vit seul maître, il ne contraignit plus sa haine, et chassa de la maison son malheureux cadet, l'exposant à la merci du sort, sans lui donner aucun secours. Tant d'inhumanité dans un frère remplit le cœur du jeune homme d'indignation et d'amertume ; il était découragé : « Si mon frère me traite ainsi, disait-il en pleurant, que dois-je donc attendre des étrangers ? » Il fallait vivre, et la nécessité lui rendit le courage. Comme il était un peu au fait du commerce, il quitte Londres, s'adresse à un négociant d'une ville voisine, à qui il offre ses services; l'autre les accepte, et le reçoit dans sa maison. Après quelques années d'épreuve, il lui reconnut tant de prudence, tant de vertu, et tant d'exactitude dans ses comptes, qu'il lui donna sa fille en mariage, et en mourant il lui laissa tous ses biens. Après la mort du beau-père, le gendre se trouvant assez riche, et n'étant point de ces ambitieux insatiables que la fureur d'amasser n'abandonne qu'au bord du tombeau, plus jaloux de vivre en paix et de jouir de lui-même, il acheta, dans une province éloignée de la capitale, une belle terre avec son château, s'y retira avec son épouse, et y vécut content, avec honneur et bonne renommée.

Il est une Providence qui punit toujours les cœurs barbares. L'aîné, depuis la mort du père, avait continué le commerce, multiplié les entreprises, et long-temps tout réussit au gré de ses vœux; mais il vint une année fatale: ses pertes s'accumulèrent, une tempête engloutit tous ses vaisseaux, lorsqu'ils revenaient avec une riche cargaison. Dans le même temps, plusieurs marchands, qui avaient entre les mains ce qui lui restait d'argent, firent banqueroute, et pour comble d'infortune, le feu prit à sa maison, consuma tout ce qu'il avait d'effets et le réduisit à la mendicité.

Dans cet horrible état, il ne lui restait d'autre ressource, pour ne pas périr de faim, que d'errer dans le pays, implorant l'assistance des âmes charitables que le récit de ses malheurs pouvait attendrir: il mangeait le pain de la charité publique dans les larmes et les remords.

«Où en serais-je à présent, disait-il en soupirant, si tous les hommes étaient aussi durs que moi? Ah!

s'ils savaient comme j'ai traité mon frère ! Mon frère ! s'écriait-il quelquefois dans le chemin, où es-tu ? tu me maudis sans doute, et tu éprouves peut-être en ce moment les horreurs de la faim. Ah ! que ne peux-tu me rencontrer et me voir, tu serais vengé ! que ne puis-je, en t'embrassant, rompre avec toi ce morceau de pain qu'une mère pauvre et généreuse vient de me donner par la main de son jeune enfant ; je serais consolé..... Hélas ! si le hasard m'offrait à ses yeux, il ne reconnaîtrait jamais son aîné sous les lambeaux de la misère ; il devrait pourtant espérer de m'y trouver, s'il croit qu'il soit un Dieu vengeur. »

Un jour qu'il avait fait plusieurs lieues, ayant à peine trouvé ce qu'il lui fallait pour se soutenir, il aperçut de loin un homme bien mis, se promenant dans une prairie voisine d'un joli château dont il lui parut le seigneur ; il s'avance, il l'aborde, lui expose ses malheurs, ses besoins, et le conjure de lui accorder quelque secours. « D'où êtes-vous ? lui demanda l'étranger, et comment s'est fait cet enchaînement de revers qui vous a réduit à l'état où vous êtes ?» L'autre lui raconta son histoire en détail, ne supprimant que l'article de ses mauvais traitemens envers son frère : dans l'effusion de son récit, il fut tenté plus d'une fois de lui révéler tout, et d'avouer qu'il avait bien mérité ses malheurs ; mais la crainte et le besoin le retinrent ; il craignait d'éteindre par cet aveu la pitié qu'il voulait inspirer à ce seigneur ; il en dit pourtant assez pour être reconnu de quiconque connaissait sa famille. L'étranger, sans lui faire part de sa découverte, l'emmène au château, et ordonne à ses gens de le bien traiter, et de lui préparer un logement pour la nuit ; le soir, il raconte à sa femme l'aventure qui vient de lui arriver, et lui communique son dessein. Le pauvre dormit d'un sommeil profond et paisible toute la nuit, et le matin, à son réveil, sa première pensée fut : «Que cet homme est bienfaisant ! s'il n'était pas riche, il mériterait de le devenir.» Quelques heures après, le maître l'envoie chercher. Quand il fut en sa présence, il fixa les yeux sur lui pendant quelque temps avec attendrissement, et lui demanda s'il ne le connaissait pas. « Non, répondit le pauvre.—Eh quoi ! s'écria-t-il en pleurs, je suis ton frère !» En même temps il s'élance à son cou, et l'étreint tendrement dans ses bras. L'aîné, frappé d'étonnement, de confusion, de repentir, de reconnaissance et de joie, tombe à ses genoux, les embrasse et les arrose de ses larmes, en lui demandant pardon. «Il y a long-temps, lui répond son frère, que je t'ai pardonné. Oublie le passé ; tu es riche, car je le suis ; vivons ensemble et aimons-nous.—Oui, mon frère, je t'aimerai, lui répond l'aîné d'une voix étouffée par les sanglots ; mais je ne me pardonnerai jamais, je me souviendrai toujours de la manière dont je t'ai traité, et que c'est toi qui me soulages.»

ANECDOTE SUR LE DUEL ET LES DUELLISTES.

Le vrai brave consacre son courage à la défense de sa patrie.

Je ne sais où j'ai lu le trait suivant, que je crois être de M. de Turenne lui-même, avant qu'il fût avancé dans le service. Étant appelé en duel par un autre officier, il lui répondit : « Je ne sais pas « me battre en dépit des lois ; mais je saurai aussi

« bien que vous affronter le danger, quand le
« devoir me le permettra. Il y a un coup de main
« à faire, très-utile et très-honorable pour nous,
« mais très-périlleux ; allons demander à notre
« général la permission de le tenter, et nous
« verrons qui des deux s'en tirera avec plus
« d'honneur. » Celui qui avait proposé le duel
trouva le projet si périlleux en effet, qu'il refusa
de soumettre sa valeur à une pareille épreuve :
tel est le genre de courage de la plupart des
duellistes. On en a vu chercher à se faire une réputation de bravoure dans des rencontres particulières, et se mettre au lit un jour de bataille.

On peut voir dans la vie de M. de Turenne,
par Raguenet, quelle a été sa conduite à l'égard
du maréchal de La Ferté et du prince palatin ; elle
ne s'accorde guère avec le point d'honneur de nos
faux braves.

Il y aurait, après tout, bien plus d'affaires, si
tous ceux qui sont témoins de quelques disputes
se comportaient comme il serait à souhaiter qu'ils
le fissent, d'après l'exemple que nous allons citer.

Un jour, douze personnes avaient dîné ensemble dans une maison : après le repas on proposa de jouer, et l'on fit deux parties différentes,
dans l'une desquelles il s'éleva entre deux officiers
une dispute, suivie de quelques propos assez durs.
Les autres personnes qui étaient présentes, s'em-
pressèrent de l'apaiser, en leur disant qu'ils avaient
tort tous deux. Ceux-ci, cependant, commen-
çaient à s'échauffer, lorsqu'un autre officier de la
compagnie, homme de tête, très-sage et très-
sensé, fut à la porte de la salle, ferma la serrure
à double tour, et mit la clef dans sa poche. Ensuite, se tournant vers la compagnie, il dit : « Per-

sonne ne sortira d'ici qu'après que ces messieurs se seront raccommodés. Il faut que celui qui est l'auteur de la querelle commence (car c'est lui qui a le premier tort) à faire excuse a l'autre de ce qu'il lui a dit; que celui qui se croit attaqué reçoive l'excuse, et témoigne qu'il est fâché d'avoir relevé avec trop de hauteur l'insulte qu'il croit qu'on lui a faite; et qu'ensuite ces deux messieurs s'embrassent et promettent de ne se rien demander davantage. S'ils refusent de le faire, j'en porterai mes plaintes aux maréchaux de France, et je les prierai de donner leurs ordres pour empêcher un duel entre ces messieurs.» La conduite de cet officier fut fort approuvée. La compagnie engagea ces deux militaires à se faire des excuses réciproques, et ils s'embrassèrent.

ANECDOTE.

On ne doit pas juger un jeune officier d'après une première faute.

Le maréchal de Catinat se plaignit amèrement de la précipitation avec laquelle on jugeait un officier d'après une première faute, et croyait au contraire qu'il était du devoir d'un général de lui fournir les moyens de la réparer. Il racontait souvent, à ce propos, une histoire qui lui était arrivée, sans que jamais on ait pu deviner qui y avait donné lieu.

Un jeune homme très-recommandé par toute la cour, vint à son armée prendre le commandement d'un régiment. Le maréchal lui dit, à son arrivée, que, pour première preuve de considération, il lui donnerait, le lendemain, un détachement, et qu'il lui promettait de rencontrer les ennemis. La promesse du maréchal fut accomplie ; le détachement trouva les ennemis. Le jeune homme, étonné par le bruit et le sifflement des balles, tint une conduite scandaleuse pour l'armée. Tout le monde en parla ; le maréchal fit tout ce qu'il put pendant la journée pour paraître ne pas entendre les différens discours. Quand la nuit fut venue, il envoya chercher ce jeune homme, lui parla de sa faute, et il lui dit qu'il fallait opter entre le parti de la réparer le lendemain, ou de se faire capucin le même jour. Le jeune homme ne balança point ; il commanda, le lendemain, un nouveau détachement, rencontra les ennemis, montra la plus grande valeur, et fut depuis, de l'aveu du maréchal de Catinat, un des meilleurs officiers qu'ait eus le roi : « Il est, ou il sera maréchal de France, » ajoutait-il, pour éloigner plus sûrement les soupçons.

ANECDOTE RACONTÉE PAR R...

Un jour m'étant, à dessein, détourné pour voir de près un lieu qui me parut admirable, je m'y plus si fort, et je fis tant de tours, que je me perdis enfin tout-à-fait. Après plusieurs heures de course inutile, las et mourant de soif et de faim, j'entrai chez un paysan dont la maison n'avait pas belle apparence ; mais c'était la seule que je visse aux environs. Je croyais que c'était comme en Suisse, où tous les habitans à leur aise sont en état d'exercer l'hospitalité. Je priai celui-ci de me donner à dîner en payant ; il m'offrit du lait écrémé et du gros pain d'orge, en me disant que c'était tout ce qu'il avait. Je buvais ce lait avec délices et mangeais le pain, paille et tout ; mais cela n'était pas fort restaurant pour un homme épuisé de fatigue. Ce paysan, qui m'examinait, jugea de la vérité de mon histoire par celle de mon appétit. Tout de suite, après avoir dit qu'il voyait bien que j'étais un bon jeune honnête homme, qui n'était pas là pour le vendre, il ouvrit une petite trappe à côté de sa cuisine, descendit, et revint un moment après avec un bon pain de pur froment, un jambon très-appétissant, quoique entamé, et une bouteille de vin dont l'aspect me réjouit le cœur plus que tout le reste ; on joignit à cela une omelette assez épaisse, et je fis un dîner tel qu'autre qu'un piéton n'en connut jamais. Quand ce vint à payer, voilà son inquiétude et ses craintes qui le reprennent ; il ne voulait point de mon argent, il le repoussait avec un trouble extraordinaire ; et ce qu'il y avait de plaisant était que je ne pouvais imaginer de quoi il avait peur. Enfin il prononça, en frémissant, ces mots terribles de *commis* et de *rat de cave*; il me fit entendre qu'il cachait son vin à cause de la taille, et qu'il serait un homme perdu si l'on pouvait se douter qu'il ne mourût pas de faim. Tout ce qu'il me dit à ce sujet, et dont je n'avais pas la moindre idée, me fit une impression qui ne s'effacera jamais : ce fut là le germe de cette haine inextinguible qui se développa depuis dans mon cœur contre les vexations qu'éprouve le malheureux peuple, et contre ses oppresseurs. Cet homme, quoique aisé, n'osait manger le pain qu'il avait gagné à la sueur de son front, et ne pouvait éviter sa ruine qu'en montrant la même misère qui régnait autour de lui. Je sortis de sa maison aussi indigné qu'attendri, et déplorant le sort de ces belles contrées, à qui la nature n'a prodigué ses dons que pour en faire la proie des barbares publicains.

MIFFLIN.

M. Walter Mifflin, par son humanité, sa candeur, son affabilité et ses connaissances, est un de ces hommes respectables qui honorent leur patrie et leur siècle. Il est membre de la société des Amis, qui est le nom que les Quakers ont pris.

Depuis du temps, plusieurs Amis avaient proposé d'émanciper leurs nègres : cette heureuse doctrine avait été promulguée et recommandée dans plusieurs assemblées; déjà même un membre de cette société, habitant la ville de Flushing, sur l'île de Nassau, fameux par ses connaissances médicinales, ainsi que par ses vertus chrétiennes, avait donné la liberté à tous ses nègres, et, par son testament, leur avait légué une subsistance décente. Walter Mifflin ne tarda pas à suivre un exemple si conforme à ses sentimens. Il avait reçu de son père trente-sept nègres, tant vieux que jeunes. Le jour qu'il avait fixé pour leur émancipation étant venu, il les appela dans sa chambre les uns après les autres; et voici l'entretien qu'il eut avec l'un d'eux :

« Eh bien! ami Jacques, quel âge as-tu ? — Mon maître, j'ai vingt-neuf ans et demi. — Tu aurais dû, comme nos frères blancs, être libre à vingt et un ans. La religion et l'humanité m'enjoignent de te donner aujourd'hui la liberté, et la justice m'ordonne de te payer huit ans et demi de travail, qui, à 270 livres par an, y compris ta nourriture et ton habillement, font la somme de 2295 livres que je te dois; mais, comme tu es jeune et vi-

goureux., et qu'il faut que tu travailles pour te maintenir, mon intention est de te donner une obligation pour cette somme, portant à l'ordinaire sept pour cent d'intérêt. Voilà le commencement de ta fortune. Écoute, Jacques : tu es libre comme moi ; tu n'as plus d'autre maître que Dieu et les lois ; va dans l'autre chambre trouver ma femme Phébé, ton ancienne maîtresse, et mon neveu Guillaume Robert ; ils sont occupés à écrire ta manumission ; aussitôt que je l'aurai scellée et signée devant témoins, tu iras la faire recorder dans les livres de notre société de Douvres, ainsi que dans les registres de la comté. Puisse Dieu te bénir, Jacques ! sois sage et laborieux ; dans tous tes malheurs et détresses, tu trouveras un ami dans ton ancien maître Walter Mifflin. »Jacques, surpris d'une scène si nouvelle, si touchante, si inattendue, fondit en larmes, comme si on lui eût annoncé le plus grand des malheurs. L'effet soudain de l'étonnement, de la reconnaissance et de plusieurs autres sentimens, lui gonfla le cœur, et produisit même des mouvemens convulsifs ; il pleura amèrement, et à peine put-il s'exprimer. « Ah! mon maître, que
« ferai-je de ma liberté ? Je suis né sous votre
« toit ; j'y ai toujours joui de tout ce dont j'avais
« besoin ; dans les champs nous travaillions en-
« semble, et je puis dire que je travaillais autant
« pour moi que pour vous, puisque j'étais
« nourri des mêmes viandes et vêtu des mêmes
« habits ; nous n'allions jamais à l'église à pied ;
« nous avions le samedi pour nous ; nous ne man-
« quions de rien. Quand nous étions malades,
« notre bonne et tendre maîtresse venait à côté
« de notre lit, nous disant toujours quelque chose

« de consolant. « Eh bien ! Jacques, eh bien ! mon
« bon garçon, qu'est-ce que tu as? Ne te décou-
« rage point ; le médecin va bientôt venir, j'aurai
« soin de toi ; souffre avec patience : c'est le pre-
« mier remède, etc. »

« Ah ! quand je serai libre, où irai-je? que fe-
« rai-je? Et quand je serai malade? — Tu seras
« comme les blancs, tu iras te louer à ceux qui
« te donneront les plus hauts gages. Dans quel-
« ques années, tu achèteras de la terre ; tu épou-
« seras alors une négresse sage et industrieuse
« comme toi ; tu élèveras tes enfans comme je t'ai
« élevé, dans la crainte de Dieu et l'amour du
« travail. Après avoir vécu libre et tranquille,
« tu mourras en paix : il faut absolument que tu
« reçoives ta manumission, Jacques ; il y a long-
« temps que j'aurais dû te la donner. Plût à Dieu,
« le père de tous les hommes, que les blancs
« n'eussent jamais pensé à faire le commerce de
« tes frères d'Afrique ! Puisse-t-il inspirer à tous
« les Américains le désir de suivre notre exemple!
« Nous qui regardons la liberté comme le premier
« de tous les biens, pourquoi la refuserions-nous
« à ceux qui vivent avec nous?—Ah! mon maître,
« que vous êtes bon ! c'est à cause de cela que je
« ne vous quitterai point. Je n'ai jamais été es-
« clave, vous ne m'avez jamais parlé que comme
« vous parlez aux hommes blancs ; je n'ai jamais
« manqué de rien, ni en santé, ni en maladie ;
« je n'ai jamais plus travaillé que ne le font vos
« voisins qui travaillent pour eux-mêmes ; j'ai été
« plus riche que plusieurs blancs, auxquels j'ai
« prêté de l'argent ; et ma bonne et chère maî-
« tresse, qui ne nous commande jamais, mais qui
« nous fait faire tout ce qu'elle veut en nous

« disant seulement : Jacques, je voudrais que tu
« fisses telle chose ; comment pourrai-je la quitter?
« Donnez-moi par an ce que vous voudrez, sous
« le nom d'homme libre ou d'esclave, peu m'im-
« porte, puisque je ne puis qu'être heureux avec
« vous : je ne vous quitterai jamais. — Eh bien!
« Jacques, je consens à ce que tu désires. Après
« que ta manumission aura subi les formes né-
« cessaires, je te louerai à l'année ; mais prends
« au moins une semaine de congé ; ceci est une
« grande époque de ta vie : célèbre-la par la joie,
« par le repos, par tout ce que tu voudras.—Non,
« mon maître, nous sommes en semailles ; je
« prendrai mon congé dans un autre temps ;
« qu'aujourd'hui seulement soit un jour de fête
« dans la famille noire. Puisque vous le voulez,
« j'accepte donc ma liberté, et que ma première
« action, comme homme libre, soit de vous
« prendre par la main, mon maître, et de vous la
« serrer dans les miennes, en l'approchant, en
« la plaçant sur mon sein, où l'attachement et la
« reconnaissance de Jacques ne finiront que
« quand il finira de palpiter ; que la seconde soit
« de vous assurer qu'il n'y a point de travailleur
« dans le comté de Kent qui sera jamais plus di-
« ligent que celui qui dorénavant s'appellera le
« fidèle Jacques. »

L'homme peut-il offrir un encens plus agréable
à la Divinité? (*Lettres d'un Américain.*)

LETTRE DE M. BÉRENGER.

Pendant mon séjour à Saint-M......., chez M.
J...., le hasard a rapproché en ma faveur trois
scènes, en trois jours, dont je conserverai éternellement la mémoire.

J'ai vu le départ d'une flotte royale; j'ai vu l'arrivée d'un convoi du Levant; j'ai vu le retour de plusieurs vaisseaux de ligne délabrés, rasés, dépeuplés. Que de réflexions philosophiques, que de sentimens agréables ou douloureux ces contrastes font naître! mon cœur ni mon esprit ne peuvent y suffire. Je vais vous retracer ces grands tableaux comme ils se sont présentés à ma vue. Au reste, songez, mon respectable mentor, que je vous obéis, et que je ne suis que votre élève, et enfin que ma jeunesse a besoin d'indulgence. Gardez toute votre sévérité pour ceux de mes ouvrages que je destine au public.

C'était vers les trois heures après midi : un coup de canon fit appareiller, un second déployer toutes les voiles, et le vaisseau amiral, ayant le premier pris le vent, vira de bord et enfila le canal qui jette en haute mer. Le rivage fut incontinent bordé d'une foule innombrable : on y accourait de la ville, des villages et de toutes les campagnes voisines. Les vaisseaux de partance, pompeusement décorés de pavois fleurdelisés et de flammes de toutes couleurs, passaient à notre vue, en saluant les forts, qui leur rendaient la même décharge. Les tillacs étaient couverts de monde, chacun braquait sa lorgnette, on s'appelait, on se répondait, et les échos étaient fatigués de ce vacarme. Au milieu de ce vaste appareil, la musique militaire retentissait au loin comme un concert sur l'eau. Ailleurs, les cris d'une joie insensée se mêlaient, dans l'air, aux accens étouffés des plus lamentables adieux; de malheureux enfans, des femmes éplorées, agités de sinistres pressentimens, tendaient leurs bras, et s'inclinaient mille fois lorsqu'ils voyaient passer devant eux la frégate qui leur enlevait peut-être, hélas! pour toujours un père, un époux, un ami. Cependant les vaisseaux, riches d'agrès et de décorations, se suivaient majestueusement au nombre de plus de vingt : ils paraissaient se toucher, et marchaient pourtant à la distance d'un quart de lieue les uns des autres. Tandis que les premiers se trouvaient déjà loin de nous, et paraissaient comme peints au fond de l'horizon, les derniers débouquaient le canal et forçaient de voiles pour atteindre les amiraux et se former en conserve; en moins de deux heures, toute la flotte fut ralliée, et disparut comme enveloppée de vapeurs.

Changement de scène le lendemain, à la même heure. On signale une flotte : le canon tire. Elle est française : grand hourvari. Elle approche rapidement, la voilà dans le détroit. Quelques vaisseaux de 74, environ trente petits navires sur lest, et nombre de frégates, composaient cette malheureuse escadre. Ce n'étaient plus ces proues richement peintes, ces banderoles flottantes, ces équipages frais et complets, et cette allégresse universelle dont les éclats m'avaient frappé la veille : non, mon très-cher ami, non ; je ne voyais que des vaisseaux désagréés, louvoyant silencieusement du midi au nord et du nord au midi, pour avancer vers la rade en zigzaguant. A mesure qu'ils se rapprochaient de la côte, à droite ou à gauche, la foule accourait, demandant avec d'horribles palpitations de cœur: « Mon père, mon fils, mon mari, vit-il? Est-il là? Où est-il? » Et les vaisseaux d'aller, et mille cris de redoubler. Apercevait-on, ou croyait-on apercevoir celui que d'avides regards cherchaient,

5*

une joie folle dans ses démonstrations, mais sublime en son énergie, éclatait soudainement.... Un affreux porte-voix faisait-il retentir ces mots tragiques : *Il est mort!* les cris du désespoir, le saisissement de la terreur, et la pâleur de la mort elle-même, offraient, sur ce rivage même, des scènes fatigantes à l'excès pour l'homme trop sensible qui en était le témoin.

Vers le soir, toute la flotte saluée se rangea dans la grande et dans la petite rade ; on établit des tentes sur les ponts, pour y faire respirer les pauvres malades : les aveugles, les scorbutiques, les écharpés. Mille canots apportèrent des rafraîchissemens, dont ces malheureux avaient grand besoin : on débarqua les plus pressans à l'anse de l'infirmerie, et l'on se mit à désarmer.

Ce spectacle était vraiment beau dans son genre ; mais il laissait une profonde impression de tristesse. La vue de la frégate *le Mont-Réal*, montée naguère par M. de Vialis, mon compatriote, et teinte encore de tout le sang de ce brave capitaine ; l'aspect de ses bordages hachés, de ses flancs incrustés de boulets ; l'affreuse solitude de son bord...., ce théâtre d'horreur et de désolation fit couler mes larmes. Une multitude infinie de soldats, de matelots, d'officiers estropiés, tronqués, éborgnés, qu'on débarquait sur le rivage ; les noms de ceux qui avaient péri pendant la campagne ; le récit des misères attachées à tous les voyages de long cours : que de choses que le pauvre genre humain doit oublier!.... et qu'il serait nécessaire de rappeler aux rois, lorsqu'ils sont près de signer une déclaration de guerre!..... *Plectuntur Achivi.*

Mais détournons nos regards de ces scènes sanglantes, pour les reposer sur un tableau plus agréable et plus consolant.

On signale encore une flotte, non de celles qui sont l'image imposante de la grandeur des monarques, et qui partent pour les extrémités du globe, chargées des ministres de leur vengeance, mais d'une flotte marchande de plus de soixante voiles. Quatre frégates la convoient, rôdent à l'entour, pressent les traîneurs, ramènent les dérivans, ralentissent les *oiseaux*. Je crois voir, si les petits objets peuvent se comparer aux grands, des mères poules veillant sur leurs poussins, les rassemblant sous leurs ailes, les conduisant, les protégeant partout avec de tendres inquiétudes.

Les marins, dont le coup d'œil est si exercé, reconnaissent déjà les vaisseaux ; ils les comptent, ils les nomment tous. Les négocians, les armateurs, tous les citoyens accourent transportés d'allégresse.

Quel spectacle merveilleux ! les vents frémissant dans les cordages, les cris des matelots travaillant à la manœuvre, au son d'un sifflet aigu, le sourd bruissement des flots écumeux que fend un rapide sillage, des coups de canon de loin en loin ; tout cet ensemble tumultueux, mais ordonné, est l'âme du plus beau concert qui puisse remplir les oreilles, et du plus magnifique opéra qu'ait jamais inventé l'homme pour donner à l'homme une preuve de sa puissance et de son génie.

Les vaisseaux destinés pour Marseille relâchent ici, afin d'éviter l'ennemi, qu'on dit cingler vers Bandol et La Ciotat ; demain les frégates iront à la découverte, et la flotte les suivra. Une partie doit entrer dans le port de Toulon après la quarantaine ; le reste, c'est-à-dire les deux tiers, mouillera près du château d'If et de Pomègue, et verra partir dans peu une seconde escadre marchande de plus de cent voiles. Cette dernière est rassemblée de tous nos ports marchands sur la Méditerranée ; elle ira, conduite par six vaisseaux du roi, vers Alep, Samos, Alexandrie et Constantinople, chacun selon sa destination.

Oh ! que cet appareil est plein de vie et d'intérêt ! L'industrie humaine rassemblant toutes les productions de la terre, les vents emprisonnés dans nos voiles, les mers domptées et franchies, la foudre remise en nos mains tonnantes : voilà les prodiges de l'esprit créateur de l'homme, voilà ce qui prosterna l'Américain tremblant aux pieds de ses conquérans barbares. Ils eussent en effet mérité des autels, ces hardis navigateurs, si, au lieu de porter des fers et des vices à ces hommes libres et innocens, ils leur avaient communiqué les lumières et les productions de l'Europe, en échange, non pas de leurs diamans et de leurs métaux détestables, mais en échange de leurs fruits, de leurs bois précieux et de leurs puissans végétaux.

Pardon, mon cher maître, si je moralise dans une lettre où je ne voulais que causer et peindre ; les grandes choses amènent les grands mots, et l'on oublie qu'on écrit une lettre.

ANECDOTE PERSANE.

Cosroès, roi de Perse, dit le philosophe Sadi, avait un ministre dont il était content, et dont il se croyait aimé. Un jour, ce ministre vint lui demander à se retirer. Cosroès lui dit : « Pourquoi veux-tu me quitter? j'ai fait tomber sur toi la rosée de ma bienfaisance ; mes esclaves ne distinguent point tes ordres des miens ; je t'ai approché de mon cœur, ne t'en éloigne jamais. » Mitrane (c'était le nom du ministre) répondit : « O roi ! je t'ai servi avec zèle, et tu m'en as trop récompensé ; mais la nature m'impose aujourd'hui des devoirs sacrés : laisse-moi les remplir. J'ai un fils, il n'a que moi pour lui apprendre à te servir un jour comme je t'ai servi. — Je te permets de te retirer, dit Cosroès, mais à une condition : parmi les hommes de bien que tu m'as fait connaître, il n'en est aucun qui soit aussi digne que toi d'éclairer et d'élever l'âme de mon fils ; finis ta carrière par le plus grand service qu'un homme puisse rendre aux autres hommes : qu'ils te doivent un bon maître. Je connais la corruption de la cour, il ne faut pas qu'un jeune prince la respire : prends mon fils, et va l'instruire avec le tien dans la retraite, au sein de l'innocence et de la vertu. » Mitrane partit avec les deux enfans ; et après cinq ou six années, il revint avec eux auprès de Cosroès, qui fut charmé de revoir son fils, mais qui ne le trouva pas égal en mérite au fils de son ancien ministre. Cosroès sentit cette différence avec une douleur amère, et il s'en plaignit à Mitrane. « O roi ! lui dit Mitrane, mon fils a fait un meilleur usage que le tien des leçons que j'ai données à l'un et à l'autre : mes soins ont été également partagés entre eux ; mais mon fils savait qu'il aurait besoin des hommes, et je n'ai pu cacher au tien que les hommes auraient besoin de lui. » (*M. de Saint-Lambert.*)

TRAIT CHARMANT.

Madame de Saint-J..., épouse du juge de C...,
reçut, en l'absence de son mari, une pauvre
paysanne dont le procès devait être jugé le lendemain, et de ce procès dépendait sa modique
fortune. Le père de la paysanne s'était approprié
quelques terrains qui ne lui appartenaient pas,
et cette infortunée, qui ignorait cette faute pu-
nissable, jouissait, comme héritière, de ce bien
mal acquis. Sa famille était nombreuse, et la
perte de ce terrain les réduisait tous à la mendicité. Ses larmes touchèrent madame de Saint-J... :
elle fut d'autant plus sensible à la douleur de
cette pauvre femme, qu'elle vit de la délicatesse
et de la probité dans sa façon de penser ; elle gémissait plus encore de la coupable cupidité de
son père, que de la perte qu'elle allait faire.
« Consolez-vous, lui dit madame de Saint-J... ;
« quand votre procès sera jugé, venez me trou-
« ver, mais que ce soit en particulier ; j'aurai
« alors quelque chose à vous dire qui ne doit
« être su que de vous et de moi. » Après avoir
congédié la paysanne, madame de Saint-J... fut
chez M. de P..., qui était son parrain, et qui lui
avait donné, en se mariant, un contrat de deux
cents livres de rente, pour être employées uniquement à ses menus plaisirs. « De grâce, mon
« cher parrain, lui dit-elle, donnez-moi les fonds
« de ce contrat ; je veux m'acheter un bijou dont
« je suis enchantée, que je ne puis demander à
« mon mari, et que je ne veux pas même obte-
« nir de vos bontés pour moi ; vous m'avez donné
« ce contrat, rachetez-le-moi, cela me suffit. »

M. de P... questionna en vain sa filleule sur le bijou en question ; elle éluda toujours de le satisfaire avec le ton de la gaîté. M. de P... était avare, et profita du désir de madame de Saint-J...; il ne voulut racheter le contrat que pour trois mille livres. Madame de Saint-J... accepta avec empressement, et se priva, comme on voit, de deux cents livres de rente, et de cent pistoles d'argent qui devaient lui revenir sur son contrat. Mais, satisfaite d'avoir une somme dont elle voulait faire un digne usage, elle revient chez elle, et attend avec impatience la décision du procès. La paysanne le perdit, et revint le lendemain tout en pleurs trouver madame de Saint-J... Entrées toutes deux dans le cabinet, la bienfaisante épouse du juge le plus intègre remit à la paysanne désolée les trois mille livres qu'elle avait eues de son parrain. « Prenez cette somme, ma chère « amie, lui dit-elle, employez-la à racheter le « bien que vous venez de perdre, si on veut « vous le vendre, ou un autre de même valeur. « Vous n'aurez rien perdu, et vous me ferez ga- « gner à moi un jour de bonheur. Allez, allez, « ne me refusez pas ; ce que je vous donne m'en- « richit pour l'autre monde, et ne peut appau- « vrir, dans celui-ci, une femme prudente, qui « n'attache aucun prix aux bagatelles dont elle « se pare. »

BEAU TRAIT DE GÉNÉROSITÉ.

Un ancien négociant, qui avait fait une fortune considérable, fut un jour, après son dîner, au café d'Élie, rue Saint-Honoré. A côté de la table où il prenait son café, étaient deux autres bourgeois si occupés de leur entretien, qu'ils ne paraissaient pas s'apercevoir qu'il y eût quelqu'un auprès d'eux. Il entendit que l'un d'eux disait à l'autre : « Mais, mon ami, est-ce qu'il n'y aurait pas moyen de se retourner ? Est-ce que douze, quinze mille francs, ne seraient pas capables de te tirer d'affaire ?—Non, mon ami, répondit l'autre, il me faudrait au moins vingt-cinq mille francs ; et comme il ne m'est pas possible de les trouver, je me vois forcé de manquer. Tu juges bien que ce n'est pas ma propre personne qui m'affecte le plus ; mais l'honneur !.... mais une femme !.... mais des enfans !.... Tu vois un homme au désespoir. »

L'ancien négociant, qui avait paru ne prendre aucune part à ce qui se disait à côté de lui, attendit que les deux particuliers fussent sortis, et s'informa, de la maîtresse du café, qui ils étaient. « Ce sont, lui dit-elle, deux marchands de cette rue. — Et connaissez-vous particulièrement celui qui est habillé de telle façon (lui désignant celui qu'il savait être dans l'embarras)? Ah ! c'est un très-honnête homme ; il est chargé de famille, et on ne peut rien lui reprocher. »

L'ancien négociant ayant encore pris ailleurs quelques autres informations, qui toutes furent favorables au marchand, retourna chez lui, fit l'inventaire de ses papiers, et y choisit pour trente mille livres d'effets payables au porteur. Le lendemain matin il les envoya à M. D...; celui-ci, à la vue de ces effets, reste tout interdit, et demande de quelle part cela lui vient. Le domestique lui nomme son maître, et ajoute qu'il ne lui a rien dit de plus, sinon de lui remettre ce paquet. M. D... prend avec lui ces effets et va sur-le-champ trouver l'ancien négociant. « Monsieur, lui dit-il, votre domestique vient de me remettre ce paquet; il y a sans doute quelque méprise, puisque je n'ai pas l'honneur d'être connu de vous. — Non, monsieur, il n'y en a pas; je vous connais, je sais même votre position actuelle, et je suis charmé de pouvoir obliger un galant homme, en faveur de qui tous les témoignages se rapportent. — Oserai-je vous demander, lui dit le marchand en rougissant, comment vous pouvez savoir la position dans laquelle je me trouve? » L'ancien négociant lui raconta naturellement ce qui s'était passé au café, et de quelle manière il avait appris son embarras. « Eh bien ! monsieur, lui dit le marchand, puisque vous savez ma situation, il ne me conviendrait pas de vouloir m'en défendre, et de faire le difficile ; ainsi, j'accepte avec la plus vive reconnaissance les secours que vous m'offrez si noblement ; mais je crois, monsieur, que vingt-cinq mille livres me suffiraient. — Non, monsieur, je vous ai entendu dire qu'il vous faudrait au moins vingt-cinq mille francs ; il vaut mieux que vous ayez plus que moins. » Le marchand, le cœur rempli d'un pareil procédé, et en même temps de la satisfaction de se voir, par ce secours, à l'abri du sort dont il était menacé, ne savait comment exprimer sa reconnaissance, et enfin demanda une plume et de l'encre pour faire son billet. « Non, monsieur, je ne veux point de billet ; votre parole me suffit : si vous avez le bonheur de vous rétablir, vous me rendrez cette somme ; sinon je vous la donne. » Le marchand, ayant pris les trente mille livres, se retira ; et l'on peut se peindre aisément ses sentimens. Assez peu de temps après, le généreux négociant mourut ; l'honnête marchand fut trouver la veuve, à qui il déclara ce qui s'était passé ; elle confirma tout ce que son mari avait fait, et un pareil secours ayant mis le marchand au-dessus de ses affaires, il ne tarda pas à rendre cette somme.

Lettre à M. l'Abbé DE FONTENAY, *auteur du* Journal de France.

C'EST entrer dans les vues patriotiques qui vous animent, monsieur, que de vous communiquer des traits qui honorent la religion et l'humanité. Nous venons de perdre un de ces hommes rares dont les bienfaits ont souvent soulagé une infinité de malheureux, M. de Tressemane, ancien évêque de Glandève, âgé de soixante-trois ans. Il n'y a que seize mois qu'il occupait une maison de campagne à Franconville ; il s'y annonça d'abord en habillant de pied en cap cinquante pauvres de chaque sexe, et distribuant des secours en tout genre à tous ceux qu'on lui fit connaître. L'hiver dernier, il s'est signalé : ne se contentant pas de fournir du pain, du bois, des vêtemens, il a donné des sommes considérables à plusieurs familles honteuses, qui avaient été lui exposer à Paris leur triste situation. Ce n'était autrefois qu'une partie de ses bonnes œuvres : il assistait des indigens sans nombre ; il avait des pensionnaires même dans plusieurs villes de province. C'était là sa passion favorite, d'être utile à ses semblables ; et ce qui est très-rare, c'est qu'il était secondé par ceux qui l'environnaient, qui se faisaient un plaisir de lui peindre l'état des indigens, et se prêtaient à être les instrumens de sa bienfaisance.

On était surpris qu'un homme de sa naissance et de sa dignité n'eût point d'équipage ; un jour on lui en fit une espèce de reproche en présence d'un curé qu'il honorait de sa confiance : et ce digne prélat répondit, avec sa modeste candeur, qu'il aimait mieux nourrir des pauvres que des chevaux. Les pauvres, loin d'en détourner la vue, il les regardait avec une compassion mêlée de complaisance ; il n'attendait pas à en être salué, il les prévenait souvent. Il les portait si fort dans son cœur, qu'il avait toujours désiré de finir ses jours parmi eux ; il a été exaucé.

Je n'ai parlé que de sa commisération pour les nécessiteux : ceux qui feront un éloge complet de ce pontife pourront relever ses autres vertus. Je me contenterai de remarquer que sa présence avait déjà fait ici une impression sensible, et que la foi et les mœurs, qui se perdent toujours par la contagion du mauvais exemple, semblaient reprendre leurs droits à l'aspect d'un prélat si édifiant. En même temps, il ne se refusait pas à la société ; il en faisait l'agrément par l'aménité de son caractère, par sa candeur, par son affabilité.

Aussi cet homme précieux laisse parmi nous un vide qui sera difficile à réparer. Je ne suis que l'écho des respectables voisins avec qui il s'était lié, et qui, de concert avec le peuple, versèrent des pleurs sur sa tombe.

Je suis, etc., Le comte DE DREUX.

BEAUX TRAITS DE BOILEAU.

LE célèbre Patru, avocat au parlement de Paris, était un des plus beaux esprits de son siècle :

mais ayant préféré ses livres et son cabinet aux occupations du barreau, il tomba dans une extrême indigence, et se vit réduit à la dure nécessité de vendre sa bibliothèque. Despréaux l'apprend ; il court chez Patru, lui offre près d'un tiers davantage de ce qu'il en voulait avoir, et met dans le marché une condition qui surprend fort l'avocat : c'est qu'il gardera ses livres comme auparavant, et qu'ils n'appartiendront à l'acquéreur qu'après sa mort. Ayant appris à Fontainebleau que l'on venait de retrancher la pension que le roi accordait au grand Corneille, il courut avec précipitation chez madame de Montespan, et lui dit que le roi, tout équitable qu'il était, ne pouvait, sans quelque apparence d'injustice, donner pension à un homme comme lui, qui ne commençait qu'à monter sur le Parnasse, et l'ôter à M. Corneille, qui depuis si long-temps était arrivé au sommet ; qu'il la suppliait, pour la gloire de sa majesté, de lui faire plutôt retrancher la sienne, qu'à un homme qui le méritait mieux que lui. Madame de Montespan trouva sa générosité si grande et si peu commune, et sa manière d'agir si honnête, qu'elle lui promit de faire rétablir la pension de Corneille, et lui tint parole.

LE REVENANT.

Un homme de province, qui était venu à Paris dans le temps du carnaval, fit la partie d'aller au bal avec un de ses amis, et se déguisa en diable ; ils se retirèrent avant le jour. Comme le carrosse qui les conduisait passa dans le quartier où le provincial logeait, il fut le premier qui descendit. On le laissa le plus près qu'on put de sa porte, où il courut promptement frapper, parce qu'il faisait grand froid : il fut obligé de redoubler les coups, avant de pouvoir réveiller une grosse servante de son auberge, qui vint enfin, à moitié endormie, lui ouvrir, mais qui, dès qu'elle le vit, referma au plus vite la porte, et s'enfuit, en criant de toute sa force : *Jesus, Maria !* Le provincial ne pensait point à son habillement diabolique ; et, ne sachant point ce que pouvait avoir la servante, il continua de frapper, mais toujours inutilement. Enfin, mourant de froid, il prit le parti de chercher gîte ailleurs. En marchant le long de la rue, il aperçut de la lumière dans une maison, et, pour comble de bonheur, la porte n'était pas tout-à-fait fermée. Il vit en entrant un cercueil avec des cierges à l'entour, et un bon prêtre qui s'était endormi en lisant son bréviaire auprès d'un fort bon brasier. Tout était tendu de noir, et l'on ne sentait pas le froid dans ce lieu-là.

Le provincial s'approcha le plus près qu'il put du brasier, et s'endormit tranquillement sur un siége. Cependant le prêtre s'éveilla, et voyant la figure de cet homme endormi, il ne douta pas que ce ne fût le diable qui venait prendre le mort ; et là-dessus il fit des cris si épouvantables, que le provincial, s'éveillant en sursaut, fut tout effrayé, croyant voir le mort à ses trousses. Quand il fut revenu de sa frayeur, il fit réflexion sur son habillement, et comprit que c'était ce qui avait causé son embarras. Comme il n'était pas loin de la friperie, et que le jour commençait à paraître, il alla changer d'habit, et revint à son auberge, où il n'eut pas de peine à se faire ouvrir. Il apprit, en entrant, que la servante était malade, et que c'était une visite que le diable lui avait rendue, qui causait son mal. Le provincial n'eut garde de dire qu'il était le diable. Il sut ensuite qu'on publiait dans le quartier que le diable était venu pour enlever monsieur un tel : le confesseur attestait la chose ; et ce qui rendait le bruit très-croyable, c'est que le pauvre défunt avait été maltôtier.

L'ÉCOLIER GÉNÉREUX.

Un écolier, âgé de dix-sept ans, étudiant en rhétorique au collége d'Harcourt, rencontra, dans une de ses promenades, un homme couvert des haillons de la misère. L'indigence et les malheurs avaient altéré dans cet infortuné les traits d'un ancien domestique qui l'avait autrefois servi chez ses parens ; il le reconnut avec peine, et s'en approcha avec la pitié la plus vive et le plus puissant intérêt. Après l'avoir interrogé sur les causes de son infortune, à laquelle il remarqua que les vices ni la paresse n'avaient aucune part, il lui assigna un rendez-vous secret pour le matin au collége d'Harcourt. Il lui donne pour premier secours tout l'argent qu'il possédait alors, et la portion de pain destinée à son déjeûner, avec ordre de revenir l'après-dîner pour son goûter ; il le charge de se loger dans une maison honnête, et de lui faire connaître l'hôtesse chez laquelle il aurait choisi son gîte. Il s'excuse sur la modicité des secours qu'il lui procure alors, et l'exhorte à espérer du temps et de sa bonne conduite des jours plus calmes et plus heureux. L'hôtesse choisie et présentée au jeune homme a reçu pendant huit mois le prix de ses loyers : elle a éclairé les démarches de l'indigent, et a rendu témoignage de sa conduite. L'infortuné a vécu pendant ce long espace de temps de la portion de pain destinée au déjeûner et au goûter de ce généreux écolier. Mais comme elle n'aurait pas suffi, il y a ajouté, par chaque semaine, la modique somme d'argent que ses parens, en récompense de son travail, lui abandonnaient pour ses plaisirs et les besoins de son âge. Cependant il retranchait méthodiquement quelque chose pour mettre en masse, afin d'habiller cet homme malheureux, Quand il a été assez riche, il a employé l'industrie d'un tiers pour acheter à la friperie un habit qui mît son protégé en état de se présenter, sans humiliation, pour solliciter quelque emploi. Cependant l'impatient jeune homme s'agitait et s'intriguait pour lui trouver une place où il pût, en travaillant, se procurer une vie plus douce et plus aisée. Enfin il a eu le bonheur de prévenir le vœu de cet indigent, qui, pour la dernière ressource, voulait s'engager; il l'a fait entrer pour domestique dans une maison où sa mère avait quelques liaisons. Cette mère, dînant un jour chez son amie, a reconnu ce laquais autrefois à ses gages; la curiosité l'a portée à lui demander l'histoire de sa vie depuis qu'il avait quitté son service : elle finissait par le récit détaillé de la généreuse sensibilité de son fils. Jusque-là un profond secret avait été gardé de la part du jeune bienfaiteur, qui avait même trompé, sur cet article, la vigilance de son précepteur.

BELLE ACTION DE PÉLISSON.

Nous ne connaissons que depuis peu la belle action de Pélisson. Fouquet était heureux; il avait excité et animé l'envie ; elle parvint à le rendre coupable aux yeux de Louis XIV. Il fut mis à la Bastille ; ses amis l'abandonnèrent ; et, persuadé que la bassesse et l'intérêt cherchaient tous les moyens de le perdre, il craignit que la recherche de ses papiers ne fût la cause de sa ruine. Il regrettait que le feu n'eût point ôté à ses persécuteurs les seules armes dont ils pouvaient se servir ; mais Pélisson, son secrétaire et son ami, avait eu soin de les soustraire aux perquisitions de la haine. Il fallait en instruire le prisonnier ; il ne voit d'autre moyen, pour y parvenir, que de se mettre au nombre de ses calomniateurs.

L'action du secrétaire révolte les esprits les plus indifférens ; elle paraît odieuse, même aux hommes intéressés à la condamnation du surintendant. Pélisson n'ignore pas les discours qu'il excite et les reproches qu'on lui prodigue ; le peu d'amis qui restaient au prisonnier vont le supplier de renoncer au rôle affreux dont il s'est chargé. Il oppose une résolution inébranlable à leurs instances : il dira la vérité, et il la soutiendra en présence de Fouquet. Il est confronté à son maître, qui lui dit, en le voyant : « C'est vous, Pélisson ! vous aussi contre moi ! » Ferme dans son projet, armé de toute l'impudence du délateur le plus audacieux, il cite à Fouquet des faits contre lesquels le prisonnier s'élève avec l'indignation de l'innocence accusée. « Pouvez-vous trahir à ce point la vérité ? vous êtes un imposteur, et vous ne baissez point les yeux ?—Oh ! répond Pélisson, dont le regard et l'expression étaient ceux de la colère, vous n'auriez pas la hardiesse de me démentir avec tant d'assurance, si vous ne saviez pas que vos papiers sont brûlés. »

Fouquet l'entendit ; il saisit toute l'adresse de Pélisson : il vit bien que, pour l'instruire, il avait imaginé cette déclaration, qui devait le conduire jusqu'à lui. Le secrétaire, content d'avoir réussi dans son projet, se livra au déchaînement public, sans perdre cette tranquillité d'âme qu'il devait à la jouissance d'une action honnête ; et lorsque le vrai motif de sa démarche fut connu, et qu'il eut obtenu les éloges et l'admiration qu'il méritait, il fut également insensible à la vénération et aux hommages qu'on lui prodiguait.

LA PASSION DU JEU.

On m'a montré quelqu'un dont la physionomie, quoique altérée, annonçait un grand caractère. Celui qui me le fit remarquer m'en parla dans ces termes : « Regardez bien, me dit-il, vous avez sous les yeux un phénomène de force et de faiblesse ; cet homme, qui se survit à lui-même, a cultivé jusqu'à trente ans, avec le plus grand succès, les sciences et les lettres ; un pas de plus il en doublait la borne. Étant tombé dans un cercle de joueurs, il y prit le goût du jeu, qui bientôt se convertit en rage ; malgré mes prières et mes larmes, il perdit en peu de temps tout ce qu'il possédait.

« Comme il avait de la force, il fut sans désespoir. « C'en est fait, me dit-il, j'ai joué mon reste hier soir, je suis ruiné. » Je fis pour lui ce qu'il aurait fait pour moi ; je voulus le consoler. « Vous souffrez ? lui dis-je. — Je souffre, mais je ne suis pas triste, parce que je sais me résigner : adieu, je ne vous reverrai plus ; respectez mes malheurs, et surtout ma volonté, le seul bien qui me reste. »

« L'année révolue, je reçois un billet et de l'argent ; je cours chez mon ami, je le trouve assis au milieu de ses livres, et dans l'attitude d'un homme absorbé par de profondes méditations : je l'embrasse, je le félicite sur son nouvel état ; il venait d'hériter. « Je me flatte, lui dis-je, que désormais vous saurez jouir, et que.... — Je ne jouirai pas davantage, me répliqua-t-il froidement. — Quel triomphe pour la philosophie et pour les lettres ! — Elles n'y gagneront rien, et je ne lis plus, je ne pense plus, j'en ai plus de désirs. »

« Il tomba dans un morne silence : un instant après, ses yeux se ranimèrent, je les vis briller de leur ancien feu ; j'écoutai. « Le ressort de mon âme s'est brisé, mon ami ; tandis que je luttais contre un penchant plus fort que moi, j'ai tenté de substituer d'autres passions à ma passion fatale ; celle-ci renaissait toujours, ou plutôt elle ne m'a pas laissé un moment de relâche ; finissons ; je n'ai plus la force de parler ni d'entendre. » En le quittant, il me serra la main, et me regarda d'un œil sec, car il n'avait plus de larmes : maintenant il me connaît à peine ; depuis vingt ans il languit dans la même inertie. »

TRAIT TOUCHANT.

L'age aimable de l'adolescence devient plus intéressant encore par les premiers élans d'un cœur aimant et généreux. Au retour d'une représentation de l'*Indigent*, drame par M. Mercier, une jeune personne de douze ans, pénétrée de ce qu'elle venait de voir et d'entendre, eut avec sa mère la conversation que je vais vous rendre.

« Maman, il est donc des gens assez malheureux pour être exposés ainsi dans des galetas à périr de froid et de faim? Que je hais ce M. Du-noir! Peut-il y avoir des hommes aussi durs et aussi méchans? Et le frère de cette jeune personne qu'il veut avilir.... Non, sans cet honnête notaire qui leur a résisté et a réparé tout, je crois que je n'aurais pu y tenir, tant j'avais le cœur serré de douleur et d'indignation! — Ma fille, je suis enchantée que la pièce ait produit sur vous ces impressions. Il n'est que trop de malheureux dans l'état que vous y avez vu dépeint. — Ah! maman, il faut les secourir. Il m'est venu une idée pendant que nous revenions du spectacle; nous mettrons dans une bourse, mon papa, vous et moi, ce que nous pourrons, et puis nos amis, tous ceux qui viennent ici nous aideront. C'est surtout les deux jours de la semaine où nous avons assemblée, qu'après le jeu je ferai une quête générale; ceux qui gagnent me donneront au moins leur gain, car ils n'ont pas besoin de cela. — J'applaudis à votre idée, ma fille, et les honnêtes gens s'empresseront, je crois, de contribuer à cette bonne action. Car ce qu'on perd au jeu doit être un superflu qu'on consacre à son amusement, et ce qu'on y gagne devrait être réellement le patrimoine des pauvres. Pourquoi le fruit de nos plaisirs ne serait-il pas destiné à diminuer les peines de nos semblables? Le plus grand de nos plaisirs même est celui de faire le bien. — Maman, je vous assure que ce sera désormais le plus vif des miens. — Ces intentions sont très-belles, mesdames, repris-je alors; mais il faut les remplir avec tout le discernement qui vous est naturel. Prenons garde d'alimenter, avec des secours pécuniaires, le vice, et surtout l'oi-

sivcté qui en est la source. C'est en aidant les indigens autant de ses conseils que de sa bourse,
en leur inspirant l'amour de la religion, du travail, de l'ordre, de la propreté, qu'on fait essentiellement leur bonheur; il faut leur fournir plus
de secours que d'argent. Une bonne nourriture, du
linge, des habits, et des matières de travail qu'on
se fait représenter employées : voilà les moyens
de soulager la misère sans la fomenter. Vos intentions louables me répondent du succès; et,
si vous trouvez bon que j'y contribue, je prie mademoiselle de vouloir bien accepter ce que ma
bourse contient. Ces deux louis seront un à-
compte.—Monsieur, me dit la mère, je veux que
vous nous aidiez à en faire usage. Nous donnerons deux fois la semaine quelques momens du
matin à visiter les pauvres, et surtout les pauvres
honteux. Ma fille verra dans cette classe des gens
qui ont joui de l'opulence; elle apprendra que
ceux qui ont prodigué l'or pour des superfluités,
peuvent en venir, par des événemens imprévus,
à manquer du nécessaire, et elle recevra de bonne
heure, par l'exemple, la leçon importante du
malheur. — Oui, maman, et j'espère que cette
leçon m'en préservera. Mais à propos du linge,
que monsieur regarde comme un des premiers
objets à fournir, c'est un secours que nous avons
sous la main. Il y a ici tant de paires de draps;
nous pouvons donc, sans nous priver, en distraire
un certain nombre de cette quantité, et nous pré-
serverons beaucoup de malheureux de coucher
sur la paille.—Voilà, dis-je, une bonne idée et qui
vous laissera tous vos fonds pour suffire à d'autres
besoins. Si tous les riches, qui ont (suivant l'expression d'un auteur moderne) des magasins de

linge, d'habits et de meubles, accordaient ainsi
l'excès de leur superflu à l'urgent nécessaire des
malheureux, tous seraient soulagés.

LE BON FILS.

Monsieur de...., allant joindre son régiment,
il y a douze ans, s'occupa pendant sa route à faire
quelques recrues, dont il avait besoin pour compléter sa compagnie; il trouva plusieurs hommes
dans une petite ville où il demeura une semaine.
L'avant-veille de son départ, il se présenta encore
un jeune homme de la plus haute taille, et de la
figure la plus intéressante; il avait un air de candeur et d'honnêteté qui prévenait pour lui. M.
de..... ne put s'empêcher, à la première vue, de
souhaiter d'avoir cet homme dans sa compagnie;
il le vit trembler en demandant qu'on l'engageât:
il prit ce mouvement pour l'effet de la timidité,
et peut-être de l'inquiétude que peut avoir un
jeune homme qui sent le prix de la liberté, et qui
ne la vend pas sans regret. Il lui fit part de ses
soupçons, en tâchant de le rassurer. «Ah! monsieur, lui répondit le jeune homme, n'attribuez
pas mon désordre à d'indignes motifs, il ne vient
que de la crainte d'être refusé; vous ne voudriez
peut-être pas de moi, et mon malheur serait affreux!»Il lui échappa quelques larmes en achevant
ces mots. L'officier ne manqua pas de l'assurer
qu'il serait enchanté de le satisfaire, et lui demanda vite quelles étaient ses conditions.«Je ne
vous les propose qu'en tremblant, répondit le
jeune homme; elles vous dégoûteront peut-être.
Je suis jeune, vous voyez ma taille, j'ai de la force,
je me sens toutes les dispositions nécessaires pour

servir ; mais la circonstance malheureuse dans laquelle je me trouve, me force de me mettre à un prix que vous trouverez peut-être exorbitant : je ne puis rien en diminuer ; croyez que, sans des raisons trop pressantes, je ne vendrais pas mon service ; mais la nécessité m'impose une loi rigoureuse ; je ne puis vous suivre à moins de cinq cents livres, et vous me percez le cœur si vous me refusez ! —Cinq cents livres ! reprit l'officier, la somme est considérable, je l'avoue ; mais vous me convenez, je vous crois de bonne volonté, je ne marchanderai pas avec vous ; je vais vous compter votre argent : signez, et tenez-vous prêt à partir après-demain avec moi. »

Le jeune homme parut pénétré de la facilité de M. de... Il signa gaîment son engagement, et reçut les cinq cents livres avec autant de reconnaissance que s'il les avait eues en pur don ; il pria son capitaine de lui permettre de remplir un devoir sacré, et lui promit de revenir à l'instant. M. de.... crut remarquer quelque chose d'extraordinaire dans ce jeune homme : curieux de s'éclaircir, il le suivit sans affectation ; il le vit voler à la prison de la ville, frapper avec une vivacité singulière à la porte, et se précipiter dedans aussitôt qu'elle fut ouverte. Il l'entendit dire au geolier : «Voilà la somme pour laquelle mon père a été arrêté, je la dépose entre vos mains, conduisez-moi vers lui, que j'aie le plaisir de briser ses fers ! » L'officier s'arrête un moment, pour lui donner le temps d'arriver seul auprès de son père, et s'y rend ensuite après lui. Il voit ce jeune homme dans les bras d'un vieillard qu'il couvre de ses caresses et de ses larmes, à qui il apprend qu'il vient de vendre sa liberté pour lui procurer la sienne ; le prisonnier l'embrasse de nouveau. L'officier attendri s'avance :« Consolez-vous, dit-il au vieillard, je ne vous enlèverai point votre fils, je veux partager le mérite de son action ; il est libre ainsi que vous, et je ne regrette pas une somme dont il a fait un si bon usage. Voilà son engagement, et je le lui remets.» Le père et le fils tombèrent à ses pieds. Le dernier refuse la liberté qu'on lui rend ; il conjure le capitaine de lui permettre de le suivre ; son père n'a plus besoin de lui, il ne pourrait que lui être à charge. L'officier ne peut le refuser. Le jeune homme a servi le temps ordinaire ; il a toujours épargné sur sa paie quelques petits secours qu'il a fait passer à son père : et, lorsqu'il a eu le droit de demander son congé, il en a profité pour aller servir ce vieillard, qu'il nourrit actuellement du travail de ses mains.

<center>~~~~~~</center>

PETIT ÉVÉNEMENT QUI FAIT HONNEUR AU MAÎTRE ET A SES DISCIPLES.

Le fils de M. D**, rue des Fourreurs, à Paris, était pensionnaire chez M. Achard ; il lui prit envie de voyager, et pour y parvenir, il ne vit rien de mieux que de s'engager. On le fit partir pour la ville d'Eu, en Caux, où le régiment était en garnison ; mais, ayant appris que l'argent est le nerf de la guerre, et ne possédant pas un sou, il écrit à son père, qui, irrité contre lui, ne daigne pas lui faire réponse. Il s'adresse à ses anciens camarades, qu'il regrettait sans doute, et leur expose sa misère : leurs petits cœurs s'émeuvent, leurs têtes se montent ; ils se fouillent, mettent en commun tout ce qu'ils possèdent, et parviennent à former une somme de soixante livres : on en charge le plus âgé, qui ploie le trésor dans une papillote, l'insère dans une lettre, et se présente à la poste pour l'affranchir. Le commis s'aperçoit que la lettre contient de l'argent, la refuse, et demande trois livres pour le port de l'argent. L'écolier, pris au dépourvu, ne voulant point entamer les deniers publics, reprend la lettre, retourne chez M. Achard, vend ce qu'il a, se procure, par ce moyen violent, cinq petits écus, part à pied pour la ville d'Eu, et remet le dépôt aux mains de celui même auquel il était destiné. Ce départ inquiéta fort le père de l'enfant, surtout quand il apprit la commission qu'il avait acceptée. Mais il est revenu après avoir rempli des obligations qu'il regarde comme sacrées ; il a repris ses fonctions avec toute la modestie d'un cœur satisfait, et probablement convaincu de bonne heure qu'il est plus doux de donner que de recevoir.

ANECDOTE TOUCHANTE.

Un porteur d'eau du faubourg Saint-Germain allait de rue en rue criant sa marchandise : une fille au bas d'une allée l'arrête, lui demande sa voie d'eau, et lui dit qu'il faut la monter au cinquième étage ; « mais, ajouta-t-elle, je vous préviens que je ne puis en donner qu'un sou.—Un sou, dit celui-ci, pour monter à un cinquième ! en vérité, cela en vaut au moins deux.—J'en conviens, dit la fille d'un ton pénétré ; mais on ne peut donner que ce qu'on a, et je n'ai pas davantage.—Quoi ! vous n'avez pas davantage ? Hélas ! ça n'est que trop vrai.— Allons, allons, il n'importe; je vais vous la porter.» Il monte avec peine un escalier étroit, et, arrivé dans la chambre, il voit les quatre murailles pour meubles, un méchant grabat que couvrait une méchante paillasse, et quelques pots de grès à moitié cassés, dans lesquels il verse sa voie d'eau; en un mot, tout l'extérieur de la plus grande misère. « Vous êtes donc bien pauvre, ma chère amie?—Vous le voyez; souvent je suis sans pain : et croyez-vous que, si j'avais le moyen, j'eusse voulu marchander le prix de votre peine ? Tenez, voilà ce que je vous ai promis; je vous l'ai dit, c'est tout ce que j'ai.» Le porteur d'eau, tout ému, lui rend sa pièce, et lui-même fouillant dans sa poche, il en tire environ douze sous en petite monnaie. « Tenez, lui dit-il à son tour, voilà ce que j'ai gagné aujourd'hui; j'espère que Dieu m'en fera gagner d'autre.» Et il redescend satisfait.

L'ENFANT GATÉ.

Une dame d'esprit avait un fils, et craignait si fort de le rendre malade en le contredisant, qu'il était devenu un petit tyran, et entrait en fureur à la moindre résistance qu'on osait faire à ses volontés les plus bizarres. Le mari de cette dame, ses parens, ses amis, lui représentaient qu'elle perdait ce fils chéri : tout était inutile. Un jour qu'elle était dans sa chambre, elle entendit son fils qui pleurait dans la cour; il s'égratignait le visage de rage, parce qu'un domestique lui refusait une chose qu'il voulait. «Vous êtes bien impertinent, dit-elle à ce valet, de ne pas donner à cet enfant ce qu'il vous demande; obéissez-lui tout à l'heure.—Par ma foi, madame, répondit le valet, il pourrait crier jusqu'à demain qu'il ne l'aurait pas.» A ces mots, la dame devint furieuse, et prête à tomber en convulsions ; elle court, et passant dans une salle où était son mari avec quelques-uns de ses amis, elle le prie de la suivre, et de mettre dehors l'impudent qui lui résiste. Le mari, qui était aussi faible pour sa femme qu'elle l'était pour son fils, la suit en levant les épaules, et la compagnie se met à la fenêtre pour voir de quoi il était question.» Insolent, dit-il au valet, comment avez-vous la hardiesse de désobéir à madame en refusant à l'enfant ce qu'il vous demande?—En vérité, monsieur, madame n'a qu'à le lui donner elle-même. Il y a un quart d'heure qu'il a vu la lune dans un seau d'eau, et il veut que je la lui donne.» A ces paroles, la compagnie et le mari ne purent retenir de grands éclats de rire ; la dame elle-même, malgré sa colère, ne put s'empêcher de rire aussi, et fut si honteuse de cette scène qu'elle se corrigea, et parvint à faire un aimable enfant de ce petit maussade et volontaire. Bien des mères auraient besoin d'une pareille aventure.

TRAIT DE LA JEUNESSE DE TURENNE.

Le vicomte de Turenne était d'une complexion très-délicate dans son enfance, et sa constitution fut toujours faible jusqu'à l'âge de douze ans : ce qui fit dire à son père qu'il ne serait jamais en état de soutenir les travaux de la guerre. Le jeune héros, pour le forcer à penser différemment, prit, à l'âge de dix-huit ans, la résolution de passer une nuit sur le rempart de Sedan. Le chevalier de Vassignac, son gouverneur, après l'avoir long-temps cherché, le trouva sur l'affût d'un canon, où il s'était endormi. Il s'attacha beaucoup à la lecture de l'histoire, et surtout à celle des grands hommes qui s'étaient distingués par les vertus et les talens militaires. Il fut frappé du caractère d'Alexandre-le-Grand : le génie de ce conquérant plut au jeune vicomte, que son ambition aurait peut-être porté aux entreprises les plus éclatantes, s'il eût vécu dans ces temps où la valeur seule autorisait les hommes à troubler la paix de l'univers. Il prenait plaisir à lire Quinte-Curce, et à raconter aux autres les faits héroïques qu'il avait lus. Pendant ces récits, on voyait son geste s'animer, ses yeux étinceler; et alors son imagination échauffée forçait la difficulté naturelle qu'il avait à parler. Un officier s'avisa un jour de lui dire que l'histoire de Quinte-Curce n'était qu'un roman : le jeune prince en fut vivement piqué. La duchesse de Bouillon, pour se divertir, fit signe à l'officier de continuer à le contredire ; la dispute s'échauffa : le héros naissant se mit en colère, quitta brusquement la compagnie, et fit appeler secrètement l'officier en duel, qui accepta la proposition, pour amuser la duchesse de Bouillon, charmée de voir dans son fils des marques d'un courage précoce. Le lendemain, le vicomte sortit de la ville sous prétexte d'aller à la chasse, et, étant arrivé au lieu du rendez-vous, il trouva une table dressée. Comme il rêvait à ce que signifiait cet appareil, la duchesse de Bouillon parut avec l'officier, et dit à son fils qu'elle venait servir de second à celui contre qui il voulait se battre. Les chasseurs se rassemblèrent; on servit le déjeûner, la paix fut faite, et le duel se changea en une partie de chasse.

TRAIT QUI N'A PAS BESOIN D'ÉLOGES.

Une pauvre veuve de Poitiers avait un fils que la misère destinait, comme elle, à être domestique. Cet enfant profite d'un établissement où l'on enseigne gratuitement à la jeunesse un talent honnête et utile. Son émulation est récompensée par ses progrès : il mérite d'obtenir ensuite une place où il peut vivre gracieusement : s'il est sage, il a le moyen de devenir un citoyen recommandable ; mais, pour se rendre à sa destination, pour y paraître et s'y maintenir convenablement, selon sa situation actuelle, il a besoin d'un vêtement, de linge, et d'autres petits secours. Sa mère est hors d'état de les lui fournir. Un ancien domestique du voisinage, qui n'est ni le parent ni le parrain de cet enfant, mais qui connaît la pauvreté et l'honnêteté de la mère, et l'émulation du jeune homme, instruit de l'embarras de l'un et de l'autre, qui pouvait faire manquer la bonne fortune du dernier, si personne ne l'aidait sur-le-champ, porte à cette femme cinquante écus, et lui dit : Tenez, habillez votre fils ; qu'il parte, et recommandez-lui d'être bon sujet : il me rendra cette somme lorsqu'il pourra ; et s'il ne le peut pas, je la lui donne, pourvu qu'il vous soulage dans votre vieillesse.

LE JEUNE ÉLÈVE BIENFAISANT.

Un pauvre cultivateur des environs d'Amboise laissait, par sa mort, une femme dans la misère, et quatre enfans en bas âge. La femme tombe malade peu de temps après, et suit son époux au tombeau. La famille s'assemble et se partage les trois enfans les plus âgés ; mais personne ne veut se charger du quatrième, âgé de quatre mois. On députe un des parens pour aller consulter un ecclésiastique vertueux, qui, dans un château voisin, élevait deux jeunes seigneurs. L'ecclésiastique ne voit d'autre moyen que d'envoyer le pauvre orphelin à l'hôpital de Blois ou aux Enfans-Trouvés de Tours ; mais un de ses élèves, âgé d'environ douze ans, s'écrie : « Je me charge « de l'enfant ; allons le voir. » Son gouverneur lui représente, pour l'éprouver, que ses moyens ne pourront suffire à la dépense, et que d'ailleurs Monsieur son père est déjà accablé d'une multitude de pauvres. « Quoi ! mon maître, répondit-il avec « vivacité, ce laboureur qui vient vous consulter « avec la plus grande confiance, et qui peut à « peine faire vivre une mère infirme, trouve dans « sa misère des ressources pour se charger d'un « de ces malheureux orphelins ! et moi, fils d'un « père riche, je n'en trouverais pas assez pour « secourir ce petit enfant, encore plus infortuné ! « Je sacrifierai, avec la plus grande satisfaction, « tous mes menus plaisirs, et je demanderai à mon « bon papa une culture pour fournir aux besoins « du petit innocent. Partons pour rassurer au plus « vite sa famille. » On court aussitôt, on arrive à la cabane, on trouve l'enfant ; il tend ses petits bras vers son bienfaiteur, il le caresse : on eût dit que le Ciel le lui destinait. Le jeune homme l'embrasse avec transport, et dit aux plus proches parens : « N'ayez plus d'inquiétude sur cet en-« fant, je m'en charge, il est à moi. Cherchez « une bonne nourrice, le plus près du château ; « je veux être à portée de veiller à ses besoins. »

Depuis ce temps, il ne fut plus occupé, dans ses momens de loisir, que de son charmant enfant, qu'il appelait son fils; il entrait dans le détail de tout ce qui lui était nécessaire, et le lui fournissait avec cette joie pure et douce qui accompagne toujours la bienfaisance.

LE JEUNE HOMME CHARITABLE.

Un jeune homme, au retour de ses voyages, fut présenté à Paris dans une maison où il trouva un biribi établi : il ignorait ce que c'était que ce jeu ; on le lui explique, et on lui fait entendre qu'en plaçant telle mise qu'il voudra dans un des milieux du tableau, les banquiers lui doivent, en cas de gain, soixante-quatre fois ce qu'il a risqué. Il y place un louis, et il gagne ; il y remet la même somme une seconde et une troisième fois, et toujours il gagne : en sorte qu'il retira cent quatre-vingt-douze louis, dont il perdit peu de chose le reste de la soirée. Le lendemain, il raconta son aventure au marquis de C...., son père, qui lui demanda ce qu'il allait faire de cet argent. « Mon père, répondit le jeune homme, cet argent m'est bien inutile ; grâce à vos bontés, je ne manque de rien : mais, dans la rigueur affreuse de cette saison, combien n'y a-t-il pas de malheureux ! Je vais envoyer la moitié de cette somme au curé de....., pour le soulagement de ses pauvres ; et, si vous me le permettez, j'emploierai le reste à entretenir des feux dans votre cour et devant votre porte pour les indigens de notre voisinage. » L'heureux père y consentit, en embrassant son fils, qui exécuta ponctuellement ce vertueux projet, conçu à l'âge de vingt ans, et dans une ville où le sentiment du malheur d'autrui est si peu commun parmi les gens même les plus riches.

ANECDOTE RUSSE.

Le czar Iwan se déguisait quelquefois, afin d'apprendre, d'une manière certaine, ce que le peuple pensait de son gouvernement. Un jour qu'il se promenait seul aux environs de Moscou, il entra dans un village, et, feignant d'être excédé de fatigue, il y demanda l'hospitalité. Il avait des habits déchirés, tout en lui annonçait la misère; et, ce qui aurait dû exciter la compassion, et surtout engager à le recevoir, ne lui attira que des refus. Plein d'indignation de la dureté de ces méchans habitans, il allait quitter ce village, lorsqu'il s'aperçut qu'il y avait une maison à laquelle il ne s'était point adressé : c'était la chaumière la plus pauvre et la plus petite du village. L'empereur s'en approche, et frappe doucement à la porte : au même instant un paysan arrive, et demande à l'étranger ce qu'il désire. « Je meurs de lassitude et de faim, répond le czar, pouvez-vous me recueillir pour cette nuit?—Hélas! dit le paysan en le prenant par la main, vous serez bien mal, vous me trouvez dans un grand embarras. Ma femme est dans les douleurs de l'enfantement, ses cris vous empêcheront de prendre du repos; mais venez, du moins vous ne souffrirez pas du froid, et nous partagerons notre souper avec vous. » En achevant ces mots, le paysan fait entrer le czar dans une petite chambre remplie d'enfans; un même berceau en contenait deux qui dormaient profondément. Une petite fille de trois ans, couchée sur une natte auprès de ses frères, dormait aussi, tandis que ses deux sœurs aînées, l'une âgée de six ans, l'autre de sept, étaient à genoux et priaient Dieu, en pleurant, pour la délivrance de leur mère, qui occupait la chambre voisine, et dont on entendait distinctement les plaintes et les gémissemens.

« Restez ici, dit le paysan à l'empereur, je vais vous chercher à souper. » En disant ces mots, il sortit. Un instant après, il revint ; il apportait de l'hydromel, du pain noir et des œufs. « Voilà, dit-il, tout ce que nous avons ; soupez avec mes filles ; pour moi, je vais soigner ma femme.—La bonne action que vous faites en me recevant si bien, dit le czar, doit vous porter bonheur ; oui, je n'en doute pas, le Ciel récompensera votre charité.—Mon ami, reprit le paysan, priez Dieu que ma femme accouche heureusement ; c'est tout ce que j'ai à désirer...... —Vous vous trouvez donc heureux ?...—Heureux ! jugez-en ; j'ai cinq enfans qui viennent bien, une femme que j'aime, un père et une mère qui se portent bien ; et mon travail suffit pour faire subsister tout cela. —Et votre père et votre mère logent avec vous ?—Assurément ; ils sont là dedans avec ma femme. —Cette cabane est si petite! —Elle est assez grande, puisqu'elle peut nous contenir tous. » En achevant ces paroles, le paysan fut retrouver sa femme, qui accoucha heureusement une heure après. Le bon paysan, transporté de joie, apporta son enfant au czar : « Voilà, dit-il, le sixième qu'elle me donne ; Dieu me le conserve, ainsi que les autres ! Voyez, ajouta-t-il, comme il est gros et bien portant ! » Le czar prit l'enfant dans ses bras, et le regardant avec attendrissement : « Je me connais un peu en physionomie, dit-il ; celle de cet enfant est bien heureuse : je parierais qu'il fera une grande fortune. » Le paysan sourit. Dans ce moment, les deux petites filles s'approchèrent pour baiser le nouveau-né, que la vieille grand' mère vint reprendre. Les deux petites filles la suivirent, et le paysan, étendant à terre une natte de paille, invita l'étranger à s'y coucher avec lui ; au bout d'un moment, le paysan s'endormit du plus paisible sommeil. Une petite lampe répandait une faible lueur dans la chambre. Le czar, se soulevant, jeta ses regards autour de lui, et considéra avec intérêt le paysan et ses trois petits enfans endormis. Un silence profond régnait dans la chaumière. « Quelle tranquillité ! dit l'empereur, quel calme ! Homme simple et vertueux !.... comme il dort paisiblement sur cette natte ! Les remords, les soupçons, les projets ambitieux, ne troublent point son repos. Son sommeil est délicieux : c'est celui de l'innocence.... » De semblables réflexions occupèrent l'empereur toute la nuit. Aussitôt que parut le jour, le paysan s'éveilla, et le czar prenant congé de lui : « Je retourne à Moscou, dit-il ; j'y connais un homme bienfaisant, je vais lui parler de vous, et je suis sûr que je l'engagerai à servir de parrain à votre enfant nouveau-né : ainsi, promettez-moi de m'attendre pour la cérémonie du baptême ; je serai de retour ici dans trois heures au plus tard. Le paysan n'attacha pas un grand prix à cette promesse ; mais, par complaisance, il consentit à ce que l'étranger demandait. Après cette assurance, le czar partit sur-le-champ.

Cependant les trois heures s'écoulèrent, et le paysan, ne voyant point revenir l'inconnu, se disposa, suivi de sa famille, à porter son enfant à l'église; comme il allait sortir de sa maison, on entendit tout à coup un grand bruit de chevaux et de voitures. Le paysan met la tête à la fenêtre, et voit la rue pleine de cavaliers et de superbes carrosses; il reconnut les gardes de l'empereur. Aussitôt il invite sa famille à venir voir passer le czar : chacun sort en tumulte, et se place devant la porte de la chaumière. Plusieurs voitures défilent, et enfin celle du czar s'arrête vis-à-vis de la cabane du bon paysan. Dans ce moment, les gardes repoussent et font éloigner la foule des paysans attirés par l'espérance d'entrevoir leur souverain. On ouvre la porte du carrosse ; le czar descend : il aperçoit son hôte, et, s'avançant vers lui : «Je vous ai promis un parrain, lui dit-il, je viens remplir ma promesse. Donnez-moi votre enfant, et suivez-moi à l'église.» A ces mots, le paysan, immobile de surprise, regarde le czar avec un saisissement égal à sa joie. Il contemple d'un air stupide l'habit magnifique du czar, les pierreries éclatantes dont il est couvert, et le brillant cortége qui l'environne; au milieu de cet appareil pompeux, il ne peut reconnaître ce pauvre inconnu avec lequel il a passé une nuit sur une natte. L'empereur jouit un moment de son incertitude et de l'excès de son étonnement; ensuite, reprenant la parole : « Hier, lui dit-il, vous avez rempli les obligations qu'imposent la religion et l'humanité; aujourd'hui je viens m'acquitter du plus doux devoir d'un souverain, celui de récompenser la vertu. Je vous laisserai dans un état que vous honorez, et dont j'envie l'innocence et la tranquillité; mais je vous donnerai les biens qui vous manquent. Vous aurez de nombreux troupeaux, de beaux vergers, et une chaumière où vous pourrez, avec aisance, accorder l'hospitalité. Enfin je me charge à jamais de l'enfant que j'ai vu naître cette nuit ; car vous devez vous souvenir, ajouta le czar en souriant, que j'ai prédit qu'il ferait une grande fortune. » À ces mots, pour toute réponse, le paysan, pénétré de reconnaissance et baigné de larmes, fut chercher son enfant, et vint le poser aux pieds de son souverain. Le czar, attendri, prit l'enfant, le porta lui-même à l'église ; il le tint sur les fonts de baptême. Ensuite, ne voulant pas le priver du lait de sa mère, il le reporta dans sa cabane, en annonçant qu'il le reprendrait quand il serait sevré. Le czar tint fidèlement toutes ses promesses : il se chargea de l'éducation de l'enfant, qu'il éleva dans son palais, et dont il fit la fortune ; et il combla de bienfaits le bon paysan et sa vertueuse famille. (*Par madame de Genlis.*)

LA FORCE DU SENTIMENT.

CE n'est point ici un roman ; c'est un fait vrai, et je vais l'offrir dans toute sa simplicité. Un homme, nommé Jacques, exerçait une profession vile, s'il est quelque profession qui puisse humilier. Il avait une femme et quatre enfans ; son travail lui fournissait à peine de quoi procurer la subsistance à cette malheureuse famille : il goûtait cependant le vrai bonheur ; son cœur s'ouvrait à la joie quand il les voyait contens, et qu'ils chantaient avec lui. Il employait les jours et les nuits à son travail ingrat. On dirait que la fortune est un mauvais génie qui se plaît à persécuter les cœurs honnêtes, et à les déchirer, à les percer des traits les plus sensibles.

Jacques, malgré tous ses soins, ses veilles, son obstination à combattre son triste sort, se vit accablé de la plus affreuse misère : sa femme, ses enfans tombèrent dans le besoin ; ils gémirent, ils demandèrent du pain. Jacques pleura avec eux, il sentit l'horreur de leur situation ; il oubliait en quelque sorte que lui-même avait faim, pour se remplir des cris et de l'état horrible de sa famille. Il implora l'assistance de ses voisins ; il est inutile de dire que la plupart dédaignèrent même de le regarder. Qu'est-ce sur la terre qu'un malheureux ? Il demanda l'aumône avec larmes ; on ne l'écouta pas, et l'on ne vit point ses pleurs : ou si quelqu'un, à qui il arrivait par hasard d'avoir une légère émotion d'humanité, s'arrêtait pour lui donner du secours, c'était un si faible soulagement, que sa femme et ses enfans ne faisaient que reculer leur fin de très peu d'instans. Ce malheureux, au désespoir, court égaré dans les rues ; il rencontre un de ses camarades de la même profession, et à peu près aussi indigent que lui. Celui-ci est frappé de la douleur où il voit Jacques ; il lui en demande le sujet. « Je suis perdu, répond le pauvre homme ; ma femme, mes enfans, n'ont pas mangé depuis hier midi, et je ne sais où je vais... —Ils vont mourir ! lui dit l'autre, pénétré de sa situation : voilà deux sous, c'est tout ce que je possède. Si tu voulais gagner quelque argent, je t'enseignerais bien un moyen...—Je ferai tout, répond Jacques avec vivacité, hors ce qui est contre l'honneur et la religion....—Eh bien ! poursuit son camarade, va à tel endroit, chez telle personne ; elle apprend à saigner, et si tu peux te résoudre à te faire saigner, elle te donnera quelque argent. » Jacques vole chez la personne indiquée; on le saigne d'un bras, il est payé : il apprend la même chose dans un autre endroit; il y court, et se fait encore saigner de l'autre bras. Cet homme si respectable et si à plaindre, transporté de joie, achète du pain, retourne précipitamment chez lui, le partage entre sa femme et ses enfans. Ils le voient changer de couleur: il s'assied; le sang coule de ses bras. « Mon mari! mon père! qu'avez-vous? Vous vous êtes fait saigner?—Ma chère femme, mes chers enfans, leur dit-il avec un profond soupir, en les tenant embrassés étroitement, c'était... c'était pour vous donner du pain. » Alors ces infortunés l'inondent de leurs larmes, ils se pressent réciproquement contre leurs cœurs.... O hommes, quel spectacle !

Puisse ce trait de sensibilité réveiller l'humanité assoupie dans le fond des cœurs ! puisse-t-il être une voix qui crie aux oreilles endurcies de ces riches dénaturés, qui, tandis qu'ils se regorgent (je ne balance pas à me servir de cette vieille expression) des mets les plus abondans et les plus superflus, laissent leurs semblables, des hommes, des familles entières, mourir de faim! On ne présente point cette affreuse vérité. J'ai vu bien du monde, des cercles différens, des grands, des petits : depuis le premier jusqu'au dernier des états, j'ai tout examiné, j'ai tout parcouru; croiriez-vous qu'il ne m'est jamais arrivé d'entendre dire : « Si j'avais tant de bien, j'en mettrais tant à secourir les infortunés? » J'en ai vu beaucoup de ces êtres qu'on appelle seigneurs, se ruiner pour des filles déshonorées; beaucoup de financiers sans pudeur, s'avilir par un luxe insultant; beaucoup de gens occupés à établir leur fortune et à l'augmenter. Il faut espérer qu'avant de mourir je connaîtrai des cœurs bienfaisans, des Jacques : c'est sans doute le dernier des spectacles dont il me reste à jouir. Je doute, quelque touchant qu'il soit, qu'il m'attendrisse autant qu'il m'étonnera. (*Par M. Darnaud.*)

ANECDOTE

Arrivée à M. B. le 3 décembre dernier.

J'ÉTAIS sorti vers les dix heures du matin pour aller au Palais-Royal ; le boulevard était traversé. J'aperçois, en entrant dans la rue de la Michodière, un jeune enfant en uniforme bleu, et qui paraissait d'environ douze à treize ans, blond, petit, riant, les yeux doux, la physionomie ouverte ; il tirait de sa petite bourse un sou, qu'il donna, avec une grâce tout-à-fait sensible et touchante, à un pauvre aveugle assez ordinairement posté dans ce coin-là. Je m'arrête une minute ou deux pour contempler une des plus charmantes choses qu'il y ait sous le ciel : je veux dire une jeune physionomie animée par la bienveillance, et empreinte de cette demi-teinte de pudeur qui colore les joues mêmes de l'innocence, lorsqu'elle sent un plaisir bien vif ; celui que je goûtais dans ce moment ne le cédait guère au sien. Il remet sa *bourse rose* dans sa poche, et poursuit son chemin. Je l'accoste, et lui dis : « Mon petit ami, c'est bien fait à vous de secou-
« rir les malheureux ; mais, dites-moi, vous
« avez donc la *haute-paie,* pour être ainsi géné-
« reux, ou vous n'aimez pas les bonbons. —
« Monsieur, m'a-t-il dit en me regardant avec
« attention, j'ai une mère qui m'aime beaucoup :

« elle me donne toujours quelque chose en ca-
« chette; il est bien naturel d'en faire part aux
« pauvres, aux pauvres aveugles surtout; ils
« sont si à plaindre de ne pas voir le soleil! Je
« donne peu; si j'étais riche, je donnerais davan-
« tage. » Cela fut prononcé d'un ton si vrai, si
peu fastueux, que mon premier mouvement fut
l'admiration, et, presque sans y réfléchir, je tirai
de ma poche un écu, en lui disant avec émotion :
« Mon bon ami, vous êtes une créature parfaite.
« Faites-moi le plaisir de devenir mon aumônier
« aujourd'hui, et de distribuer cela sur votre
« route. » — Monsieur, m'a-t-il répondu avec
une honnêteté franche, et sans les simagrées de
la politesse du beau monde : « Je n'ai point l'hon-
« neur de vous connaître, et quand je vous con-
« naîtrais, je ne saurais accepter cet argent. Je
« n'en ai pas besoin, et il vous est aussi facile
« qu'à moi de le donner aux pauvres.... Je n'aime
« pas les bonbons, a-t-il ajouté en me souriant
« avec finesse. » J'ai soudain conçu une sorte de
respect pour la noble délicatesse de cet aimable
enfant. J'ai rougi, je l'avoue, d'en montrer moins
que lui, en lui offrant, pour récompenser son
humanité, une manière de salaire grossier et si
peu comparable au plaisir pur de sa belle âme.
« Au moins, lui ai-je dit au bout de la rue et
« vis-à-vis Saint-Roch, où je l'ai quitté à regret,
« au moins vous me direz votre nom.—Monsieur,
« je m'appelle *Lion;* mon père sert aussi, et
« pense comme moi. — Il demeure?... — A Ver-
« sailles. »

Autant qu'il m'a paru par les tavelles qui ba-
riolaient son uniforme, cet enfant est dans les
musiciens des gardes-françaises, et je crois qu'il

venait du dépôt qui se trouve à la Chaussée-d'Antin, vis-à-vis de l'hôtel de Montmorency. Puisse l'homme heureux qui possède un fils si bien né, voir un jour les fruits que promettent de telles fleurs, et verser aujourd'hui de douces larmes en lisant ce trait rare et délicieux ! (*Par M. Bérenger, censeur royal.*)

LES GRENADIERS FRANÇAIS,

Sujet d'un Tableau.

Un affreux incendie consuma plusieurs maisons de Nancy en 1766. Le fléau était d'autant plus rapide et plus terrible, qu'il attaquait des maisons du peuple, où l'indigence avait presque partout substitué le bois à la pierre ; un vent très-violent hâtait encore les progrès du désastre. Les flammes sortaient par les toits, toutes les poutres étaient embrasées ; plusieurs pignons déjà renversés dans les cendres annonçaient l'écroulement universel et prochain. Les pompes demeuraient inutiles, malgré leur activité ; et ni pompier, ni personne, n'osait se hasarder davantage sous ces murailles, où l'on n'avait plus qu'un tombeau à espérer.

Au milieu des cris du désespoir, des hurlemens de l'avarice, du désordre d'une populace effrayée, une femme attirait tous les yeux par le caractère auguste de sa douleur : c'était une mère.

La malheureuse, en larmes, voyait les tourbillons de feu s'avancer vers une chambre d'un quatrième étage, où la frayeur, le tumulte et la fatalité trompant sa tendresse, lui avaient fait abandonner dans leurs berceaux deux enfans qu'elle n'aimait que davantage pour n'avoir pas de pain à leur donner.

A genoux, les mains au ciel, la mort au cœur, les yeux fixés sur les flammes qui gagnent sans cesse et la brûlent sans la toucher, elle désigne l'endroit, invoque du secours, et n'excite qu'une pitié vaine, que la terreur et le danger glacent aussitôt. Le régiment du Roi, infanterie, était en garnison dans la ville. Deux grenadiers s'avancent; ils s'instruisent, de la mère même, des issues de la chambre où sont déposés ces infortunés. Instruits, c'est sur les poutres brûlantes qu'ils volent à une gloire aussi vraie, et peut-être plus douce que celle qui leur est déjà connue.

Soudain ils disparaissent dans les nuages de fumée qui s'élèvent ; à peine sont-ils entrés, que la moitié de la maison croule. La mère tombe, et croit tout perdu... Les mêmes braves paraissent, leurs vêtemens demi-brûlés, leurs cheveux roussis jusqu'aux racines, et tendant chacun un enfant à cette mère, qui s'éveille aux acclamations du peuple, au bruit de l'édifice qui s'abîme en entier, et à la vue de ses libérateurs.

P. S. Ce trait historique fournit un tableau sublime à mon gré, et mérite d'être immortalisé par les arts; ils n'étendront jamais vraiment leur sphère qu'en se consacrant à illustrer la vertu. Le moyen de multiplier les belles actions est de les publier. Le premier secret de la bonne politique, comme de la saine philosophie, est de faire concourir l'amour-propre au bien de l'humanité. Avec des statues et des échafauds, on peut tout faire; je me plais même à croire que dans l'état où les statues ne seront ni avilies par leurs modèles, ni refusées à ceux qui en sont dignes, les échafauds deviendront superflus.

LE LABOUREUR GÉNÉREUX,

Pendant du précédent Tableau.

JE viens de publier une belle action, dont deux Français sont les auteurs. L'amour patriotique a doublé mon plaisir; mais les belles actions sont de tous les pays. Les gens de bien ne font qu'une nation, et la vertu me rend cosmopolite. Transportons-nous en Italie pour voir une scène nouvelle, et non moins intéressante pour nous être étrangère. Ses accessoires fournissent encore à la peinture le plus beau champ pour déployer ses couleurs, et rendre un hommage nouveau à la générosité et au courage.

L'Adige était débordé à la fonte des neiges; ses flots grossis avaient emporté un des trois ponts qui le traversent dans Vérone: l'arche seule du milieu avait résisté au torrent. Sur cette arche était bâtie une maison, et dans cette maison était demeurée une famille entière, n'attendant plus que la mort. Un concours immense bordait le rivage; mais le danger devenant personnel pour quiconque eût tenté de porter du secours, personne ne s'empressait d'en donner. Cependant chaque vague entraîne avec elle un nouveau débris. L'arche isolée se décompose; chaque instant fait sentir à ces malheureux toutes les angoisses de la mort dans leurs gradations les plus multipliées.

Quel peintre ne voit pas ces victimes suspendues au-dessus des flots qui vont les engloutir? Là, une sœur baignant de larmes un frère qu'elle aime; ici, un vieillard arrachant ses cheveux blanchis; et, plus loin, la mère, déchirant de ses ongles le sein qui nourrit l'enfant que ses bras serrent encore. Que celui qui ne voit pas tous ces objets, se garde de peindre, et que celui qui les voit d'un œil sec, s'en garde encore plus.

Au milieu du tumulte, le comte de Spolverini s'avance, et propose une somme considérable à qui osera conduire un bateau pour recevoir ces infortunés. (Ce n'est point là une belle action, c'en est une bonne, et voilà tout.) L'offre est sans effet : la rapidité du fleuve, la crainte de se briser contre l'arche même, ou de périr sous des débris, glacent les courages; l'effroi fait taire l'avarice.

Un laboureur passe; la foule l'attire : instruit du danger, de l'objet et du prix, il est à l'eau. Les rames, agitées par ses bras nerveux, brisent les vagues; il est à l'arche. Une corde attachée à la triste demeure, semble une issue facile à ces êtres qui allaient mourir; tous se précipitent, et la pâleur de la mort quitte leurs visages, avant même que leur salut soit sûr.

Tous ces malheureux retrouvent bientôt des forces pour seconder à leur tour leur libérateur; la crainte du trépas leur ouvre un chemin à la vie. Le fleuve est vaincu, la barque est à bord, et des millions de cris se reproduisent jusqu'aux échos des Alpes. Alors le comte s'avance vers l'homme généreux dont les historiens qui nous ont transmis ce trait auraient dû se croire obligés de moins taire le nom que celui du comte. On offre l'argent à l'homme champêtre, il le refuse; il ne veut pas d'un salaire autant au-dessous du danger qu'il a couru, que le danger est au-dessous de la joie de son âme. Il refuse l'argent pour lui, et, avant de retourner à sa cabane, le voit, à sa demande, distribué à la famille pauvre dont il s'est fait le père.

Combien de fois ce bon homme, ouvrant, au point du jour, un sillon que le ciel dut féconder, ne s'est-il pas cru, à bon droit, riche de tout l'or qu'il n'avait pas !

LETTRE

Sur l'action de Joseph Chrétien, adressée par M. l'abbé Sabatier de Castres à M. Le Vavasseur, directeur des fourrages militaires.

Versailles, 1786.

Vous désirez, monsieur, de connaître, dans le plus grand détail, l'action vraiment héroïque de Joseph Chrétien, apprenti cordonnier de cette ville. Je vais vous satisfaire, et je le puis d'autant plus facilement, que c'est de plusieurs témoins, et de l'auteur lui-même, que j'en ai appris jusqu'aux moindres circonstances : elles en relèvent si fort le mérite, qu'il y a sujet d'être surpris qu'on ait négligé de les rendre publiques ; et véritablement je ne connais rien qui suppose un courage plus soutenu, ni qui honore davantage l'humanité. Vous allez en juger vous-même.

En face de l'orangerie du roi, en dehors et tout près de Versailles, est une pièce d'eau de 350 toises de long sur 120 de large. Le 27 décembre dernier, troisième fête de Noël, entre midi et une heure, Joseph Chrétien, âgé de dix-sept ans, jouait à la boule dans les environs, lorsqu'il entend dire que trois jeunes gens ont eu le malheur de s'enfoncer sous la glace, pres-

que au milieu du bassin, où ils avaient été attirés par l'appât d'un bâton qu'on venait d'y jeter
imprudemment. Il accourt, suivi de ses camarades, vers la rive, où il aperçoit beaucoup de
monde rassemblé. Il traverse la foule ; et, surpris
de ce que personne n'allait secourir les trois infortunés, il s'informe de leur âge. Ayant appris
que le plus grand n'avait que seize ans : *Puisque
je suis leur aîné*, dit-il, *je vais tenter de les
sauver*. Aussitôt il se met à genoux, adresse à Dieu
une courte prière, et le voilà sur la glace, en
veste et en sabots. A peine a-t-il fait la moitié
du chemin, que son pied gauche s'enfonce, et il
ne le retire qu'en y laissant le sabot, à son très-
grand regret ; ce petit accident l'intimide, mais
ne l'arrête pas. Arrivé au trou, il s'y plonge, en
faisant le signe de la croix. Près de saisir un des
trois malheureux, il se sent arrêté par le pied
droit, et vivement mordu au pied gauche, dont
les premiers doigts étaient à découvert. Il s'agite,
se débat de toute sa force ; et, parvenu à se dégager le pied droit, en abandonnant le sabot
qu'il avait conservé, il profite de la liberté de ce
pied pour dégager l'autre, en repoussant le visage de celui qui le mordait sans lâcher prise.
Délivré de ce danger, et ne pouvant retenir plus
long-temps sa respiration, il regagne l'ouverture,
et s'appuie sur la glace, presque sans connaissance. Je crois devoir vous faire observer, mon
cher ami, que la constitution de ce jeune homme
paraît plus délicate que robuste, ce qui vous
rappellera le vers de Virgile :

Ingentes animos angusto in pectore versant.

Cependant, ayant repris ses sens, et jugeant

que la glace ne pourrait porter deux personnes à la fois, il se met à la rompre, et parvient en peu de temps à s'ouvrir un passage jusqu'à la rive. Ses mains étaient tout en sang ; il souffrait aussi beaucoup du pied gauche : mais ni ses douleurs, ni le souvenir du danger qu'il a couru ne le rebutent. Il s'éloigne du bord en nageant, et replonge une seconde fois. En moins d'une minute on le voit reparaître avec un des infortunés qu'il a le bonheur d'amener à terre sain et sauf ; ce premier, âgé de quatorze ans, est celui qui, ne pouvant se servir de ses mains engourdies par le froid, l'avait saisi avec ses dents par les doigts du pied. Il replonge une troisième fois, et retire le plus jeune, âgé de onze ans. Encouragé par ce succès, il court chercher le troisième, âgé de seize ans, plus gros que lui, et le même qui s'était cramponné à son habit ; il le trouve au fond de l'eau, le saisit par les cheveux, le traîne, et ne découvrant pas assez vite l'ouverture, il s'efforce de percer la glace à coups de tête, mais inutilement. Déjà les spectateurs désespéraient de le revoir ; lui-même se croyait perdu, au moment qu'il aperçoit le passage, et s'y sauve avec sa proie. Il avait le derrière de la tête ensanglanté.

Le salut de ces trois citoyens fut l'ouvrage de trois quarts d'heure. Deux ont été plus ou moins malades pendant cinq ou six jours ; mais leur libérateur l'a été plus long-temps, faute de prudence et de secours.

Après avoir bu pour un sou d'eau-de-vie, que sa pauvreté l'obligea d'acheter à crédit, il rentra chez son bourgeois, où, en faveur de son zèle pour l'humanité, on lui fit le sacrifice d'un fagot, pour fondre les glaçons qui pendaient à ses cheveux. Je vous fais part de ces détails, monsieur et cher ami, parce que vous aimez à connaître l'homme dans son état naturel. Je ne vous cacherai donc pas que notre jeune héros ressortit, avant de changer de chemise, pour tâcher de se faire dédommager de la perte de son chapeau et de ses sabots restés dans la pièce d'eau. Il alla chez le père d'un des enfans qu'il avait arrachés à la mort, et qu'on lui avait dit être le moins pauvre; il en retira douze sous. Le premier usage qu'il fit de ce trésor, fut de courir payer l'eau-de-vie qui avait rendu la chaleur à son sang; mais la bonne marchande, instruite de l'aventure, refusa son argent. Rentré chez le maître cordonnier avec un violent mal de tête et avec la fièvre, il a été dix jours malade. Un chirurgien peu connu, mais habile et charitable, lui a donné ses soins et fourni une eau qui, en très-peu de temps, a guéri sa tête, son pied et ses mains; les blessures de celles-ci étaient si larges et si profondes, qu'il en conservera toute sa vie les honorables cicatrices.

Cependant le peuple, touché de la beauté de cette action, la raconte, et la nouvelle en arrive et meurt à l'oreille de quelques grands. Mais un d'entre eux, dont le séjour de la cour n'a point encore émoussé la sensibilité, transporté d'admiration, désire de voir un enfant si extraordinaire. Il le fait venir chez lui (c'était huit ou neuf jours après son rétablissement) : il le félicite sur son courage, l'examine d'un œil curieux, l'interroge avec intérêt; et, moins surpris que charmé de le trouver modeste, sensé, très-religieux, il lui donne un louis d'or, en le priant de n'en rien dire à personne. Il le présenta à madame la duchesse N***, sa mère, qui, le voyant mal vêtu, commande qu'on lui achète des souliers, des bas, une veste, une redingote et un chapeau : ce qui fut exécuté le jour même.

Il y a grande apparence que, sans cet estimable seigneur, le public aurait ignoré une action que le siècle même d'Hercule et de Thésée eût admirée. En effet, c'est par lui ou par ses soins que toute la cour en a été instruite ; et le roi, qui sent le prix des vertus sublimes, s'est empressé de récompenser *Joseph Chrétien*, non par une pension, comme on l'a dit dans quelques papiers, mais par un bienfait plus digne de la sagesse et du véritable héroïsme : on a frappé, par son ordre, comme vous l'avez vu dans la Gazette de France, une médaille d'or, pour conserver le souvenir de cet événement ; on l'a ornée d'une chaîne de même métal, et le ministre de sa maison en a décoré le jeune cordonnier, en l'attachant lui-même à la boutonnière de son habit.

Après cet honneur, préférable aux richesses qui corrompent, il a eu celui d'être présenté à la reine : S. M. l'a accueilli et lui a parlé avec une bonté qu'on ne peut comparer qu'à la noble sensibilité de son âme. Il y a lieu de croire que l'Académie française ne balancera pas à lui décerner le prix destiné à couronner la plus belle action de l'année. Je doute qu'on lui présente des concurrens plus dignes de son suffrage.

ANECDOTES
EXTRAITES D'OUVRAGES NOUVEAUX.

Extrait du livre intitulé *Marseille ancienne et moderne*, par M. Guys.

VERS la fin du dernier siècle, Nicolas Compian, s'étant embarqué sur un navire marseillais pour aller en Égypte, eut le malheur d'être pris et fait esclave par un corsaire de Tripoli, en Barbarie; arrivé dans cette ville, il fut vendu à un riche particulier. Il était accablé de sa situation; et, quoique traité avec douceur, il regrettait l'Égypte, où il devait trouver la fortune, et il pleurait amèrement au souvenir de sa patrie et de sa famille. Son maître, ayant essayé inutilement de le consoler, lui dit un jour : *Donne-moi ta parole d'honneur, et promets-moi de revenir, si je te permets d'aller à Marseille, d'aller revoir tes frères et d'arranger tes affaires domestiques ; que Dieu te conduise et te ramène en santé.*

Compian profita de la permission, partit et revint, comme un autre Régulus, après avoir passé quelques mois avec sa famille, se dérobant à ses embrassemens pour aller, fidèle à sa parole, reprendre sa chaîne et remplir son engagement.

En arrivant à Tripoli, il trouva son maître dans la plus grande douleur, et à la veille de perdre sa femme, dangereusement malade, qu'il aimait éperdument. *Chrétien*, lui dit-il en le voyant, *tu viens à propos et à mon secours ; tu sens mon affliction : Dieu t'envoie : prie, prie ton Dieu pour ma femme et pour moi ; car les prières de l'homme de bien doivent le toucher.*

7*

A ces mots, Compian tombant à genoux, et prosterné à côté du bon musulman, pria, comme le fils de Tobie la première nuit de son mariage, à côté de la jeune femme. Les vœux de ces âmes honnêtes furent exaucés : le mal ne fit plus de progrès et diminua chaque jour. La convalescence commença bientôt, la santé la plus désirée revint, et la joie rentra dans cette maison long-temps affligée. Le maître, reconnaissant, ne voulut plus voir autour de lui que des heureux. Il appela son esclave, et lui dit : *Écoute-moi, chrétien, tu ne dois plus t'affliger pour moi, ni pour toi-même. Je voudrais te retenir, passer ma vie avec toi, et te donner ma fille en mariage ; mais ta religion et la mienne s'y opposent. Il faut obéir à la loi, malgré le vœu de mon cœur. Écoute, te dis-je, laisse-moi achever, et ne m'interromps pas par des remercîmens que je ne mérite pas encore et que je voudrais mériter. Il me reste un bien à te donner gratuitement ; c'est la liberté. Ce n'est pas assez pour moi : j'ai fait charger un vaisseau de blé, ce blé t'appartient, je te l'ai destiné ; embarque-toi : puisque Dieu veut que tu me quittes, ne va pas les mains vides rejoindre tes parens : soyez tous mes amis, comme je suis le tien....* Le lecteur, poursuit M. Guys, doit imaginer les adieux et le reste de cette scène touchante.... Ce fait est attesté par les fils de feu M. Compian, et par d'autres qui en avaient entendu de lui-même le récit ; ils ajoutent que M. Compian a conservé des relations avec son digne ami de Tripoli jusqu'à la mort de celui-ci.

Extrait des *Soirées Provençales*, par M. Bérenger.

Il s'agit des adieux au moment du départ. « Combien, dit l'auteur, j'ai vu de femmes aimables et sensibles conduire au carrosse leurs époux ou leurs fils, attendre, en soupirant, le moment du départ, les embrasser en sanglotant, s'en séparer, ou plutôt s'en arracher avec de douloureux efforts; tandis que les cochers, auprès d'elles, jurent, pressent, font claquer leur fouet, et que les chevaux impatiens, frappant du pied, font retentir les cours de leurs hennissemens aigus ! J'ai vu, l'année dernière, un respectable père de famille, dans un silence plus expressif que tous les cris des femmes, baiser son fils, son fils unique et adoré, et, le cœur navré d'amertume, lui balbutier quelques sages avis ; me le recommander avec la franchise et la confiance d'un honnête homme, en me serrant la main, comme si j'avais été son meilleur ami (moi qui ne le connaissais pas). L'enfant monta dans la voiture; j'étais dedans, je lui tendis la main; il entre. La voiture part; le père nous suit en courant, appelle son fils, lui présente avec transport et regret la pomme de sa canne : le fils y touche et la baise; et soudain le père, la retirant à lui, la baise aussi. Oh ! mais avec quelle différence d'expression ! C'est assez de l'avoir vu pour le sentir; mais ce n'est pas assez de le sentir pour le rendre. Voilà de ces traits éloquens qui peignent l'énergie de la nature et la bonté du naturel. Pour moi, mon cœur se gonfla, et mes yeux se remplirent de larmes. J'admirai ce trait, et je n'y ai jamais songé depuis sans la plus vive émotion. »

Extrait des *Lunes du Cousin Jacques*.

Un enfant de treize ans vient de faire un trait qui mérite d'être publié. Sa mère exigeait du précepteur qu'il lui apprît les mathématiques. Celui-ci, homme très-instruit d'ailleurs, n'était pas mathématicien, mais, en revanche, il apprenait la musique à l'enfant : et ce talent, qui partout se paie séparément, était compté pour rien. M. l'abbé, grec, français, latiniste, homme de lettres et musicien, avait en tout huit cents francs d'honoraires : c'est acheter les talens à bon marché; mais voilà comme on les achète à Paris. La mère du jeune homme exigeait toujours qu'il sût, en outre, les mathématiques; et M. l'abbé, pour entrer dans ses vues, se vit obligé de payer de sa bourse un maître de mathématiques auquel il donnait cent écus : c'était une furieuse brèche aux honoraires; n'importe, il les donnait, et bien comptés. L'enfant, qui croyait que son maître de mathématiques était soldé séparément, apprend, par je ne sais quel hasard, que son cher précepteur se privait d'une bonne partie de son revenu. Que fait-il ? il a pour ses menus plaisirs un louis par mois; il n'en réserve pas un sou : sans rien dire de son projet, il parvient à faire faire une clef pareille à celle du secrétaire de son maître, et tous les mois il portait un louis d'or dans le tiroir à l'argent, et le refermait exactement. M. l'abbé, qui croyait avoir seul la clef de son petit trésor, et qui trouvait toujours la même somme, quoiqu'il en ôtât un louis d'or tous les mois, ne savait à quoi attribuer ce prodige. Enfin, un jour il se cache et guette l'enfant; il le surprend et l'arrête au moment où il confiait encore ses menus plaisirs au

secret dépositaire de sa générosité. « Que faites-
« vous là ? lui dit le maître d'une voix tremblante,
« qu'éteignaient presque l'admiration et l'étonne-
« ment.—Ah ! mon cher maître, s'écrie le ver-
« tueux élève en tombant à ses pieds, me par-
« donnerez-vous ma témérité ? Acceptez, je vous
« en conjure, cette légère marque de ma recon-
« naissance ; c'est un bien faible dédommagement
« des peines que vous vous donnez pour moi : la
« musique n'est qu'un art agréable; vous me l'en-
« seignez, ce sont là mes menus plaisirs ; tout
« mon regret, c'est de ne pouvoir faire davan-
« tage ; mais ma docilité et mon zèle répareront
« l'insuffisance de vos honoraires. » Le précepteur, confondu, atterré, voulait insister. « Je ne
« me relève pas, lui dit l'enfant, que vous ne
« m'ayez promis deux choses.—Eh quoi ? bégaya
« le maître qui fondait en larmes.—C'est de me
« laisser toujours cette double clef, et de garder
« là-dessus un secret inviolable. »

Il n'est pas malaisé d'augurer ce que sera un
jour ce charmant jeune homme.

Extrait du *Nouveau Voyage sentimental*,
par M. Vernes.

Que le récit qu'on va lire est intéressant ! il fait
voir combien il est de malheureux dans une ville
où tant de gens nagent dans l'opulence, et que
les bienfaiteurs de l'humanité ne peuvent pas secourir tous ceux qui souffrent.—« J'aperçus qu'à
quelques pas de moi une foule environnait un
malheureux qui s'était évanoui contre une borne;
des crochets sur ses épaules annonçaient son état.
Les gens du peuple s'arrêtaient et regardaient,
les gens comme il faut regardaient et ne s'arrê-

taient pas; personne ne le secourait. Au moment où il fixait mon attention, je vis arriver un vieillard tout-à-fait caduc, couvert d'une redingote en lambeaux, portant sous son bras une laitue, et à sa main de l'huile et du vinaigre dans deux petites bouteilles à moitié cassées. Il s'approcha de l'homme évanoui, et se baissant par degrés à l'aide du mur, il s'accroupit auprès de lui; puis, versant son vinaigre dans le creux de sa main, il le lui fit respirer. Le malheureux ouvrit les yeux. Le vieillard lui prit la main, et lui demanda d'un air compatissant ce qu'il avait. Si ce respectable vieillard n'avait pas eu l'air si misérable, je lui aurais laissé le soin de l'homme qu'il venait de rappeler à la vie, mais ils paraissaient aussi pauvres l'un que l'autre. Je descendis de voiture, et perçai le cercle des curieux qui regardaient cet homme sans l'admirer, comme ils avaient regardé l'autre sans le secourir. « Vous êtes bien bon, monsieur, de vous déranger. Ne voyez-vous pas que c'est un homme soûl? — Qu'importe? en souffre-t-il moins? Vous auriez mieux fait d'imiter.....—Oui, un autre ivrogne, qui sera au premier jour dans le même cas. — Eh bien! il faudra le plaindre ce jour-là; aujourd'hui il faut l'admirer. »

En attendant, j'avais tâté le pouls. Je ne pus m'empêcher de lancer un regard d'indignation sur le discoureur qui avait voulu intercepter ma démarche, quand je m'aperçus que l'évanouissement avait l'inanition pour cause. Dès que je l'eus annoncé, il s'éleva des huées qui chassèrent le discoureur, et ce fut à qui me seconderait. Il est vrai que je descendais de voiture, et que j'avais un laquais. Combien ils sont coupables les riches qui détournent leurs regards des infortunés, si les besoins du luxe arrêtent les effets de leur compassion! Qu'ils en montrent seulement, ils décideront celle de ces milliers d'hommes-machines qui n'attendent qu'une impulsion. Un verre de bon vin que j'envoyai chercher, mit l'homme en état d'arriver jusque chez un traiteur voisin, à qui je prescrivis et payai ce qu'il fallait lui donner: j'ajoutai, pour lui et le respectable vieillard. Dieu! combien il faut peu de chose!.... et ce peu de chose, le riche ne le donne pas! Cet infortuné était porte-faix; il avait une femme malade et des enfans en bas âge, et il y avait deux jours qu'il n'avait été employé..... La populace me combla de bénédictions; et elle avait vu sans émotion ce vieillard qui méritait bien plus que moi! Que pouvais-je donner qui valût son verre de vinaigre!

Le lieu de la scène de l'historiette suivante, par le même auteur, est le pays de Vaud; le sujet est une course faite de Morges à Yverdun pour un bal.

Chemin faisant, je m'approchai d'un homme dont les habits, autant que le jour naissant me permettait de le voir, portaient l'enseigne de la misère, enseigne dont tant d'hommes détournent les yeux, parce qu'elle leur donnerait la tentation d'une bonne œuvre, et que tant d'hommes méprisent, parce qu'ils ne savent pas voir le mérite que souvent elle cache.

La figure de cet homme, ainsi que celle d'un mouton qui le suivait, me prévint en sa faveur. « Ne venez-vous pas de Morges, mon ami? — Oui, monsieur: j'étais boucher dans cette ville. —Quelle raison vous en a fait sortir?—Hélas!

monsieur, ce mouton !... » Ce début piqua ma curiosité : je le pressai de me dire son histoire ; ce qu'il fit de la manière suivante.

« Je suis né de parens pauvres : on m'obligea d'embrasser la profession de boucher, à laquelle je répugnais fort ; mais de six enfans que nous étions dans la famille, aucun n'avait désobéi aux ordres de mon père, je ne voulus pas être le premier. Tant que mon père vécut, je fis assidument mon devoir ; je l'eusse toujours rempli de même, si mon maître n'eût trop exigé de moi. Dans le troupeau que je gardais, je m'étais attaché à un mouton ; il m'aimait aussi. (Dans cet endroit de sa narration, il donna sur le dos de l'animal qu'il conduisait deux petits coups qui me disaient : C'est lui. La bonne bête leva bénignement la tête vers son maître, et lui lécha les mains d'un air qui répondait : C'est moi.) Il me suivait partout, il me tenait lieu d'amis, de parens ; je lui donnais la moitié de mon pain, et je croyais l'avoir mangé ; il était si bon, le pauvre animal, que vous n'auriez pu vous empêcher de lui donner la moitié du vôtre. Aussi, quand il fallait conduire une bête à la tuerie, n'était-ce jamais lui que je prenais. Peu à peu le troupeau s'épuisa ; et, malgré mes prières, mon maître voulut me forcer à égorger mon mouton. En vain tentai-je d'obéir ; quand j'avançais le couteau, le pauvre animal me regardait d'un air !... Il semblait me faire des reproches, puis il me léchait ; des larmes m'en venaient aux yeux, et le couteau me tombait de la main.

« Enfin je dis à mon maître qu'on m'égorgerait plutôt moi-même que de me porter à cet assassinat. Ces mots l'irritèrent : il me traita de gueux, de misérable ; je le traitai d'homme dur, sans miséricorde... Je faisais peut-être mal, mais c'était par amitié pour ma pauvre bête. Mon maître me donna mon congé. J'avais gagné quelque argent, j'en eus assez pour acheter mon mouton. Je suis bien pauvre, ajouta-t-il en le caressant, mais je ne te le reproche pas. »

LE FORGERON.

Monsieur de Crémy, passant vers minuit devant l'atelier d'un pauvre forgeron, entendit les coups redoublés de son marteau. Il voulut savoir ce qui le retenait si tard à l'ouvrage, et s'il ne pouvait gagner sa vie du labeur de sa journée, sans la prolonger si avant dans la nuit.

« Ce n'est pas pour moi que je travaille, répondit le forgeron ; c'est pour un de mes voisins qui a eu le malheur d'être incendié. Je me lève deux heures plus tôt, et je me couche deux heures plus tard tous les jours, afin de donner à ce pauvre malheureux de faibles marques de mon attachement. Si je possédais quelque chose, je le partagerais avec lui ; mais je n'ai que mon enclume, et je ne puis pas la vendre, car c'est elle qui me fait vivre. En la frappant chaque jour quatre heures de plus qu'à l'ordinaire, cela fait par semaine la valeur de deux journées dont je puis céder le produit. Dieu merci ! la besogne ne manque pas dans cette saison, et quand on a des bras, il faut bien les faire servir à secourir son prochain.

« — Voilà qui est fort généreux de votre part, mon enfant, lui dit M. de Crémy ; car, selon toute apparence, votre voisin ne pourra jamais vous rendre ce que vous lui donnez.

« —Hélas ! monsieur, je le crains pour lui plus que pour moi ; mais je suis bien sûr qu'il en ferait autant si j'étais à sa place. »

M. de Crémy ne voulut pas long-temps le détourner de ses occupations, et lui ayant souhaité une bonne nuit, il le quitta.

Le lendemain, ayant tiré de ses épargnes une somme de six cents livres, il la porta chez le forgeron, dont il voulait récompenser la bienfaisance, afin qu'il pût tirer son fer de la première main, entreprendre de plus grands ouvrages. et mettre ainsi en réserve quelques deniers du fruit de son travail pour les jours de sa vieillesse.

Mais quelle fut sa surprise, lorsque le forgeron lui dit : « Reprenez votre argent, monsieur, je n'en ai pas besoin, puisque je ne l'ai pas gagné. Je suis en état d'acheter le fer que j'emploie, et, s'il m'en faut davantage, le marchand me le donnera bien sur mon billet. Ce serait, de ma part, une grande ingratitude de vouloir le priver du gain qu'il doit faire sur sa marchandise, lorsqu'il n'a pas craint de m'en avancer pour cent écus dans le temps où je ne possédais que l'habit que j'ai sur mon corps. Vous avez un meilleur usage à faire de cette somme, en la prêtant sans intérêt au pauvre incendié ; il pourra par ce moyen rétablir ses affaires, et moi, je pourrai dormir alors tout mon soûl. »

M. de Crémy n'ayant pu, malgré les plus vives instances, le faire revenir de son refus, suivit le conseil qu'il lui avait donné, et il eut le plaisir de faire le bonheur d'une personne de plus que dans le premier projet de son cœur généreux.

DIALOGUE

Entre un Laboureur et un Monsieur de la ville.

« Dieu vous garde, bonhomme ! vous voilà bien gai dans votre labour ! — Eh ! monsieur, comme de coutume. — J'en suis bien aise, cela prouve que vous êtes content de votre état. — Jusqu'à présent j'ai lieu de l'être. — Êtes-vous marié ? — Oui, grâce au Ciel. — Avez-vous des enfans ? — J'en avais cinq, j'en ai perdu un ; mais ce malheur peut se réparer. — Votre femme est-elle jeune ? — Elle a 25 ans. — Est-elle jolie ? — Elle l'est pour moi ; mais elle est mieux que jolie : elle est bonne. — Et vous l'aimez ? — Si je l'aime ! et qui ne l'aimerait pas ? — Elle vous aime aussi sans doute ? — Oh ! pour cela de tout son cœur, et comme avant le mariage. — Vous vous aimiez donc avant le mariage ? — Sans cela nous serions-nous pris ? — Et vos enfans viennent-ils bien ? — Ah ! c'est un plaisir : l'aîné n'a que cinq ans, il a déjà plus d'esprit que son père ; et mes deux filles ! c'est cela qui est charmant ! Il y aura bien du malheur si celles-là manquent de maris. Le dernier tette encore, mais le petit compère sera robuste et vigoureux : croiriez-vous bien qu'il bat ses sœurs quand elles veulent baiser leur mère ? Il a toujours peur qu'on ne vienne le détacher du téton. — Tout cela est donc bien heureux ? — Heureux ! je le crois. Il faut voir la joie quand je reviens du labourage. On dirait qu'ils ne m'ont vu d'un an : je ne sais auquel entendre. Ma femme est à mon cou, mes filles dans mes bras, mon aîné me saisit les jambes ; il n'y a pas jusqu'au petit Jeannot, qui, se roulant sur le lit de sa mère, ne me tende ses petites mains; et moi je ris et je pleure, et je les baise; car tout cela m'attendrit. — Je le crois. — Vous devez le sentir, car sans doute, monsieur, vous êtes père? — Je n'ai pas ce bonheur, mon ami. — Tant pis, il n'y a que cela de bon. — Et comment vivez-vous? —Fort bien; d'excellent pain, de bon laitage, et des fruits de notre verger. Ma femme, avec un peu de lard, fait une soupe aux choux dont le roi mangerait. Nous avons encore les œufs de nos poules; et le dimanche nous nous régalons, et nous buvons un petit coup de vin. — Oui, mais quand l'année est mauvaise? — On s'y est attendu, et l'on vit doucement de ce qu'on a épargné dans la bonne. — Il y a encore la rigueur du temps, le froid, la pluie, les chaleurs que vous avez à soutenir. —On s'y accoutume, et si vous saviez quel plaisir on a de venir le soir respirer le frais après un jour d'été, ou l'hiver se dégourdir les mains au feu d'une bonne bourrée, entre sa femme et ses enfans! et puis on soupe de bon appétit, et on se couche. Et croyez-vous qu'on se souvienne du mauvais temps?... Quelquefois ma femme me dit : Mon bon homme, entends-tu le vent et l'orage? ah! si tu étais dans les champs! —Je n'y suis pas, je suis avec toi, lui dis-je; et, pour l'en assurer, je la presse contre mon sein... Allez, monsieur, il y a bien du beau monde qui ne vit pas aussi content que nous.... — Et les impôts? — Nous les payons gaîment; il le faut bien, tout le pays ne peut pas être noble. Celui qui nous gouverne et celui qui nous juge ne peuvent pas venir labourer; ils font notre besogne, nous faisons la leur, et chaque état, comme on dit, a ses peines. (Quelle équité! dit *Alceste:* voilà, en deux mots, toute l'économie de la société primitive. O nature! il n'y a que toi de juste; c'est dans ton inculte simplicité qu'on trouve la raison.) — Mais, en payant si bien le tribut, ne donnez-vous pas lieu de vous charger encore? — Nous en avions peur autrefois; mais, Dieu merci! le seigneur du lieu nous a ôté cette inquiétude. Il fait l'office de notre bon roi; il impose, il reçoit lui-même; et, au besoin, il fait les avances. Il nous ménage comme ses enfans. — Et quel est-il, ce galant homme? — Le vicomte de Laval. Il est assez connu, tout le pays le considère. — Réside-t-il dans son château? — Il y passe huit mois de l'année. — Et le reste? — À Paris, je crois. — Voit-il du monde? — Les bourgeois de Bruyères; quelquefois aussi nos vieillards, qui vont manger sa soupe et causer avec lui. — Et de Paris, n'amène-t-il personne? — Personne que sa fille. — Il a bien raison. Et à quoi s'occupe-t-il? — A nous juger, à nous accorder, à marier nos enfans, à maintenir la paix dans les familles, à les aider quand les temps sont mauvais. — Je veux, dit Alceste, aller voir son village; cela doit être intéressant. »

Il fut surpris de trouver les chemins, même les chemins de traverse, bordés de haies et tenus avec soin; mais ayant rencontré des gens occupés à les aplanir : « Ah! dit-il, voilà les corvées! — Les corvées? reprit un vieillard qui présidait à ces travaux, on ne les connaît point ici : ces gens-là sont payés; l'on ne contraint personne. Seulement, s'il vient au village un vagabond, un fainéant, on me l'envoie, et s'il veut du pain, il en gagne, ou il en va chercher ailleurs. — Et qui a établi cette heureuse police?—Notre bon seigneur, notre père à tous. —Et les fonds de cette dépense, qui les fait?— La communauté; et comme elle s'impose elle-même, il n'arrive pas, ce qu'on voit ailleurs, que le riche s'exempte de la charge du pauvre. »

Alceste redoubla d'estime pour l'homme sage et bienfaisant qui gouvernait ce petit peuple. «Qu'un roi serait puissant, disait-il, et qu'un état serait heureux, si tous les grands propriétaires suivaient l'exemple de celui-ci! Mais Paris absorbe et les biens et les hommes : il dépouille, il envahit tout. »

L'ARTISAN BIENFAITEUR.

La comtesse de*** essuyait, de la part de son beau-frère, un procès qui vint à la priver des objets de première nécessité; elle supportait l'indigence avec un courage héroïque. Son cordonnier vient lui demander de l'argent : n'en recevant point, il témoigne un peu d'humeur. « Je vous dois, mon ami, et je brûle de vous payer : croyez que je sens tous les désagrémens attachés au personnage de débiteur; j'attends incessamment une somme, et vous serez le premier satisfait, soyez-en assuré. »

On était dans la saison de l'hiver, l'artisan tournait continuellement ses yeux vers un foyer privé de feu : ce spectacle paraît l'occuper, il bégaie entre ses dents : « Madame la comtesse, vous n'avez donc pas froid?—Je ne le dissimulerai pas, mon ami, j'ai un très-grand froid; mais je ne me chauffe point, faute de bois.» Le cordonnier ressentait une émotion qu'il se gardait bien de faire paraître, dans la crainte de blesser le respect dû à la comtesse : il se retire tout pensif et comme rempli de quelque projet.

Le lendemain, la comtesse entend deux charrettes s'arrêter à sa porte : elle demande ce que cela peut être. « Madame, lui répond une servante, ce sont deux voies de bois pour vous. » La dame étonnée fait appeler les conducteurs de ces voitures, refuse ce bois, leur dit qu'ils se trompent. Un des charretiers va trouver l'artisan, l'emmène avec lui : le pauvre homme était interdit : « Je vous demande pardon, madame, si j'ai pris cette liberté : ce n'est pas assurément pour vous offenser. J'ai été si touché de voir une grande dame comme vous dans une telle situation, que j'ai osé lui envoyer ce faible témoignage.... Je voudrais faire plus, madame, c'est en vérité tout ce que j'ai pu. Vous me paierez ce bois quand votre argent vous sera rentré. Je vous en conjure, daignez accepter ce petit service ; quoique pauvre artisan, *j'ai du cœur*, et votre état m'a pénétré. »

Ce digne homme versait des larmes ; la comtesse elle même est prête à en répandre. « Oui, mon ami, je reçois volontiers votre bienfait, car c'en est un : incessamment je vous le paierai ; je me réserverai le plaisir de vous donner des preuves de ma reconnaissance. »

Quelque temps après, la comtesse, dont le gain de son procès avait relevé la fortune, envoie au cordonnier un valet de chambre avec cette lettre : « Je n'en rougis pas, mon ami, et je veux que tout le monde le sache : nulle de mes sociétés n'avait daigné s'apercevoir que j'étais sans feu dans une saison où l'on ne saurait s'en passer, et vous y avez fait attention; vous avez soulagé ma peine, j'en serai toute ma vie très-reconnaissante. En attendant que je puisse faire mieux, mon valet-de-chambre est chargé de vous payer les deux voies de bois. Venez me voir, je chercherai à vous être utile, à vous et à votre famille. »

La comtesse avait eu même la noblesse de signer sa lettre. Le valet-de-chambre remet trois cents louis au cordonnier. » Comment, monsieur, vous vous trompez; c'est environ deux louis que madame la comtesse me doit. — Madame la comtesse, reprit le valet-de-chambre en souriant, ne donne pas moins pour deux voies de bois.» L'artisan attendri vole à l'hôtel : la comtesse était entourée d'un cercle brillant et nombreux; elle présente son bienfaiteur à sa société, et elle raconte avec une sensibilité également honorable pour son cœur et pour son esprit, le service que lui avait rendu le cordonnier.

BELLE VENGEANCE D'UN JEUNE SOLDAT.

Pendant le siége de Namur, que les puissances alliées contre la France firent au commencement de ce siècle, on connut dans le régiment du colonel Hamilton un bas-officier qu'on appelait *Union* et un simple soldat nommé *Valentin*. Ces deux hommes étaient rivaux, et des querelles particulières que leur amour avait fait naître, les rendirent ennemis irréconciliables. *Union,* qui se trouvait l'officier de *Valentin,* saisissait toutes les occasions possibles de le tourmenter et de faire éclater son ressentiment : le soldat souffrait tout sans résistance ; mais il disait quelquefois qu'il donnerait sa vie pour être vengé de ce tyran. Plusieurs mois s'étaient passés dans cet état, lorsqu'un jour ils furent commandés l'un et l'autre pour l'attaque du château ; les Français firent une sortie, où l'officier *Union* reçut un coup de feu dans la cuisse. Il tomba ; et, comme les Français pressaient de toutes parts les troupes alliées, il s'attendait à être foulé aux pieds. Dans ce moment, il eut recours à son ennemi : « Ah ! *Valentin*, s'écria-t-il, peux-tu m'abandonner ? » *Valentin*, à sa voix, court précipitamment à lui ; et au milieu du feu des Français, il mit l'officier sur ses épaules, et l'enleva courageusement, à travers les dangers, jusqu'à la hauteur de l'abbaye de Salsire : dans cet endroit, un boulet de canon le tua lui-même sans toucher à l'officier. *Valentin* tomba sous le corps de son ennemi qu'il venait de sauver ; celui-ci, oubliant alors sa blessure, se releva en s'arrachant les cheveux ; et, se rejetant aussitôt sur ce corps défiguré : « Ah ! *Valentin*, » s'écria-t-il, en rompant un silence mille fois plus touchant que les larmes les plus abondantes ; « *Valentin*, est-ce pour moi que tu « meurs, pour moi qui te traitais avec tant de bar- « barie ? Je ne pourrai pas te survivre, je ne le « veux pas... non. » Il fut impossible de séparer *Union* du cadavre sanglant de *Valentin*, malgré les efforts qu'on fit pour l'en arracher. Enfin, on l'enleva, tenant toujours embrassé le corps de son bienfaiteur ; et, pendant qu'on les portait ainsi l'un et l'autre dans les rangs, tous leurs camarades, qui connaissaient leur inimitié, pleuraient à la fois de douleur et d'admiration. Lorsque *Union* fut ramené dans sa tente, on pansa de force la blessure qu'il avait reçue ; mais, le jour suivant, ce malheureux, appelant toujours *Valentin*, mourut accablé de regrets.

NOBLE ET TOUCHANT PROCÉDÉ D'UNE FEMME DE CHAMBRE.

UNE personne considérable ayant éprouvé le plus grand revers dans sa fortune, s'ouvrit à sa femme sur la pénible situation où ils allaient se trouver. « Madame, » lui dit-il avec ce courage que laisse un malheur qu'on n'a point mérité, « je viens « de me défaire de tout ce que nous permettait « l'aisance que nous avons perdue ; notre domes- « tique doit se réduire désormais à deux personnes, « une cuisinière et un valet : vous avez une femme à « laquelle vous êtes attachée ; pardonnez si je vous « en demande le sacrifice, il me paraît nécessaire. » Quelque douloureuse que cette nécessité fût pour madame la comtesse de.... elle s'y résigna, et proposa à sa femme de chambre leur séparation. « Madame, lui dit cette fille, vous savez que j'ai « quelque adresse ; il est impossible, en restant « auprès de vous, que mes petits talens n'équiva- « lent pas aux frais de ma subsistance, et je me « borne à ce seul prix de mon dévouement à votre « service. » Des larmes coulèrent de part et d'autre, et monsieur le comte de.... fut instruit de ce qui venait de se passer. Un moment après, on lui dit qu'il est servi ; il vient dans la salle à manger, et, ne voyant que deux couverts, il ordonne qu'on en mette un troisième. « Attendez-vous quel- « qu'un ? lui dit son épouse. — Non, madame, lui « répondit-il, faites descendre mademoiselle N... »

Cette fille paraît, et le comte, en la prenant par la main, lui dit : « Mademoiselle, la noblesse de « vos sentimens vous fait notre égale ; la sensibilité « de votre cœur vous fait notre amie ; prenez « désormais place avec nous. » Il est difficile de trouver un procédé plus noble et plus touchant. La Providence permit que, dans la suite, cette maison fût rétablie dans son premier état.

JACINTHE.

JACINTHE, jardinier de Livry, était regardé comme le plus habile de tout le canton. Ses fruits surpassaient en grosseur ceux de tous ses voisins, et on leur trouvait un goût plus savoureux et plus exquis. Tous les grands seigneurs, dans leurs festins d'apparat, se faisaient honneur de ses pêches à leur dessert. Il n'avait pas besoin d'envoyer ses melons à la halle, on venait les mettre à l'enchère sur ses couches : souvent même à prix d'or on ne pouvait s'en procurer.

L'espèce de gloire qu'il trouvait dans son travail, et le gain qu'il en retirait, l'attachaient assidument à ses cultures. Riche et laborieux comme il l'était, il ne lui fut pas difficile de trouver un bon parti ; il épousa *Colette*, jeune fille des environs de Montfermeil, dont la sagesse égalait la beauté.

La première année de leur mariage fut très-heureuse. *Colette* secondait son mari dans ses travaux ; et jamais les fruits de leur jardin n'avaient si bien prospéré.

Malheureusement pour *Jacinthe*, à côté de sa maison demeurait un autre jardinier nommé *Grégoire*, qui, dès la pointe du jour, allait s'établir dans un cabaret, pour n'en sortir que la nuit. L'humeur joviale de *Grégoire* avait séduit *Jacinthe,* qui ne tarda pas à prendre ses goûts. Au commencement, il n'allait le trouver au cabaret que pour lui parler de jardinage; bientôt dans son jardin même il ne lui parlait que de vin.

Colette gémissait de ce changement dans la conduite de son mari. Comme elle n'avait pas encore acquis assez d'expérience pour gouverner elle-même ses espaliers, elle était souvent obligée d'aller le chercher au milieu de ses verres et de ses bouteilles, pour le ramener à son travail. Hélas! il aurait bien mieux valu qu'il ne s'en fût pas du tout occupé : il ne taillait plus ses arbres que la tête prise de vin; sa serpette jouait au hasard dans les branchages. Les branches à fruit étaient coupées indistinctement, comme les branches gourmandes; et ces beaux pêchers où, l'année précédente, il n'y avait pas un seul jet oisif, ne firent plus qu'étendre lâchement leurs bras, comme de grands paresseux.

Plus *Jacinthe* voyait languir son jardin, plus il sentait se fortifier en lui le goût de la débauche. Ses fruits et ses légumes avaient perdu toute leur renommée; et, ne trouvant plus dans son travail de quoi satisfaire sa honteuse passion, il se défaisait peu à peu de ses meubles, de son linge et de ses habits. Enfin, un jour que sa femme était allée porter au marché quelques racines qu'elle avait cultivées elle-même, il alla vendre tous ses outils pour en boire le produit avec *Grégoire.*

On aurait de la peine à se figurer quelle fut la douleur de *Colette* à son retour : tomber d'une douce aisance dans une affreuse misère, ce n'était pas là son plus grand supplice. Elle gémissait plus douloureusement encore sur le sort de son mari et sur celui d'un jeune enfant de six mois qu'elle nourrissait.

Qui croirait que ce fut cet enfant qui sauva toute la famille de sa perte?

Le soir du même jour, *Jacinthe*, rentrant chez lui en jurant, était allé s'accouder sur la table, et demandait brutalement à sa femme de quoi manger : *Colette* lui présenta un grand couteau et une corbeille couverte de son tablier. *Jacinthe* ôte brusquement la couverture. Quelle est sa surprise de voir dans la corbeille son fils paisiblement endormi ! « Mange, lui dit *Colette;* voilà « tout ce qui me reste à te donner. Tu es le père de « cet enfant, tu as plus de droits à le dévorer que « la faim. » *Jacinthe*, pétrifié à ces paroles, demeure sans voix, et ses yeux stupidement fixés sur son fils. Enfin sa douleur éclate par ses cris et par ses larmes ; il se lève, se jette au cou de sa femme, lui demande pardon et lui promet de changer : il tint parole. Son beau-père, qui depuis longtemps refusait de le voir, instruit de ses bonnes dispositions, lui fit des avances pour le remettre en état de reprendre son travail. *Jacinthe* profita de ces secours, et bientôt son jardin fructifia plus heureusement que jamais ; il redevint, jusqu'à sa vieillesse, actif, industrieux, bon mari et bon père.

Il se plaisait quelquefois, en rougissant, à raconter cette histoire à son fils, qui, à son exemple, prit la débauche et l'oisiveté dans une telle horreur, qu'il fut toute sa vie aussi sobre que laborieux.

LOUIS GILLET.

Louis Gillet, maréchal des logis dans le régiment d'Artois-cavalerie depuis 21 ans, et au service du roi depuis 45 ans, se retirait de Nevers, où était son régiment, à Antin, près de Sainte-Menehould, lieu de sa naissance, comblé des faveurs de sa majesté, dont il était honoré d'un brevet de retraite et de 200 livres de pension. A quelques lieues d'Antin, il se détourne de sa route, s'égare dans des landes, des haies et des broussailles, et continue son chemin, dans l'espoir de rencontrer quelqu'un qui lui dira par où il faut aller pour gagner le village prochain, lorsqu'il entend des cris lamentables qui lui font tourner ses pas de ce côté : il voit deux assassins cachés derrière une haie, qui avaient ouvert depuis le haut jusqu'en bas, avec un poignard, les jupes et la chemise d'une fille de 26 ans, l'avaient mise à un arbre, lui avaient volé 3 livres et quelques sous, lui avaient arraché du cou une croix d'or, et l'avaient jetée à terre. L'un de ces deux assassins tenait un poignard de 18 à 20 pouces de lame sur le sein droit de la jeune fille, en la menaçant de la percer si elle criait. Le maréchal des logis arrive sans être ni aperçu ni entendu, à cause du bruit que cette fille faisait en se défendant, et d'un coup de sabre il abat la joue droite de l'assassin qui tenait le poignard, et qui le laisse tomber. L'autre malheureux tire à l'instant de sa poche un pistolet à deux coups pour venger son camarade, et reçoit lui-même un coup qui lui abat le poignet et fait tomber son pistolet. Ces deux scélérats prennent la fuite dans des bosquets où il eût peut-être été dangereux au sieur *Gillet* de s'engager. Il retourne à la fille évanouie, rétablit ses vêtemens et sa chemise avec les épingles de sa coiffure, la rappelle à la vie, et l'accompagne jusque chez ses parens, à qui il la remet. Le poignard et le pistolet furent déposés dans le greffe de la maréchaussée du lieu, et l'on se mit à la poursuite des deux coquins. Cependant quelques instances qu'on fît au maréchal des logis, il refusa constamment de nommer l'endroit où cette aventure lui était arrivée. « Je suis, « dit-il, assez flatté d'avoir fait, par ce trait de « bravoure et à l'âge de près de soixante-dix ans, « le dernier usage du sabre que le roi a bien « voulu me donner. »

TRAIT DE L'HISTOIRE ANCIENNE.

Deux jeunes Grecs étaient aux pieds de *Minerve*, dans son temple à Athènes ; l'un était de Mégare, l'autre était Athénien. Le premier disait : *Puissante Divinité, accorde-moi la richesse que je n'ai pas, et que tous les Mégariens désirent ; je ne veux être heureux que par tes bienfaits.*

L'Athénien entendit cette prière, et fit la sienne : *O Minerve ! je ne suis pas riche, mais je le serai, et je n'aurai rien à désirer si tu daignes m'accorder les dons les plus précieux, la sagesse et la vertu.*

La déesse sourit, comme pour leur dire : « Vous méritez l'un et l'autre d'être exaucés. »

L'avide Mégarien apprit avec joie, en sortant du temple même, qu'une riche succession venait de lui échoir en partage. Rarement on conserve ce qu'on n'a pas eu la peine d'acquérir lentement.

Le jeune héritier oublia sa patrie, voulut étaler son luxe à Athènes; il s'abandonna à ses plaisirs, et en peu de temps il dissipa tout son bien.

Le sage Athénien continua de suivre l'école de Zénon, et parvint aux premières places de la république.

Il vit un jour à la porte du temple le Mégarien que ses parasites avaient abandonné, tendant la main pour subsister. Il s'accusait trop tard du vœu téméraire qu'il avait fait, et le juge ne refusa pas son secours au repentir d'un malheureux. Il l'avait vu sans envie dans l'opulence et la joie; il ne put le voir sans pitié dans l'indigence et la douleur.

LES JEUNES GENS ET LE MENDIANT.

Un pauvre vieillard, obligé de mendier le pain qu'il n'était plus en état de gagner par son travail, dormait profondément sur le bord d'un chemin, auprès d'un vieux chêne qui le couvrait de son ombre. Son chapeau était sur ses genoux; et, pendant qu'il dormait, son chapeau demandait pour lui et ne recevait rien.

Deux jeunes amis qui venaient de la campagne, s'arrêtent. Un d'eux regarde fixement le pauvre, et dit : « La tête et les cheveux blancs de ce Bélisaire endormi me frappent : je voudrais le dessiner.

« —Ne vaudrait-il pas mieux le plaindre et le secourir ?

« —D'accord, ne fût-ce que pour obéir au proverbe qui dit que le bien vient en dormant.

« —Soit; et en mémoire du proverbe, mettons chacun une pièce d'argent dans le chapeau.

«—La voilà : mais, tout doucement, cet argent peut tenter un passant plus affamé que le dormeur; et si on vole le pauvre homme, notre aumône et le proverbe sont autant de perdu pour lui.

«—Je n'y pensais pas, je vais l'éveiller.

«—L'éveiller? y songez-vous? lui donnons-nous assez pour le délivrer de la misère à laquelle nous allons le rendre, et qu'il oublie en dormant ou dans la douceur d'un songe agréable ? Un vieillard n'en a-t-il pas comme nous ? c'est peut-être tout ce qui lui reste.

«—Monsieur le penseur, vous êtes embarrassant avec vos réflexions. Oui, le sommeil d'un octogénaire, d'un indigent, est respectable; mais le réveil de celui-ci sera consolant. N'importe, attendons. Je voudrais que le bonhomme vous entendît, pour vous remercier et terminer notre dispute.

«—J'attendrais volontiers ; mais il est tard, et votre chien, qui est devant nous, s'impatiente : le voilà qui revient en aboyant, et tant mieux ! le dormeur s'éveille. Regardez bien, bonhomme, ce qui est dans votre chapeau; ce n'est pas moi, au reste, c'est le chien qui vous a éveillé.

LE VERTUEUX DOMESTIQUE.

Un ancien chevalier de Saint-Louis, réduit à la misère la plus extrême, toutes ressources épuisées, choisit Paris pour sa retraite, comme un séjour plus propre à cacher à tous les yeux son nom, son indigence et ses malheurs. Il se loge dans un grenier, n'ayant pour tout mobilier qu'une botte de paille; pour habits, que quelques

tristes lambeaux de son ancien uniforme; pour
société, pour compagnie, que dirai-je enfin? pour
ami, qu'un vieux domestique qui lui était attaché
depuis long-temps, plus par fidélité et par affection que par intérêt.

Un jour, ce militaire infortuné dit, les larmes
aux yeux, au seul témoin de sa douleur et à l'u-
nique confident de ses peines: « Mon ami, tu vois
« ma misère; tu la partages depuis trop long-
« temps. L'état affreux et humiliant où je me
« trouve est sans doute une punition du Ciel de
« mon inconduite et de mes égaremens, de ces
« prodigalités insensées, de ces excès inconsi-
« dérés, d'un luxe immodéré, d'une vanité fri-
« vole. Victime de mon imprudence, je n'échap-
« perai point à la dent cruelle de la faim : la mort
« est le terme de ma honte et de mes douleurs.
« L'honneur, tu le sais, le seul bien qui me reste,
« ne me permet point ces moyens usités par le
« commun des hommes, pour me soustraire à
« l'indigence. Ils sont plus heureux en cela que
« moi : plutôt mourir que de condescendre à la
« moindre bassesse! l'honneur, aux prises avec
« la mort, est préférable à une vie indigne de ma
« profession et de ma qualité. Va, cher ami,
« éloigne-toi pour jamais du plus infortuné des
« hommes; va chercher une condition plus heu-
« reuse. Il me restera encore les regrets de ne
« pouvoir récompenser tes services. Va, fuis ton
« malheureux maître. Puissé-je mourir ignoré de
« toute la terre, et n'avoir que le Ciel pour té-
« moin de mon heure dernière!—Ah! mon cher
« maître, s'écria ce fidèle serviteur, fondant en
« larmes et se jetant à ses pieds, me croyez-vous
« assez lâche pour vous abandonner dans l'adver-

« sité, lorsque j'ai éprouvé vos bienfaits dans
« votre ancienne prospérité ? Non, je ne vous
« quitterai point : mon industrie, mon zèle et
« mon inviolable attachement me fourniront des
« ressources pour soulager notre commune in-
« digence. »

Qui peut peindre ici l'admiration et l'attendrissement de ce maître affligé ? Il embrasse tendrement ce serviteur généreux, et lui dit : « Le Ciel
« n'a point encore épuisé sur moi tous les traits
« de son indignation ; puisse-t-il te récompenser
« de si noble sentimens ! »

Ce domestique, plein de joie et de confiance,
eut recours aux moyens que son zèle et son affection lui suggérèrent. Il apportait tous les jours
ce qu'il avait reçu des charités publiques ; et il
n'était jamais plus satisfait que lorsqu'il pouvait
acheter un peu de vin pour son cher maître : « Bé-
« nissons la Providence, disait-il en rentrant,
« elle nous a favorisés aujourd'hui. » Il tâchait
d'adoucir, par le récit de ce qu'il avait appris de
plus curieux, la situation pénible et douloureuse
de son maître. Mais un jour.... jour fatal !.... ce
vertueux domestique fut arrêté par la police. Sa
vigueur, sa bonne constitution, le firent regarder
comme un de ces gens oisifs, livrés à toutes
sortes de vices, à charge à l'État et à la société.
On le présenta au lieutenant-général de police ;
ce magistrat l'interrogea ; le domestique, sans
se déconcerter, lui répondit avec cette mâle et
noble assurance qu'inspire une conscience irréprochable. Il lui demanda comme une grâce de
vouloir bien l'entendre en particulier, ayant
un secret important à lui communiquer. Le magistrat y consentit.

« Je ne doute point, lui dit alors ce brave jeune
« homme, que vous ne m'accordiez votre pro-
« tection, lorsque je vous aurai fait part du motif
« de ma conduite. » Il l'instruisit alors de tout
ce qui se passait entre son maître et lui, et que,
pour s'assurer de sa sincérité, il pouvait envoyer
quelqu'un chez son maître, dont il lui indiqua
la demeure. Le magistrat envoya aussitôt un
exempt chez l'officier ; celui-ci trouva en effet ce
malheureux guerrier étendu sur une botte de
paille. « Que faites-vous ici, monsieur ? lui dit
« l'exempt. — Ma triste situation et l'état cruel
« où je suis réduit vous expliquent assez la cause
« de ma misère et l'excès de mes malheurs. Mais,
« ajouta-t-il avec émotion, ne venez-vous point
« m'annoncer quelque nouvelle infortune ? Mon
« fidèle serviteur !.... Ah ! de grâce, parlez, mon-
« sieur, instruisez-moi de son sort. — Votre
« domestique, reprit l'exempt, est en sûreté :
« dans une heure, au plus tard, il sera auprès de
« vous ; je viens seulement vérifier, par votre té-
« moignage, les faits qu'il a rendus dans sa dé-
« position. Soyez tranquille, monsieur ; dans peu
« ce domestique fidèle vous sera rendu. » L'exempt
rendit compte de tout au lieutenant-général de
police : celui-ci en parla au roi. Le monarque
bienfaisant assigna une pension à l'officier, et
une au vertueux domestique.

BLONDIN,

Coureur de monseigneur le Comte d'Artois.

BLONDIN, coureur de monseigneur le comte
d'Artois, est un homme qui a des sentimens qu'on

pourrait dire au-dessus de son état, et souvent il se sert de l'accès qu'il a l'honneur d'avoir auprès de son maître pour rendre service. Il y a déjà quelque temps que, prenant un repas dans une auberge, à Versailles, il vit à quelque distance de lui un particulier décoré de la croix de Saint-Louis, n'ayant devant lui qu'une portion mince. *Blondin* demande à l'hôtesse : « Qui est ce monsieur ? — Je ne le connais pas, lui dit-elle ; c'est vraisemblablement un officier qui est venu pour solliciter quelque grâce ; mais certainement il n'est pas riche, car il m'a recommandé que ce que je lui servirais ne passât pas neuf sous, et il ne vient pas même souper. — Morbleu, dit *Blondin*, je suis honteux qu'un brave serviteur du roi soit moins bien traité qu'un homme comme moi. Renforcez, je vous prie, son ordinaire, et allez jusqu'à quarante sous : c'est moi qui vous satisferai ; mais surtout n'en parlez pas. » L'hôtesse exécuta ses intentions, et, dès le lendemain, donna une portion plus forte à l'officier. Celui-ci ne dit mot pour cette fois ; mais voyant, le surlendemain, que sa portion était encore plus fournie, il appelle l'hôtesse et lui dit : « Madame, vous vous trompez très-sûrement, et vous ne pouvez pas me donner ce que vous me servez pour le prix dont dont nous sommes convenus.—Pardonnez-moi, monsieur, vous ne m'en paierez pas davantage, et je me suis arrangée pour pouvoir mieux vous traiter. » Le dîner suivant s'étant trouvé plus considérable et plus délicat : « Pour le coup, dit l'officier, il y a quelque chose là-dessous ; je veux le savoir, ou je ne reviens plus ici. » L'hôtesse fut donc obligée d'avouer que c'était le coureur de monseigneur le comte d'Artois qui lui avait donné ces ordres, mais qui lui avait recommandé de n'en rien dire. L'officier fut trouver *Blondin*, et lui dit : «Je sais, monsieur, ce que votre bonne volonté vous a fait faire, je vous en remercie ; mais comme je ne veux être à charge à personne, trouvez bon que je vous demande à quoi se monte la dépense que vous avez faite pour moi ; je vous en donnerai mon billet, ne pouvant pas vous rembourser pour le présent.—Monsieur, dit *Blondin* modestement, je sens qu'une personne telle que vous n'est pas faite pour avoir des obligations à une homme tel que moi ; ainsi, je dois me prêter à ce que vous voulez. Mais permettez-moi de vous faire une question.. Vous êtes sans doute à Versailles pour quelque affaire? Il serait possible que je fusse assez heureux pour vous être de quelque utilité.—Je vous avoue, dit l'officier, que je viens pour solliciter une place : je crois l'avoir méritée par mes services, et je ne rougis point de dire que j'en ai besoin ; mais je ne sais comment m'y prendre. —Avez-vous un mémoire là-dessus ?—Le voici.—Voulez-vous me le confier?—Très-volontiers.—*Blondin* part sur-le-champ, se rend chez le ministre, et se fait annoncer comme venant de la part de son maître; il raconte ce qui vient de lui d'arriver, et présente le mémoire. Le ministre le renvoie au lendemain; *Blondin* ne manque pas de revenir. «J'ai fait examiner le mémoire, lui dit le ministre, ce qu'on y avance est vrai; et je suis d'autant plus aise d'accorder la grâce qu'on demande, que par-là je récompense l'honnêteté de vos procédés et des sentimens aussi louables.» *Blondin*, très-satisfait, s'en fut porter à l'officier cette bonne nouvelle, et eut le plaisir de faire un heureux.

ANECDOTE
D'UN SOLDAT RECONNAISSANT.
Extrait d'une lettre du docteur M. R.

QUELQUES affaires m'ayant appelé ici, j'allai visiter l'hôpital, où étaient plusieurs malades de notre armée ; j'observai avec plaisir qu'il n'y avait point d'épidémie. En passant dans la grande salle du milieu, j'aperçus un soldat dont la contenance me frappa ; il me regardait très-attentivement : enfin il m'appela ; je m'approchai, et, m'étant assis sur son lit, je lui prêtai l'oreille. « Je suis « étranger, me dit-il, cependant ne pourrez-vous « ajouter foi aux paroles d'un soldat américain ?... « Le temps de mon engagement est presque fini ; « j'ai un désir extrême de retourner dans ma fa- « mille, parce que j'ai ouï dire que mon frère est « mort. J'ai trouvé un homme pour me remplacer « dans le régiment : mon père possède un bien con- « sidérable dans la Virginie : que penserez-vous de » moi, si je vous demande cent piastres ? Avec cet « argent, je puis payer la somme dont je suis con- « venu, sortir de cet hôpital et rejoindre mes pa- « rens. J'ai le plus grand désir de quitter ce canton « avant la chute des neiges, qui est très-prochaine. « Nous n'avons point de postes ; il ne me reste, par « conséquent, aucun moyen d'informer mes pa- « rens de ma triste situation. » Frappé de cette de- mande hardie, mais honnête, j'examinai attentive- ment les traits de son visage : je consultai l'impres- sion secrète que produisit sur moi sa physionomie : je crus voir le caractère de l'honnêteté, et je lui ac- cordai la somme qu'il m'avait demandée. La surprise que ma facilité lui causa, lui coupa la parole pendant un moment ; mais bientôt il versa des larmes qui le soulagèrent extrêmement ; c'étaient celles de la plus vive reconnaissance : il en baigna mes mains, et me remercia de la façon la plus énergique. Quelques jours après il vint me voir, m'informa plus particulièrement de l'état de sa famille, renouvela les protestations du paiement au premier février suivant. Je n'avais nulle inquiétude ; et s'il ne m'avait jamais rendu la somme que je venais de lui prêter, je n'aurais pas tout perdu, car j'avais joui d'un plaisir exquis dans l'action que je venais de faire, et j'en jouis encore quand j'y pense. Je crois voir encore tous les gestes de ce jeune homme, tous les traits de son visage exprimer le retour de l'espérance et du bonheur ; je crois encore entendre le cri de la reconnaissance s'élever vers son bienfaiteur et vers le Ciel.

Cinq semaines après son départ, je reçus une lettre de son père, de sa mère et de son oncle, dont je vous envoie une copie (car aussi longtemps que je vivrai, j'en conserverai l'original). Dites-moi, je vous prie, ce que vous pensez des offres qu'ils me font, et ce que je dois faire. Si j'accepte ce retour étonnant de leur gratitude, je serai regardé comme un mercenaire, qui n'a obligé qu'à dessein d'augmenter sa fortune ; si je refuse entièrement, ne pourra-t-on pas m'accuser d'orgueil ? Je ne sais que faire : irai-je demeurer et vivre parmi des étrangers, en vertu de cette singulière adoption ! Je m'exposerai peut-être aux reproches de mes amis, car ce n'est pas l'opinion du public que je redoute. Informez-moi, je vous prie, de votre opinion.

Adieu.

Virginie, Culpeper-county, 27 décembre 1778.

J'AVAIS deux fils : l'un a déjà péri dans ces temps orageux, mais il est mort en défendant sa patrie ; l'autre allait disparaître aussi. et vous l'avez conservé en lui donnant les moyens de rejoindre ses parens. Déjà affligé par la mort du premier, je devenais de jour en jour plus malheureux, par la crainte de ne revoir jamais le second ; sans vous peut-être serions-nous aujourd'hui sans enfans. Mais, dites-nous, quel est le motif qui vous a déterminé à cette généreuse action, à choisir notre enfant parmi tant d'autres qui méritaient également votre attention ? Bénie soit la main invisible qui vous a conduit secrètement vers son lit, et vous a fait écouter attentivement ce qu'il avait à vous proposer ! Il nous a informés que ce jour était le 14 d'octobre : qu'il soit dorénavant l'époque d'une joie annuelle dans ma famille ; je le consacre, afin qu'il soit distingué des autres par les remercîmens les plus fervens à l'Être Suprême, par une suspension de travail, par les plaisirs innocens. Mes esclaves partageront avec nous la joie inspirée par ce doux souvenir : permettez qu'ils entrent pour quelque chose dans cette reconnaissance générale ; ne méprisez pas la part qu'ils y prennent, car ce sont des hommes, et je les ai toujours traités comme tels.—Vous avez procuré à notre fils la santé, la liberté, le plaisir de revoir ses parens : que de bienfaits ! heureusement ce jeune homme a beaucoup d'amis et de parens ; sans cela, le poids de sa reconnaissance serait trop difficile à supporter. Il m'a dit que vous n'aviez jamais été père ; vous ne pouvez donc connaître ma joie, ni les sensations paternelles qui transportent mon cœur ; la soigneuse nature les cache comme un trésor à ceux à qui elle n'a point donné d'enfans. Nous ne nous connaissons pas, il est vrai ; mais les hommes vertueux sont unis par les liens d'une consanguinité intellectuelle. Dorénavant regardez-moi comme votre ami ; je ne négligerai rien pour mériter ce nom : par la loi de la nature, je suis le père de mon enfant ; vous êtes le père adoptif que la nature lui a donné dans le moment critique de l'abandon et de l'indigence ; nous sommes donc frères : fasse le Ciel que cette union nouvelle soit à jamais durable !.... Venez nous joindre, venez partager avec nous la possession et la jouissance de tout ce que nous avons, vous êtes déjà incorporé dans notre famille. Venez prendre possession de cette chaise qui vous attend à notre table. Ma femme !.... mais qui peut exprimer les chagrins, l'affliction, la joie, la surprise, l'amour et tous les différens mouvemens de la sensibilité maternelle ! Ce n'est que par le serrement énergique de ses mains, par ses larmes, ses sourires, que vous pourrez recueillir toute l'étendue de sa reconnaissance : non-seulement notre famille entière, mais tout notre voisinage, auquel votre nom est déjà devenu cher, vous recevra comme vous le méritez, et vous convaincra qu'il y a encore des âmes qui n'ont pas perdu, dans les cruautés de cette guerre, les sentimens qui distinguent les hommes vertueux. Pour vous convaincre que cette lettre n'est pas formée de paroles vagues, inspirées par la joie soudaine de sentimens qui bientôt s'évaporent et s'oublient ; pour vous convaincre que l'impression faite sur nos cœurs par votre générosité, sera aussi durable que le service que vous nous avez rendu, le porteur de cette lettre, qui est le fils de mon frère, vous délivrera un contrat authentique et légal de la moitié de la plantation de ***, accompagné d'un nègre que je vous donne, d'un second, venant de mon fils, d'un troisième, venant de la mère de ma femme, et d'un esclave que vous offre chacun de mes frères. Ce contrat, ainsi que le billet de vente, comme vous le verrez par l'endossement, sont signés, scellés et recordés suivant la loi. Cette nouvelle propriété est irrévocablement la vôtre.

Heureux si notre sol, notre gouvernement, notre climat, peuvent vous persuader de résider parmi nous ! Unissez ce petit présent à votre fortune ; venez demeurer en Virginie, où vos talens, votre mérite et votre humanité sont déjà connus, et vous procureront tous les avantages que peut produire l'estime d'une famille reconnaissante et d'un voisinage éclairé. — Puisse le messager que je vous envoie vous trouver sain et sauf, et vous amener dans nos bras !

WILLIAM, ARTHUR, SUSANNAH.

HUMANITÉ DES ANGLAIS.

J'étais à pied, je m'arrêtai quelques minutes sur la place de Smithfield, à Londres, où se tient le marché des bêtes à cornes et à laine. Je me rappelai qu'elle avait été le théâtre des cruautés de Marie, et mon imagination y dessinait les scènes sanglantes dont le fanatisme avait été l'agent, lorsque, obligé de changer de place pour livrer passage à un chariot chargé de veaux, mon attention se fixa subitement sur la manière dont ces animaux sont conduits à la mort ; non, comme en France, entassés sur une charrette, mais sur leurs pieds, ou couchés entre des barreaux de divisions. J'avais à côté de moi un homme d'un certain âge, bien vêtu, et dont la physionomie annonçait un bourgeois renforcé; je le priai de me dire le pourquoi d'une méthode plus dispendieuse que celle de placer ces animaux liés et couchés les uns sur les autres. « *Parce que s'il est nécessaire de les tuer pour s'en nourrir*, me répondit-il sèchement et en se remettant en marche, après m'avoir mesuré d'un coup d'œil, *il ne l'est pas de les faire souffrir.*» Un étranger, un voyageur surtout, ne doit pas être susceptible. Et si je pinçai les lèvres en français, comme il avait froncé le sourcil en anglais, je me hâtai de lui faire un quart d'inclinaison ; et marchant sur la même ligne, je lui dis : « Et c'est sans doute par la même raison de ne pas faire un long supplice d'un mal nécessaire, que cette place est divisée en une multitude de petits parcs, où ils attendent les bouchers sans être étouffés par leur nombre, ou meurtris de coups par ceux qui ont à les séparer ? — Précisément. — C'est donner au sentiment d'humanité une bien grande extension. — Ce qui est nécessaire pour ceux qui ne sont pas humains par habitude.—Mais pensez-vous, monsieur, que cette habitude puisse être l'ouvrage de l'exemple ?—Eh ! qui vous parle d'exemple? me répondit-il en s'arrêtant et m'envoyant un coup d'œil plein d'âcreté. *L'exemple est bon pour les peuples singes....*»Cela portait trop à plomb sur les Français; je pinçai les lèvres, et fis un demi-pas en avant pour m'éloigner de cet ours; mais il continua, et la curiosité me retint.....« Pour nous, sachant faire des lois, nous en faisons. — Quoi ! une loi sur les égards dus aux animaux marchandés par les bouchers? — Et pourquoi non? Voyez-vous cette pierre étendue sur le pavé? eh bien ! c'est un pilier qu'on a négligé de relever, sur lequel est écrit : Celui qui manquera d'humanité, la loi le forcera à en avoir. — Et oserais-je vous demander de quelle nature est la défense faite, ou l'obligation imposée par la loi que rappelle cet avertissement? — La défense de frapper sans nécessité, sous peine de trois schellings d'amende pour la première fois, de quatre pour la seconde, et d'être conduit en prison pour la troisième.....» Je regardai cet homme avec l'étonnement de l'admiration ; ou, pour mieux m'exprimer, c'était la nation que je regardais en lui. Il se méprit au caractère de mon étonnement, et me dit en me quittant pour entrer dans une boutique :« *Cette loi, au surplus, est faite pour des hommes à qui elle convient, et par des hommes qui savaient que le premier mouvement de celui qui a contracté l'habitude de l'humanité envers les animaux, sera toujours un mouvement de compassion, une utile bénévolence pour le malheureux qui lui offrira l'image du besoin ou de la douleur.* » Je le saluai, le suivis des yeux, et ne me mis en marche qu'après avoir parcouru encore une fois de l'œil cette place, où, roi d'Angleterre, j'aurais à l'instant ordonné qu'on érigeât à l'humanité une colonne qui aurait eu pour base la statue renversée de la sanguinaire Marie.

ANECDOTE ANGLAISE.

Le lendemain de notre départ de Glasgow, dit l'auteur de ce récit, nous fûmes obligés de nous arrêter à un petit bourg près de Lanark. N'ayant rien de mieux à faire, nous regardions les passans par les fenêtres de notre hôtellerie, placée vis-à-vis de la prison. Nous vîmes arriver à cheval un homme vêtu d'un frac bleu, très-simple, et un chapeau bordé sur sa tête. Cet homme mit pied à terre à notre hôtellerie, et remettant son cheval à l'hôte, il s'avança vers un vieillard qui était occupé à paver la rue. Après l'avoir salué, il prit la demoiselle, donna quelques coups sur le pavé, en disant au vieillard, fort étonné de l'aventure : « Cet ouvrage me paraît bien pénible à votre âge ; n'avez-vous donc point d'enfans qui puissent partager vos travaux et soulager votre vieillesse ? — Pardonnez-moi, monsieur, répondit le vieillard, j'ai trois garçons qui me donnaient tous les trois les plus grandes espérances ; mais les pauvres enfans ne sont point maintenant à portée de secourir leur père.— Où sont-ils ? demanda l'étranger. — L'aîné, répliqua le vieillard, était parvenu au grade de capitaine dans les Indes-Orientales ; le second s'est fait soldat, dans l'espoir de s'élever comme son frère.—Et qu'est devenu le troisième ?» demanda précipitamment l'étranger. A cette demande, le bon vieillard ne pouvant retenir ses larmes : «Il a répondu pour moi, dit-il ; le pauvre enfant s'est chargé de mes dettes, il n'a pu les acquitter, il est en prison.» A ce récit, le voyageur se détourna de quelques pas, resta quelque temps les mains sur le visage ; puis, revenant près du vieillard : «Et cet aîné, lui dit-il, ce fils dénaturé, ce capitaine, il ne vous a donc rien envoyé pour vous tirer de la misère?—Ah ! ne l'appelez point dénaturé, s'écria le vieillard : mon fils est vertueux, il aime et respecte son père, il m'a envoyé de l'argent, et plus même que je n'en aurais eu besoin; mais j'ai eu le malheur de le perdre, en me rendant caution pour un très-galant homme, pour mon hôte, qui malheureusement, se trouvant hors d'état de payer, a causé ma ruine : on m'a tout pris; il ne me reste plus rien. » Alors un jeune homme, passant la tête par les barreaux de la prison voisine où il était renfermé, se mit à crier : « Mon père ! mon père! si mon frère Guillaume vit encore, c'est lui, c'est ce voyageur qui vous parle. — Oui, mon ami, c'est moi-même,» répondit le voyageur en se précipitant dans les bras du vieillard, qui, tout hors de lui-même, voulant parler et sanglotant, n'avait pu reprendre ses sens; quand une vieille femme, mise fort décemment, sortit d'une très-petite et très-délabrée maison, en s'écriant : « Où est-il donc? Où es-tu, mon cher *Guillaume?* viens donc à moi, viens embrasser ta mère. » Le capitaine ne l'eut pas plus tôt aperçue, que, quittant son père, il alla se jeter au cou de la bonne vieille. Alors nous descendîmes; et, augmentant le nombre des spectateurs de cette scène attendrissante, M. *Bramble,* l'un de nous, fendant la presse, alla au voyageur, et lui dit : « Capitaine, nous vous demandons la faveur de vous lier avec nous : nous aurions volontiers fait cent lieues pour être les témoins de cette tendre reconnaissance avec votre honnête famille; vous et les vôtres, nous vous en supplions, dînez avec nous dans cette hôtellerie. » Le capitaine, sensible à cette invitation, l'accepta, mais en nous disant qu'il ne mangerait ni ne boirait que lorsque son jeune frère aurait recouvré sa liberté; et à l'instant il alla déposer la somme pour laquelle on l'avait mis en prison, d'où il sortit quelques momens après. Alors toute cette famille se rendit à l'hôtellerie, où ils eurent grande peine à entrer, par le grand nombre de personnes qui s'y étaient rassemblées, et qui accablèrent de caresses le bon *Guillaume*, qui les leur rendit avec cordialité. Ce brave militaire, nous dit aussitôt que nous pûmes converser librement : « Messieurs, c'est aujourd'hui que je sens dans toute son étendue les faveurs de la fortune, à laquelle je dois tout : mon oncle m'élevait au métier de tisserand ; mais je répondis mal à ses bontés, et, par esprit de paresse et de dissipation, je m'enrôlai dans les troupes de la compagnie des Indes ; j'avais alors tout au plus dix-huit ans ; mon bonheur vient d'avoir été remarqué par milord *Clive*, dont toute l'Europe connaît la bienfaisance et l'inépuisable générosité. Mon zèle pour le service lui inspira des bontés pour moi : et, grâce à ses soins, de grade en grade, je devins capitaine, et fus chargé de la caisse du régiment. A force d'économie, je parvins, par des moyens honnêtes et à la faveur du commerce, à m'assurer un fonds de vingt mille livres sterling. Alors je quittai le service. Il est vrai que j'ai fait trois remises à mon père ; mais il n'y a eu que la première, qui était de deux cents livres sterling qui lui soit parvenue ; la seconde est tombée entre les mains d'un banqueroutier, et je confiai la troisième à un gentilhomme écossais, qui est mort dans la traversée : mais, comme j'ai sa reconnaissance, ses héritiers m'en répondront. » Après le dîner, le capitaine remit à son père cinquante livres sterling pour subvenir à ses besoins les plus pressans ; il fit aussi dresser un acte par lequel il laissait à son père et à sa mère quatre-vingts livres sterling de revenu annuel, réversibles à ses deux frères : il promit d'acheter une commission à son second frère ; et d'associer le plus jeune à une manufacture qu'il se proposait d'établir pour donner de l'occupation aux gens industrieux ; il donna cinq cents livres sterling en dot à sa sœur, qui était mariée à un fermier peu aisé ; et, après avoir distribué cinquante livres sterling aux pauvres, il donna une très-belle fête à tous ses compatriotes. *Guillaume* méritait les faveurs de la fortune, et fit bien voir qu'il était digne des bienfaits qu'il avait reçus du généreux lord *Clive*.

LA PAUVRE GRIVE.

Le capitaine proposa un tour de promenade sur les bords de la Tamise : *Marie* et moi, nous y consentîmes ; et, après un quart d'heure de marche, nous nous assîmes sur un tertre ; près de nous était une vieille épine blanche, sur laquelle le mâle d'une grive voltigeait de rameau en rameau, comme agité d'une pénible attente ; sa compagne parut, apportant de la nourriture à ses petits, et sa joie fut aussi visible que l'avait été son inquiétude. La femelle entra dans le buisson, et le mâle, élevant sa tête vers le ciel, exprima, par une mélodie véhémente, sa reconnaissance envers le Créateur, pour la subsistance providentielle de sa petite famille.

Mais le bonheur est-il le partage des êtres mortels ? Depuis l'insecte éphémère jusqu'au prétendu chef-d'œuvre de la création, chaque animal a ses infortunes, tous sont le jouet du sort. Deux petits garçons s'approchèrent du buisson, et le timide oiseau suspendit ses chants; les enfans aperçurent le nid, et avant que je pusse prévenir le ravage, car je me levai dans ce dessein, ils en avaient arraché les petits habitans. La femelle avait rejoint son mâle : les ravisseurs s'enfuirent avec leur butin, et le couple infortuné remplit l'air de ses cris douloureux.

Les enfans disparurent, et l'espoir disparut avec eux. Les malheureux parens s'abattirent sur le buisson, y restèrent quelques momens en silence à côté l'un de l'autre : et tout à coup, guidés par un mutuel désespoir, ils s'envolèrent ensemble loin de la scène de leur misère.

« En vérité, dit le capitaine, il y a quelque chose de cruel dans le malheur domestique dont nous venons d'être témoins : et si je trouvais mon fils coupable d'un tel vol, je le punirais aussi sévèrement que s'il eût volé un temple. —Mais oui, dit *Marie*, c'est une espèce de sacrilége; on devrait apprendre aux enfans à l'avoir en horreur: le premier, le plus essentiel devoir des parens est de leur inculquer les préceptes de l'humanité. L'humanité prépare à tous les tendres sentimens; elle ouvre l'âme aux saints devoirs de la morale et de la religion. —Oh ! je dois un tribut à vos sentimens, » dit le capitaine en saisissant une des mains de *Marie* et la pressant sur son cœur; il la porta ensuite à sa bouche, et la baisa avec une chaste dévotion. Une larme était tombée sur la main de *Marie:* elle tira son mouchoir pour l'essuyer ; mais elle la regarda, ne se pressa point, et un rayon du soleil couchant la prévint : il enleva la larme jusqu'à la région céleste, où elle fut placée sur l'autel de la grâce, comme un monument de la bénignité humaine. « C'est notre devoir, dit le capitaine, d'en user avec compassion envers tous les animaux ; ils sont reconnaissans : ceux qui sont domestiques ont, ou de l'affection pour leurs maîtres, ou des qualités qui nous récompensent largement des soins que nous prenons d'eux.—Mais, répliquai-je en réfléchissant au malheur de la pauvre grive, il est un bonheur particulier aux animaux : la tendresse paternelle de ceux-ci n'est que momentanée, et leur douleur en perdant leurs petits, si elle est excessive, du moins ne dure que peu de temps ; au lieu que, pour l'espèce humaine, un tel malheur produit toujours une douleur permanente, qui souvent même se termine par la mort.—Grand Dieu ! s'écria le capitaine, lorsque nous réfléchissons sur les cruautés de l'espèce humaine, exercées par des nations qui se vantent de connaître cette maxime : *Ne fais pas à autrui ce que tu ne voudrais pas que l'on te fît ;* par des hommes qui se vantent de connaître les principes de la morale et les sublimes vérités de la religion ; cette idée doit, à mon opinion, nous rabaisser infiniment à nos yeux, et nous placer, oui, nous placer au - dessous des animaux. En effet, voyons-nous, même les plus féroces d'entre eux, vivre du sang et des larmes de ceux de leur espèce ?—Je m'aperçois, répondis-je, que vous êtes vivement affecté de la conduite des Européens, relativement aux enfans malheureux de l'Afrique. J'ai souvent réfléchi sur notre cruauté envers ces peuples, d'abord en les transportant loin de leur pays ; et puis en exerçant sur eux des horreurs qui dégradent la nature.—Il n'y a qu'une raison à donner à cela, dit *Marie,* et je la prendrai dans *Laurence Sterne :* Les pauvres nègres n'ont personne qui ait intérêt à les défendre... Adieu, en lisant ce fragment à *Jules*, observez-le sans affectation, et rendez-moi compte, je vous prie, de l'impression qu'il aura faite sur son âme. Adieu.

LE VIEILLARD PARALYTIQUE
DE CANTORBÉRY.

MA voiture était arrêtée devant les fenêtres d'un parloir dont les vitres, parfaitement propres, n'opposaient pas le moindre obstacle à la vue. Il était habité par un vieillard paralytique et une jeune personne qu'à son visage calme, à sa taille d'un svelte encore un peu grêle, et à l'habitude de son corps, qui formaient un ensemble virginal, je jugeai devoir être la fille et non la triste moitié d'un sexagénaire; debout, près du fauteuil de douleurs, elle arrangeait un oreiller sous la tête du vieillard. Il tourna de son côté un visage vénérable, souleva péniblement un bras, et lui serra affectueusement la main; ses yeux du moins m'indiquaient ce tribut à la gratitude, et l'action de la jeune personne me le confirma. Elle se pencha vivement, prit la main du vieillard dans les siennes, la porta à ses lèvres, le regarda pendant quelques secondes avec tendresse et compassion, et fut s'asseoir devant une table sur laquelle était un livre qu'elle ouvrit, et qu'à son format je supposai être celui de l'*Espérance pour l'homme qui sent la vie lui échapper*. Aux mouvemens de ses lèvres et aux longues ténues de sa respiration, marquées par le soulèvement du mouchoir qui couvrait son sein, je vis qu'elle en faisait la lecture au vieillard; et je cherchais à y participer par l'expression de sa physionomie qui s'animait, s'exaltait par degré, lorsque l'un et l'autre, comme par un agent sympathique, ils levèrent respectivement les yeux, se fixèrent en silence.... Que ne puis-je.... mais, non, non, je voudrais inutilement vous rendre l'interprétation que je donnai à ce double éclair de leurs âmes ; je la cherche en vain dans ma mémoire, il n'y reste que le souvenir d'une impression qui fut aussi vive que délicieuse. Tous les nobles sentimens d'une bonne nature étaient réunis dans les yeux du père, sous le caractère de la reconnaissance ; ceux de la fille exprimaient toutes les affections tendres, réveillées par la douce et bienfaisante pitié.... Oh ! quel était donc ce verset qui modifia si rapidement ces deux êtres, heureux produit de la morale religieuse ! Il était sans doute une promesse faite par l'Éternel aux enfans dont les soins attentifs et précieux prolongent les jours d'un père, qui, par une vie pure et sans tache, a mérité de tels consolateurs.

Mais ma voiture était attelée, le cocher tend la main, les chevaux partent, et j'arrive à Douvres, ayant encore sous les yeux ces deux aimantes créatures.

CLOTILDE.

Madame *de Fonbonne,* après avoir perdu son mari, venait encore de perdre un procès au sort duquel était attachée la plus grande partie de ses biens. Elle fut obligée de vendre ce qui lui restait de meubles et de bijoux ; et en ayant placé le produit chez un banquier, elle se retira dans un village, pour y vivre avec économie de son modique revenu.

A peine avait-elle passé quelques mois dans son obscure retraite, qu'elle apprit la fuite du dépositaire infidèle des derniers débris de sa fortune. Qu'on se représente l'horreur de sa situation : les chagrins et les maladies l'avaient rendue incapable de toute espèce de travail; et, après avoir passé ses plus belles années au sein de l'aisance et des plaisirs, il ne lui restait d'autre ressource, dans un âge avancé, que d'entrer dans un hôpital, ou d'aller demander l'aumône.

Elle ne voyait en effet autour d'elle personne qui daignât s'intéresser à son sort. Amenée par son époux d'un pays étranger où elle avait reçu la naissance, elle ne pouvait solliciter des secours que d'un parent assez proche, qu'elle avait attiré dans sa nouvelle patrie, et dont elle avait élevé la fortune par le crédit de son mari. Mais cet homme, d'une avarice sordide, ne fut pas, comme on l'imagine, extrêmement sensible aux plaintes d'un autre, lorsqu'il se refusait à lui-même jusqu'aux premières nécessités de la vie.

Dans cette extrémité cruelle, une jeune orpheline qu'elle avait adoptée pendant le cours de ses prospérités, et qu'elle n'avait jamais pu se résoudre à abandonner après ses premiers revers, devint son ange tutélaire. Les bontés dont *Clotilde* avait été comblée par madame *de Fonbonne*, firent naître dans son cœur le désir généreux de lui en témoigner sa reconnaissance.

« Non, s'écria-t-elle, lorsque madame *de Fonbonne* lui proposa de chercher un autre asile, non, je ne vous abandonne point tant que vous vivrez. Vous m'avez toujours traitée comme votre fille; et si j'ai désiré de l'être dans votre bonheur, je le désire encore plus dans vos peines.

«Grâce à vos largesses, je me vois abondamment pourvue de tout ce qui est nécessaire à mon entretien. Vous m'avez donné des talens, je ferai ma gloire de les employer pour vous. Je sais coudre et broder; avec de la santé et du courage je puis gagner assez de pain pour deux.»

Madame *de Fonbonne* fut extrêmement touchée de cette déclaration; elle embrassa *Clotilde*, et consentit à profiter de ses offres. Voilà donc *Clotilde* devenue à son tour la mère par adoption de son ancienne protectrice. Elle ne se bornait pas à la nourrir du fruit d'un travail opiniâtre; elle la consolait dans sa tristesse, la soulageait dans ses infirmités, et s'efforçait, par les caresses les plus tendres, de lui faire oublier les injustices du sort.

La constance et l'ardeur de ses soins ne se refroidirent pas un moment dans le cours de deux années que madame *de Fonbonne* jouit encore de ses bienfaits; et lorsque la mort vint la ravir à sa tendresse, elle donna les regrets les plus vifs à cette perte. Quelques jours avant ce malheur, venait aussi de mourir ce riche avare dont le cœur s'était montré si insensible à la voix du sang et de la reconnaissance. Comme il ne pouvait emporter avec lui ses trésors, il avait cru réparer son ingratitude envers sa parente, en les lui laissant par ses dernières dispositions.

Mais ces secours étaient venus trop tard, madame *de Fonbonne* n'était plus en état d'en profiter; elle n'avait pas eu même la consolation, en mourant, d'apprendre cette révolution dans sa fortune, pour la faire tourner à l'avantage de la pauvre *Clotilde*.

Cet héritage se trouvait ainsi dévolu au domaine du prince. Heureusement les recherches ordinaires en pareille occasion firent parvenir à ses oreilles la noble conduite de la généreuse orpheline.

«Ah! s'écria-t-il dans le premier mouvement de son cœur, elle est bien plus digne que moi de cet héritage! Je renonce à mes droits en faveur des siens, et je me déclare son protecteur et son père.»

Toute la nation applaudit à ce jugement. *Clotilde*, en recevant cette récompense pour sa générosité, l'employa à élever de jeunes orphelines comme elle, à qui elle se plaisait surtout d'inspirer les sentimens qui la lui avaient méritée.

~~~~~~

MARTIN, OU L'EMPLOI DU TEMPS.

Martin, quoique simple compagnon, excellait dans son métier. Il aspirait de tous ses désirs à devenir maître; mais il lui manquait une certaine somme pour se faire recevoir.

Un marchand qui connaissait son industrie, voulut bien lui prêter cent écus pour trois ans, afin qu'il payât sa maîtrise; et qu'il achetât ce qui lui était nécessaire pour se mettre en état de travailler.

On se figure sans peine la joie de *Martin*. Il voyait déjà, dans son imagination, sa boutique richement étoffée; il avait peine à compter le nombre de pratiques nouvelles qui s'empresseraient de l'employer, et tout l'argent que son travail allait lui rapporter au bout de l'année.

Dans les transports extravagans de joie où le jetèrent ces pensées, il aperçoit un cabaret: «Allons, dit-il en y entrant, il faut commencer à tirer de cet argent quelque plaisir.»
~~~~~~

Il hésita quelques momens à demander du vin. Sa conscience lui criait à haute voix que le moment de jouir n'était pas encore arrivé; qu'il fallait d'abord songer au moyen de rembourser, au temps prescrit, les avances qu'on lui avait faites ; que jusqu'alors il n'était pas honnête d'en dépenser un sou sans la plus grande nécessité. Il s'avançait vers le seuil de la porte, prêt à céder à ces premiers mouvemens de droiture. «Cependant, dit-il en retournant sur ses talons, quand je dépenserais aujourd'hui trente sous pour me réjouir du bonheur qui m'attend, il me resterait encore quatre-vingt-dix-neuf écus et demi. C'est plus qu'il n'en faut pour payer ma maîtrise et me mettre en fonds; et je puis en un jour réparer cette petite·brèche par mon travail.»

C'est ainsi que, déjà le verre à la main, il cherchait à étouffer ses reproches intérieurs. Mais, hélas ! le pauvre homme, c'était le premier pas qui devait l'entraîner à sa ruine.

Le lendemain, une douce image du plaisir qu'il avait goûté la veille dans le cabaret, vint se présenter à son esprit, et il fit beaucoup moins de façons avec sa conscience pour dépenser encore trente sous de la même manière.

Les jours suivans, le goût de l'ivrognerie s'était si bien emparé de lui, qu'il prit, sans remords, trois écus l'un après l'autre, et les dépensa comme il avait fait du premier.«Car, se disait-il à chaque séance, ce n'est que trente sous. Ah ! il m'en restera encore bien assez.»

Telles étaient ses paroles insensées pour répondre à la voix de la raison, qui de temps en temps se faisait entendre. Il ne considérait pas que sa fortune consistait en cent écus pleins, et que, du sage emploi de la moindre partie, dépendait l'utile destination de la somme entière.

Vous voyez, mes amis, par quels degrés insensibles il se précipita dans une vie de débauche. Il ne trouvait plus aucun plaisir à travailler, uniquement occupé, comme il l'était, de sa richesse actuelle, qui lui semblait inépuisable. Cependant il ne tarda guère à s'apercevoir qu'elle diminuait de jour en jour; il sentit avec effroi qu'il ne pouvait plus atteindre son but, parce qu'il n'y avait pas d'apparence que son bienfaiteur lui prêtât cent nouveaux écus, après l'avoir vu dissiper les premiers dans le désordre.

Bourrelé de honte et de remords, plus il cherchait à les étouffer dans le vin, plus il avançait l'heure de sa ruine. Enfin il arriva, ce funeste moment, où, dégoûté du travail, en horreur à lui-même, la vie lui devint insupportable dans la perspective de l'avenir effrayant qui s'ouvrait devant lui.

Il s'éloigna de sa patrie, poursuivi par les furies du désespoir, et il alla se jeter dans une bande de voleurs, avec lesquels il commit toutes sortes de scélératesses : mais le Ciel vengeur ne les laissa pas long-temps impunies : et *une mort violente* fut le dernier terme de ses jours criminels.

Ah ! si le malheureux avait écouté la première fois les avis de sa raison et les reproches de sa conscience, tranquille aujourd'hui dans son état, il attendrait, au sein de l'aisance et de l'honneur, le repos et la considération d'une vieillesse fortunée.

CONVERSATION

Entre M. l'abbé Lemonnier et la première Rosière de Saint-Sauveur-le-Vicomte, le premier juin 1777.

Oh çà ! bonne fille, causons nous deux. Dites-moi, quand vous aviez fini votre année de service et que vous reveniez chez votre père, combien rapportiez-vous de vos gages ?—Je rapportais tout, je rapportais mes 36 livres.—J'entends; vous ne preniez rien pour votre entretien ? Mais, comment pouviez-vous nourrir votre père et vous avec vos 36 livres?—J'y allais doucement, je ménageais.—Vous aviez beau ménager, il n'y avait pas seulement de quoi avoir du pain.—Aussi je n'en avais pas toujours. Quand j'en avais, j'étais bien contente.—Et quand vous n'en aviez pas?—J'empruntais, je faisais de la bouillie à mon père; mais cela n'arrivait pas souvent.—Comment ?—Quand je voyais que le pain diminuait, je n'en mangeais plus, je le gardais pour lui. — Et vous ?—Oh ! moi, je me faisais de la soupe. — Sans pain ? — J'y mettais force choux et de ce que le jardin me fournissait.—Vous l'assaisonniez avec du beurre ? —Oui, quand j'en avais. — Et quand vous n'en aviez pas ?—Avec du sel. —Bien ! vous étiez contente lorsque votre père était content?—Content ! il ne l'était pas toujours; quand je lui faisais sa soupe à part, il grondait, et me disait : Pourquoi fais-tu deux cuisines ? Moi, je lui disais : Dame, vous voulez toujours manger la même chose, cela m'ennuie. Quand il me demandait ce que j'allais manger, je lui nommais ce dont j'avais envie. — C'est-à-dire, ce que vous auriez eu envie d'avoir.

— Une fois qu'il s'aperçut que je n'avais pas de quoi pour moi, il m'en dit bien long. Il me disait : Ce n'est pas à moi à être bien nourri, puisque je reste là sur mon lit à ne rien faire ; c'est à toi qui travailles et qui te fatigues. Tiens, si cela t'arrive davantage, je ne mangerai de rien, je t'en avertis. —Eh bien ! quand cela arriva encore ? —Il ne s'en aperçut pas. — Comment cela ? Quand il avait dîné, je le portais dans le jardin autant de temps qu'il m'en fallait. —Vous pouviez le porter ?— Quand je le prenais sur son lit, je le pouvais bien. C'était quand il fallait le prendre à terre dans le jardin que j'avais bien de la peine ; mais je mettais une chaise à côté de lui, et puis je le prenais dans mes bras, et je pouvais bien le porter.

— Et à qui empruntiez-vous quand vous n'aviez plus rien ? —A ceux que j'avais déjà servis, et que je devais servir encore. Je leur demandais bien jusqu'à la valeur de 3 livres, mais par-delà je n'étais pas hardie. Un jour que je n'avais plus rien, je voulus emprunter du grain dans deux maisons : on m'en refusa. Cela fait bien de la peine quand on sait qu'il y en a. Le lendemain, qui était un dimanche, en m'en revenant de la grand'messe, j'étais triste ; j'entrai chez le cousin *Bernard Letellier ;* ils me trouvèrent changée, et me dirent : « Qu'est-ce que tu as ? Moi, je leur dis : Je n'ai rien, et c'est ce qui me fâche, et puis je m'en allai. Une heure après, ma cousine s'en vint chez nous, et me dit : Tu es entrée à la maison, nos gens t'ont demandé ce que tu avais, tu leur as dit, *je n'ai rien, c'est ce qui me fâche.* Est-ce que tu n'as rien ?—Eh bien ! oui, je n'ai rien ; mais ne le dites pas à mon père. » Elle me donna de quoi pour la journée, et, le lendemain, elle emprunta de l'argent pour m'acheter une *somme* de blé. La même chose était arrivée à mon père quand nous étions petites; il me le contait encore il n'y a pas six mois. — Si vous vous en souvenez, racontez-moi ce qui arriva à votre père. — Volontiers. Un jour qu'il n'y avait plus de pain à la maison, il s'en alla dans deux endroits demander du grain à emprunter: on le refusa. Il n'osait plus aller ailleurs, il s'en revenait en pleurant. Un homme qui n'était pas de la paroisse, mais qui connaissait mon père, le trouva, et lui dit: « Qu'est-ce que tu as, *Guillaume Letellier?* « pourquoi pleures-tu en rôdant autour de ta mai- « son? Mon père lui dit : C'est que je n'ose plus « y rentrer. — Et d'où vient ? — C'est que j'ai là « trois petites filles qui ne s'embarrasseront pas si « j'ai du pain ou non; elles vont m'en demander. « — Est-ce que tu n'as pas de pain? — Non, de- « puis hier. — Viens-t'en chez nous. » Cet homme-là lui prêta du blé pour tout l'été.

ANECDOTE.

Heureuse présence d'esprit d'un ivrogne.

Dans une de ces visites que le feu roi de Prusse rendait *incognito* à ses soldats, il lui arriva un soir d'en rencontrer un qui paraissait avoir bu plus que de raison. Il l'aborda d'un air familier, et lui demanda, par forme de conversation, comment, avec sa modique paie, il se trouvait en état de faire des libations aussi copieuses. « Sur ma parole, camarade, ajouta-t-il, je suis à la même paie que vous, et cependant je ne puis rien mettre de côté pour la taverne. De grâce, apprenez-moi comment vous faites.—Vous m'avez l'air d'un bon diable, répondit le soldat en lui serrant la main, pourquoi vous le cacherais-je ? Aujourd'hui, par exemple, je viens de régaler une ancienne connaissance ; il serait bien dur, n'est-il pas vrai, que, de temps en temps, on n'eût pas la satisfaction de trinquer avec un ami ? Or, en pareille circonstance, la paie d'un jour ne nous mènerait pas loin. J'ai donc·été forcé d'avoir recours au vieil expédient. —Quel est-il ?— Bon, je mets en gage ceux de mes effets dont je puis me passer quelques jours; ensuite un peu d'abstinence ramène de quoi les ravoir. Ce matin, j'ai fait ressource avec la lame de mon sabre. On ne nous assemblera pas avant une semaine : ainsi je n'en aurai pas besoin. » Frédéric eut soin de bien remarquer son homme ; puis il le remercia, et lui souhaita le bonsoir. Le lendemain, les troupes reçurent, à l'improviste, un ordre de s'assembler. Le roi les passa en revue, et venant à reconnaître son camarade de la veille, il le fit sortir du rang avec le soldat qui était à sa droite, en leur commandant de se dépouiller. « Maintenant, dit-il à celui qu'il voulait surprendre, tirez votre sabre, et coupez la tête à ce misérable. » Il veut s'excuser ; il supplie le roi de ne pas le condamner à gémir toute sa vie d'avoir fait mourir un honnête homme, avec qui il sert depuis quinze ans. Le roi demeura inflexible. « Eh bien ! sire, dit enfin le soldat, puisque rien ne peut vous toucher, je prie Dieu de faire un miracle en ma faveur, et de changer mon sabre en un morceau de bois. » Il prononça ces mots avec une dévotion affectée, et feignit la plus grande surprise, lorsqu'ayant tiré son sabre, il trouva son souhait accompli. Le monarque admira son adresse, et, non content de lui pardonner, il le gratifia d'une récompense.

ROBERT,

Ou le Jeune Marseillais et le Baron de M***.

Un jeune homme, nommé *Robert*, attendait sur le rivage, à Marseille, que quelqu'un entrât dans son batelet. Un inconnu s'y place; mais un instant après, il se préparait à en sortir, malgré la présence de *Robert*, qu'il ne soupçonnait pas d'en être le patron. Il lui dit que, puisque le conducteur de cette barque ne se montrait point, il allait passer dans une autre. «Monsieur, lui dit le jeune homme, celle-ci est la mienne; voulez-vous sortir du port?—Non, monsieur, il n'y a plus qu'une heure de jour. Je voulais seulement faire quelques tours dans le bassin, pour profiter de la fraîcheur et de la beauté de la soirée..... Mais vous n'avez pas l'air d'un marinier, ni le ton d'un homme de cet état.—Je ne le suis pas en effet; ce n'est que pour gagner de l'argent que je fais ce métier les fêtes et les dimanches. — Quoi! avare à votre âge! cela dépare votre jeunesse, et diminue l'intérêt qu'inspire d'abord votre heureuse physionomie. — Ah! monsieur, si vous saviez pourquoi je désire si fort gagner de l'argent, vous n'ajouteriez pas à ma peine celle de me croire un caractère si bas. — J'ai pu vous faire tort, mais vous ne vous êtes point expliqué. Faisons notre promenade, et vous me conterez votre histoire.» L'inconnu s'assied. «Eh bien! poursuit-il, dites-moi quels sont vos chagrins; vous m'avez disposé à y prendre part. —Je n'en ai qu'un, dit le jeune homme : celui d'avoir un père dans les fers, sans pouvoir l'en tirer. Il était courtier dans cette ville : il s'était procuré de ses épargnes et de celles de ma mère, dans le commerce des modes, un intérêt sur un vaisseau en charge pour Smyrne : il a voulu veiller lui-même à l'échange de sa pacotille et en faire le choix. Le vaisseau a été pris par un corsaire et conduit à Tétouan, où mon malheureux père est esclave avec le reste de l'équipage. Il faut deux mille écus pour sa rançon ; mais, comme il s'était épuisé afin de rendre son entreprise plus importante, nous sommes bien éloignés d'avoir cette somme. Cependant ma mère et mes sœurs travaillent jour et nuit ; j'en fais de même chez mon maître, dans l'état de joaillier que j'ai embrassé, et je cherche à mettre à profit, comme vous voyez, les dimanches et les fêtes. Nous nous sommes retranchés jusque sur les besoins de première nécessité ; une seule petite chambre forme notre logement. Je croyais d'abord aller prendre la place de mon père, et le délivrer en me chargeant de ses fers ; j'étais prêt à exécuter ce projet, lorsque ma mère, qui en fut informée je ne sais comment, m'assura qu'il était aussi impraticable que chimérique, et fit défendre à tous les capitaines du Levant de me prendre sur leur bord. — Et recevez-vous quelquefois des nouvelles de votre père ? Savez-vous quel est son patron à Tétouan, quels traitemens il y éprouve?— Son patron est intendant des jardins du roi : on le traite avec humanité, et les travaux auxquels on l'emploie ne sont pas au-dessus de ses forces ; mais nous ne sommes pas avec lui pour le consoler, pour le soulager ; il est éloigné de nous, d'une épouse chérie, et de trois enfans qu'il aima toujours avec tendresse.—Quel nom porte-t-il à Tétouan?—Il n'en a point changé; il s'appelle *Robert*, comme à Marseille. — *Robert...*, chez l'intendant des jardins? Votre malheur me touche; mais d'après vos sentimens qui le méritent, j'ose vous présager un meilleur sort, et je vous le souhaite bien sincèrement..... En jouissant du frais, je voulais me livrer à la solitude : ne trouvez donc pas mauvais, mon ami, que je sois tranquille un moment. »

Lorsqu'il fut nuit, *Robert* eut ordre d'aborder. Alors l'inconnu sort du bateau, lui remet une bourse entre les mains, et, sans lui laisser le temps de le remercier, s'éloigne avec précipitation; il y avait dans cette bourse huit doubles louis en or, et dix écus en argent. Une telle générosité donna au jeune homme la plus haute opinion de celui qui en était capable; mais ce fut en vain qu'il fit des vœux pour le rejoindre et lui en rendre grâces.

Six semaines après cette époque, cette famille honnête, qui continuait sans relâche à travailler pour compléter la somme dont elle avait besoin, prenait un dîner frugal, composé de pain et d'amandes sèches : elle voit arriver *Robert* le père très-proprement vêtu, qui la surprend dans sa douleur et sa misère. Qu'on juge de l'étonnement de sa femme et de ses enfans, de leurs transports, de leur joie ! Le bon *Robert* se jette dans leurs bras, et s'épuise en remercîmens sur les 50 louis qu'on lui a comptés en s'embarquant dans le vaisseau, où son passage et sa nourriture étaient acquittés d'avance, sur les habillemens qu'on lui a fournis, etc.: il ne sait comment reconnaître tant de zèle et tant d'amour.

Une nouvelle surprise tenait cette famille immobile; ils se regardaient les uns les autres. La mère rompt le silence : elle imagine que c'est son fils qui a tout fait; elle raconte à son père comment, dès l'origine de son esclavage, il avait voulu aller prendre sa place, et comme elle l'en avait empêché. « Il fallait six mille francs pour la rançon : nous en avions, poursuit-elle, un peu plus de la moitié, dont la meilleure partie était le fruit de son travail; il aura trouvé des amis qui l'auront aidé. » Tout à coup rêveur et taciturne, le père reste consterné; puis, s'adressant à son fils : « Malheureux, qu'as-tu fait ? comment puis-je te devoir ma délivrance, sans la regretter ? Comment pouvait-elle rester un secret pour ta mère, sans être acheté au prix de la vertu ? A ton âge, fils d'un infortuné, d'un esclave, on ne se procure point naturellement les ressources qu'il te fallait. Je frémis de penser que l'amour filial t'a rendu coupable. Rassure-moi, sois vrai, et mourons tous si tu as pu cesser d'être honnête.—Tranquillisez-vous, mon père, répondit-il en l'embrassant; votre fils n'est pas indigne de ce titre, ni assez heureux pour vous prouver combien il lui est cher. Ce n'est point à moi que vous devez votre liberté; je connais votre bienfaiteur. Souvenez-vous, ma mère, de cet inconnu qui me donna sa bourse; il m'a fait bien des questions. Je passerai ma vie à le trouver, et il viendra jouir du spectacle de ses bienfaits. » Ensuite il raconte à son père l'anecdote de l'inconnu, et le rassure ainsi sur ses craintes.

Rendu à sa famille, *Robert* trouva des amis et des secours. Les succès surpassèrent son attente. Au bout de deux ans, il acquit de l'aisance; ses enfans, qu'il avait établis, partageaient son bonheur entre lui et sa femme, et il eût été sans mélange si les recherches continuelles du fils avaient pu faire découvrir ce bienfaiteur, qui se dérobait avec tant de soins à leur reconnaissance et à leurs vœux. Il le rencontre enfin un dimanche matin, se promenant seul sur le port. « Ah, mon Dieu tutélaire!» c'est tout ce qu'il peut prononcer en se jetant à ses pieds, où il tomba sans connaissance. L'inconnu s'empresse de le secourir et de lui demander la cause de son état. «Quoi, monsieur, pouvez-vous l'ignorer? lui répond le jeune homme. Avez-vous oublié *Robert* et sa famille infortunée que vous rendîtes à la vie en lui rendant son père? —Vous vous méprenez, mon ami; je ne vous connais point, et vous ne sauriez me connaître : étranger à Marseille, je n'y suis que depuis peu de jours.— Tout cela peut être ; mais souvenez-vous qu'il y a vingt-six mois que vous y étiez aussi ; rappelez-vous cette promenade dans ce port, l'intérêt que vous prîtes à mon malheur, les questions que vous me fîtes sur les circonstances qui pouvaient vous éclairer et vous donner les lumières nécessaires pour être notre bienfaiteur. Libérateur de mon père, pouvez-vous oublier que vous êtes le sauveur d'une famille entière, qui ne désire plus rien que votre présence ? Ne vous refusez pas à ses vœux, et venez voir les heureux que vous avez faits..... Venez.—Je vous l'ai déjà dit, mon ami, vous vous méprenez.—Non, monsieur, je ne me trompe point; vos traits sont trop profondément gravés dans mon cœur pour que je puisse vous méconnaître. Venez de grâce. » En même temps il le prenait par le bras, et lui faisait une sorte de violence pour l'entraîner. Une mul-

titude de peuple s'assemblait autour d'eux. Alors
l'inconnu d'un ton plus grave et plus ferme :
« Monsieur, dit-il, cette scène commence à être fatigante. Quelque ressemblance occasione vôtre
erreur ; rappelez votre raison, et allez dans votre
famille profiter de la tranquillité dont vous me
paraissez avoir besoin.—Quelle cruauté ! s'écrie le
jeune homme ; bienfaiteur de cette famille, pourquoi altérer, par votre résistance, le bonheur
qu'elle ne doit qu'à vous ? Resterai-je en vain à
vos pieds ? Serez-vous assez inflexible pour refuser le tribut que nous réservons depuis si longtemps à votre sensibilité ? Et vous qui êtes ici présens, vous que le trouble et le désordre où vous
me voyez doivent attendrir, joignez-vous tous à
moi, pour que l'auteur de mon salut vienne contempler son propre ouvrage. » A ces mots, l'inconnu paraît se faire quelque violence ; mais,
comme on s'y attendait le moins, réunissant
toutes ses forces, et rappelant son courage pour
résister à la séduction de la jouissance délicieuse
qui lui est offerte, il s'échappe comme un trait
au milieu de la foule, et disparaît en un instant.

Cet inconnu le serait encore aujourd'hui, si
ses gens d'affaires, ayant trouvé dans ses papiers,
à la mort de leur maître, une note de sept mille
cinq cents livres, envoyées à M. *Maïn*, de Cadix,
n'en eussent pas demandé compte à ce dernier,
mais seulement par curiosité, puisque la note
était bâtonnée et le papier chiffonné comme ceux
que l'on destine au feu. Ce fameux banquier répondit qu'il en avait fait usage pour délivrer un
Marseillais, nommé *Robert*, esclave à Tétouan,
conformément aux ordres de *Charles de Secondat*, baron de Montesquieu, président à mortier

au parlement de Bordeaux. On sait que l'illustre *Montesquieu* aimait à voyager, et qu'il visitait souvent sa sœur, madame *d'Héricourt*, mariée à Marseille.

RUYTER,

De Matelot, devient Amiral et Duc.

RUYTER, né à Flessingue en 1607, n'avait que onze ans lorsqu'il commença à fréquenter la mer. Il s'y signala dans les divers emplois qu'il y exerça successivement ; après avoir été matelot, contre-maître et pilote, il devint capitaine de vaisseau. Il repoussa les Irlandais qui voulaient se rendre maîtres de Dublin et en chasser les Anglais. Huit voyages dans les Indes-Occidentales et deux dans le Brésil lui méritèrent, en 1641, la place de contre-amiral. Ce fut alors qu'on l'envoya au secours des Portugais contre les Espagnols ; il s'avança jusqu'au milieu des ennemis dans le combat, et donna tant de preuves de bravoure, que le roi de Portugal ne put lui refuser les plus grands éloges. Il acquit encore plus de gloire devant *Salé*, ville de Barbarie. Malgré cinq vaisseaux corsaires d'Alger, il passa seul à la rade de cette place. Les Maures de *Salé*, spectateurs de cette belle action, voulurent que *Ruyter* entrât en triomphe dans la ville, monté sur un cheval superbe, suivi des capitaines corsaires qui marchaient à pied.... Envoyé, en 1659, au secours du roi de Danemarck, contre les Suédois, il soutint son ancienne gloire, et en acquit une nouvelle ; le monarque danois l'anoblit, lui et sa famille, et lui donna une pension. Les places de vice-amiral et de lieutenant-général amiral furent la récompense de ses exploits ; il mérita cette dernière dignité, la plus haute à laquelle il pût aspirer, par une victoire signalée qu'il remporta sur les flottes de la France et de l'Angleterre. Il y eut trois batailles navales l'année suivante entre la flotte hollandaise et les flottes française et anglaise : l'amiral *Ruyter* fut plus admiré que jamais dans ces trois actions.

D'Estrées, vice-amiral des vaisseaux français, écrivit à *Colbert* : « Je voudrais avoir payé de ma vie la gloire que *Ruyter* vient d'acquérir. *Ruyter* n'en jouit pas long-temps ; il termina sa carrière devant la ville d'Agosta, en Sicile, l'an 1676, dans un combat qu'il livra aux Français. Ce grand homme avait commencé par être mousse, et l'obscurité de sa naissance ne le rend que plus respectable. Le conseil d'Espagne lui donna le titre et les patentes de duc [1], qui n'arrivèrent qu'après

---

(1) Il existe depuis long-temps, à Toulon, une famille de ce nom, qui a donné à la marine plusieurs officiers distingués. Un de ces messieurs se trouvant à dîner (sur la fin de l'année 1786) chez une femme aimable de Paris, avec plusieurs gens de qualité, M. le comte *de Ségur*, commandant de Péronne, lui demanda s'il descendait de *Ruyter*, Hollandais. Le chevalier *Ruyter* assura modestement que non. « Mais comment est-il possible qu'un pareil nom se trouve ainsi transplanté, et dans le même service ? — Monsieur, dit M. *de Ruyter*, une de mes aïeules épousa en secondes noces l'amiral *Ruyter*, et ce grand homme voulut bien prendre et illustrer notre nom. — Monsieur, dit le comte *de Ségur*, je suis touché de votre franchise : elle est si rare dans ce pays-ci ! J'ai un monument de la reconnaissance d'un souverain envers votre illustre allié ; et, comme je le crois rare, j'espère que vous voudrez bien l'accepter et le placer dans vos archives. » A ces mots, M. *de Ségur* envoie chercher chez lui une fort belle médaille d'or, frappée jadis par le roi et les états de Danemarck *pour le sauveur de la patrie, Ruyter :* et, la présentant à la maîtresse de la maison, il la prie de la faire accepter à M. *de Ruyter*. M. *de Ruyter*, comblé de ce procédé, en marque toute sa sensibilité à M. *de*

sa mort. Ses enfans refusèrent ce titre si brigué dans nos monarchies, *mais qui n'est pas préférable à celui de citoyen.*

TRAIT ANTIQUE.

Dans le temps que *Chemmis*, roi d'Égypte, faisait construire la plus haute de ces montagnes artificielles nommées pyramides, les peuples murmuraient souvent contre les travaux effrayans auxquels on les occupait. Un jeune homme, qui avait sué trente jours à rouler un rocher dans l'espace d'un stade, s'indignait contre l'ambition de son roi, et se répandait en invectives, accusant la nature de l'avoir fait naître sujet. Son père, qui avait la sagesse de l'expérience et la prudence de la sagesse, s'approcha de son fils, et lui dit : « Il te sied bien, jeune homme, de maudire ta condition ; et, si le Ciel t'avait fait naître roi, comment supporterais-tu le fardeau d'un empire ? songe à ton sort, examine celui de ton roi, et compare.

« Tu travailles pour lui seul, il travaille pour toute l'Égypte : toute ton occupation est de placer cette pierre dans un angle de la pyramide ; le roi, dans ce moment, s'occupe de cent édifices qui doivent éterniser la gloire de son peuple : tu emploies pour lui quelques heures du jour ; jour et nuit il est condamné à veiller

---

Ségur, et, m'ayant rencontré le lendemain, il me chargea d'enchérir encore sur les expressions dont il s'était servi. Je ne dirai pas qu'on n'entend raconter de pareils traits qu'à Paris, mais je dirai qu'on reconnaît la noblesse et l'honorable loyauté de M. *de Ségur*.......

Des Chevaliers français tel est le caractère.

à ta sûreté; tes soins s'étendent sur quelques enfans qui t'aiment, sur une épouse qui t'adore, et peut-être sur un père qui ne pense qu'à ton bonheur; ton roi n'a plus de père, et il veille sur un peuple d'enfans, dont plusieurs aussi ingrats que toi le maudissent.

« Quelques jours de sueurs t'irritent contre lui: combien ne doit-il pas maudire une existence chargée des sollicitudes du trône et des chaînes de la royauté! Si le jour t'impose un travail pénible, la nuit t'offre un repos tel que ton roi n'en a jamais goûté. Tu es aimé de ta famille; il est contraint de se défier de la sienne. Puissante Isis, quels biens peuvent compenser ce tourment! Jeune homme, tu peux faillir dans l'obscurité : les fautes de ton roi sont toutes en évidence. Si ton destin était de commettre un crime, ton malheureux père en gémirait ; mais ta honte entrerait avec toi dans le tombeau : que ton roi abuse une seule fois de cette autorité qui te gêne, l'univers entier, que dis-je? la postérité le condamne à l'infamie. Exposé aux yeux des hommes, la vertu est pour lui un devoir; elle est un plaisir pour toi. Tu reproches à son ambition les sueurs qu'elle te coûte; comptes-tu pour rien l'Égypte purifiée, le Nil enfermé dans ses rivages, tant de canaux d'abondance, tant de riches moissons dont sa vigilance t'assure la récolte? Comptes-tu pour rien ce sommeil qui le fuit, que tu goûtes en paix, et que les Arabes te raviraient si le bras de ton roi ne les tenait éloignés?

« Mais il abuse du luxe que le Ciel permet à la grandeur du trône : est-ce à toi à le lui reprocher? Si toi, obscur habitant de l'Égypte, tu ne peux te défendre souvent d'un mouvement d'orgueil, pardonne-le à un prince à qui il coûte plus cher qu'à toi. Tu gémis, tu murmures; sujet, tu te plains d'être esclave : eh! grand Dieu! qui est plus esclave que ton roi? Compare ses devoirs aux tiens, compare ce que vous perdez tous deux en les oubliant. Tu envies ses richesses? Eh! n'est-ce pas toi qui le nourris? Tu envies sa puissance? et sans elle que ferait ta faiblesse contre tous les ennemis qui t'environnent? Tu te plains qu'il faille des rois : et serais-tu assez sage pour t'en passer?

Va, mon fils, travaille sans murmurer; jouis sans trouble du repos qui suit tes fatigues, et prie la grande déesse de ne jamais te haïr au point de te faire asseoir sur le trône.

LES FRÈRES ARRAGON,

Fermiers de M. DE PASTORET, à Marseille.

L'AMITIÉ, ce sentiment si tiède et si nul pour la plupart des hommes personnels que nous voyons, est encore une passion vive et sublime chez les habitans de nos provinces méridionales. Les Marseillais surtout, issus des Grecs, et, comme ces peuples, sensibles avec excès, ont des saillies de caractère admirables, et peu d'années se passent sans que les citoyens de cette heureuse contrée laissent échapper quelques-uns de ces traits qui rendent l'histoire ancienne si touchante. Voici une de ces anecdotes qui m'a été racontée plusieurs fois avec enthousiasme par un ami fait pour en sentir tout le prix; son caractère et sa probité en garantissent la certitude.

M. *de Pastoret*, un des plus éclairés et des plus intègres magistrats de Marseille, avait depuis long-temps deux frères pour fermiers d'un de ses héritages; et ces deux frères s'étaient toujours aimés de la plus inaltérable amitié. En hiver, les soirées sont bien longues à la campagne! ce climat d'ailleurs invite assez les hommes à se ressouvenir que si la vie est un bienfait, on ne le reçoit de la nature qu'avec l'obligation de le transmettre. Ils songèrent donc à se marier.

Dire qu'ils vécurent d'abord en commun et assez paisiblement, on s'y attend; mais on ne s'attend guère sans doute que les deux femmes, formées d'un sang étranger et ayant des intérêts différens, aient pu s'accorder éternellement. Aussi la paix ne dura-t-elle que quelques années. La femme de l'aîné eut dix à douze enfans en huit à neuf ans; celle du cadet n'en eut point. La première était d'une humeur plus difficile; la seconde sentait peut-être ses avantages. On avait vécu jusque-là dans la même ferme, et sans avoir songé à partager les lots et les profits. Une querelle survint. Les querelles provençales sont comme les vents, les orages et les chaleurs de cet ardent climat, c'est-à-dire fort vives, pour ne rien dire de plus. Il fut décidé qu'on ferait le partage en question, et qu'on se séparerait. C'étaient les femmes qui criaient et qui le voulaient; il fallait bien que les pauvres maris obéissent.

On se rendit un dimanche matin chez M. *de Pastoret*. Il est d'usage, en pareil cas, que l'une des deux parties fasse les lots de partage, et que l'autre choisisse ce qui lui plaît. Voilà les parts faites par l'aîné en présence des femmes et des dix enfans. Des larmes coulaient ; une pâleur mortelle , un silence expressif et douloureux, attestaient le déchirement des cœurs fraternels. Le cadet choisit enfin d'une main tremblante, et dit : « Je prends cette part, frère ; mais elle n'est pas complète. — Elle l'est, mon ami, dit l'aîné, elle l'est, tu le sais bien. — Je sais et je vois qu'elle n'est pas égale, et qu'il y manque ce que j'en aime le plus... Eh ! crois-tu, cruel, que moi qui n'ai point d'enfans, je vais diviser nos biens sans partager aussi ta famille ? J'en veux la moitié ; je choisis cinq de ces enfans, et je prends les cadets et cadettes, afin que les plus grands puissent t'aider dans tes travaux : ce que j'exige là, ma femme le veut comme moi. »

Le ton dont tout cela fut dit, l'impression qui se fit sur toutes les physionomies, changèrent soudainement ce rendez-vous d'intérêt en scène délicieuse. Les neveux sautèrent au cou de l'oncle, les belles-sœurs s'embrassèrent en pleurant, et les deux frères... non, je ne décrirai point leurs étreintes. O *Greuze !* ô *Vernet !* que n'étiez-vous là pour saisir les éloquentes expressions dont l'honnêteté et la sainte amitié animaient les physionomies de ces deux frères ! J'aimerais bien mieux voir un pareil tableau éclore sous vos touches morales et vraies, que d'admirer avec effroi vos tempêtes et vos malédictions paternelles. Les beaux-arts ne devraient peindre que la belle nature, et s'arrêter peut-être là où *l'expression* se force, s'exagère et devient hideuse.

Je tiens cette anecdote de *M. de Pastoret* fils, conseiller à la Cour des aides de Paris et membre de l'académie des Belles-lettres. Un des fils de ces honnêtes gens est encore son fermier à Marseille. Heureux les maîtres qui ont de pareils gens ! plus heureux les fermiers qui ont un pareil maître !

GEMINUS ET GEMELLUS,

Conte moral.

Geminus et Gemellus étaient jumeaux, et fils d'un riche campagnard que j'appellerai Euphorion. Lorsqu'ils furent en âge de commencer leurs études, Euphorion se trouva fort embarrassé de savoir à quelle méthode d'éducation il devait donner la préférence. Il avait lu beaucoup de traités sur ce sujet ; mais, loin de dissiper ses doutes, les livres n'avaient servi qu'à les accroître : il avait consulté ses amis et ses voisins ; mais leurs opinions étaient si partagées, le pour et le contre se balançaient tellement, qu'il demeurait toujours dans l'indécision. Par malheur, sa propre éducation ayant été presque nulle, aucun motif de partialité ne pouvait déterminer son choix. Le curé du lieu exaltait les avantages moraux de l'éducation particulière ; un avocat, le plus proche voisin d'Euphorion, faisait valoir à ses yeux les utiles liaisons qui se forment dans les colléges, et la connaissance des hommes que les jeunes gens y acquièrent. Euphorion, se voyant entre deux chemins dont il ne savait lequel prendre, trancha la difficulté en les prenant tous les deux : il confia Geminus aux soins du ministre, et l'homme de loi conduisit Gemellus à Londres pour le placer à l'école de Westminster. Les choses étant arrangées, Euphorion attendit paisiblement le résultat des deux systèmes.

Mais il rabattit de son estime pour celui de l'avocat ; toutes les fois que des temps de vacance ramenèrent Gemellus dans la maison paternelle, son extérieur ne pouvait plus entrer en comparaison avec le maintien de son frère. Toujours effaré, meurtri, ses vêtemens en lambeaux, ses cheveux sur le front, on avait peine à croire qu'il ne fût pas d'une autre espèce que l'élégant petit monsieur qui faisait les délices du salon. Euphorion était choqué de voir la même altération dans ses mœurs que dans sa personne. Il prenait plaisir à passer son temps dans l'écurie, parmi les valets ; sans cesse entre les jambes des chevaux ou le premier à jouer et à courir avec les polissons du village.

C'était là un crime impardonnable aux yeux d'Euphorion ; car il abhorrait la *canaille,* et, se trouvant le premier gentilhomme de sa famille, il avait à cœur de soutenir ce titre. Aussi le pauvre Gemellus n'avait-il pas à se louer de son sort. Tout se réunit pour mettre le comble à sa disgrâce ; on crut s'apercevoir qu'il débauchait son frère, et même un certain jour on découvrit qu'il l'avait entraîné à une partie de crosse, d'où ce cher prodige fut ramené avec une plaie au menton, qui donna au chirurgien de l'occupation pour huit jours. Le pire, c'est qu'il fut prouvé que ce malheur était l'ouvrage d'une boule lancée par la crosse de Gemellus. De ce moment une défense rigoureuse interdit pour l'avenir toute société entre les deux frères, et l'on eut soin de les tenir séparés.

Bientôt le père s'avisa de soupçonner que Gemellus avait fait aussi peu de progrès dans ses études que dans la politesse. Mais, comme c'était un fait dont il ne pouvait s'assurer par lui-même, il chargea le curé de cette commission. Gemellus avait dans son sac tant de défaites et de stratagèmes, qu'il s'écoula bien du temps avant que son examinateur pût mettre l'affaire en train ; et, lorsqu'il en fut venu à bout, loin de tourner à l'avantage du malheureux écolier, cet incident acheva de le perdre dans l'esprit d'Euphorion. Au beau milieu de l'examen, un ricanement aussi scandaleux qu'immodéré lui ôta le pouvoir de répondre un seul mot. A la fin, le maître perdit patience, et leva le siége, emportant le chagrin d'une entreprise manquée, outre un surcroît de parure dont il ne se doutait pas. Chaque pièce de son habillement avait eu part aux espiégleries de Gemellus, et ce ne fut pas sans surprise qu'Euphorion le vit reparaître avec son ample perruque noire toute garnie de flèches de papier, qui la faisaient ressembler au dos d'un porc-épic. Le coupable, mandé sur-le-champ, dit pour toute excuse que ces petits dards lui avaient glissé des mains, et qu'il n'avait pas eu l'intention d'en coiffer le pasteur. « Sont-ce là, misérable, les tours que vous apprenez à Westminster ? » lui cria son père irrité, qui, voulant en même temps lui alonger un coup de l'une de ses béquilles, s'étendit tout de son long sur le plancher, car Gemellus avait eu le bon esprit de ne pas l'attendre. Mais il le vit à peine tombé, vieux et faible comme il était, qu'il se hâta de voler à son secours, et, avec l'aide du ministre, parvint à le remettre sur ses jambes. Les choses n'en allèrent pas mieux pour lui. Euphorion, plus irrité qu'auparavant, le bannit de sa présence, et le condamna à reprendre sans différer le chemin de son école. « Je ne veux pas, dit-il, garder plus long-temps dans ma maison un pareil vaurien ; autrement il faudrait recommencer son éducation sur un tout autre plan : or, ajouta-t-il en s'adressant au ministre, qui ôtait les flèches de sa perruque, il serait trop tard pour s'y prendre ; ainsi il peut retourner d'où il est venu. » Au même instant, il donna ordre qu'on le fît partir le lendemain matin.

On vint à parler de son devoir de vacances ; mais Geminus, qui ne faisait que d'entrer, assura d'un ton patelin que son frère était en repos de ce côté-là, vu que lui-même avait pris la peine de faire son ouvrage : c'était verser de l'huile sur le feu. Aussi le paresseux Gemellus fut-il rappelé devant ses juges ; on le réprimanda sévèrement de ce qu'il avait abusé de la complaisance de son frère, non sans le traiter de sot et d'ignorant qui ne savait pas faire sa propre besogne. Piqué de ces reproches, mais encore plus de la déloyauté de son frère, Gemellus tira le devoir de sa poche, et le lui jetant à la figure : « Vous êtes un malheureux, lui dit-il ; quant à moi, je dédaigne d'avoir obligation aux gens qui rendent service, et puis se vantent qu'ils l'ont rendu. » Après un moment de réflexion, il se tourna vers son père, et lui demanda pardon de sa conduite. « J'espère, lui dit-il, n'être pas tellement ignorant, que je ne sache venir à bout de mon devoir, si je veux m'en donner la peine ; et, afin de vous convaincre que je puis faire ma besogne sans aide, je vais m'y mettre et vous l'envoyer. » A ces mots, il sortit précipitamment de la chambre, et en moins de temps qu'on n'avait lieu de s'y attendre, apporta des vers hexamètres que le ministre avoua de bonne foi être admirablement faits pour son âge ; il déclara même que, parmi quelques fautes légères, on pouvait y distinguer des marques réelles de génie. « Je vous suis obligé, monsieur, répliqua Gemellus ; c'est plus que je ne mérite, et je vous demande excuse de l'impertinence que j'ai commise à votre égard. » En disant cela, les larmes lui roulaient dans les yeux, et il se retira sans avoir obtenu que son père lui adressât la moindre parole.

En s'en allant, il remarqua que Geminus l'avait suivi, et, encore tout indigné de sa conduite, il se tourna et lui dit, avec un regard dédaigneux : « Frère Geminus, vous devriez rougir de vous-même ; si vous étiez à Westminster, il n'y a pas un écolier qui voulût vous reconnaître, après une conduite aussi scandaleuse. — Je ne me soucie ni de vous ni de votre école, répondit le chef-d'œuvre de l'éducation domestique ; c'est vous, et non pas moi, qui devriez rougir de me parler de la sorte, et j'en instruirai mon père. — Oui-dà, reprit soudain Gemellus ; eh bien ! prenez ceci par-dessus le marché. » L'effet suivit de près la menace : il lui appliqua un soufflet si bien conditionné, que le sang lui sortit par les narines ; aussitôt il courut, en poussant des cris, vers Euphorion, qui accourut avec toute la promptitude dont il était capable. Gemellus tint ferme ; après que la fatale béquille se fut promenée à loisir sur ses épaules, il reçut ordre de demander pardon à son frère. Mais il refusa tout net, alléguant pour ses raisons qu'il avait déjà été puni, et que se laisser battre et demander pardon était plus qu'on ne devait attendre de sa soumission. Rien ne pouvant triompher de cet esprit revêche, on le renvoya à Westminster, sans un penny, et l'on écrivit au préfet le détail de sa conduite, en le grondant de ce qu'il n'avait pas soin de corriger un naturel si opiniâtre et si paresseux.

A l'arrivée de Gemellus, son maître le questionna en particulier sur les griefs qu'on lui reprochait. Il lui dit que ses fautes ayant été commises hors de l'école, il ne jugeait pas qu'il fût nécessaire de les lui faire expier devant ses camarades, mais que, s'il n'avait pas eu tort, en le jugeant sensible à l'honneur, il attendait de lui un aveu sincère de toute sa conduite.

Ces mots portèrent Gemellus à ne rien lui cacher, et il le congédia en lui faisant une légère exhortation qui avait à peine l'air d'une réprimande. Aux approches des vacances suivantes, la lettre que voici parvint à Gemellus de la part de son frère.

« FRÈRE GEMELLUS,

« Si vous vous êtes dûment repenti de votre conduite envers moi, et que vous notifiiez votre repentir en demandant pardon, comme il convient, de cette dernière incartade, j'intercéderai auprès de mon père, et je me flatte qu'à ma sollicitation il vous permettra de venir passer au logis les fêtes prochaines; sinon chargez-vous

10*

des suites, et prenez votre parti de rester où vous êtes, car à cette seule condition je me regarderai comme

« Votre affectionné frère,

« GEMINUS. »

Gemellus répondit en ces termes :

« MON CHER FRÈRE,

« Je suis fâché de voir que vous gardiez le souvenir d'une querelle passée depuis si long-temps. Soyez persuadé que j'ai parfaitement oublié la conduite que vous avez tenue envers moi ; mais je ne puis rien me rappeler dans celle que j'ai tenue envers vous, qui me mette dans le cas de vous en demander pardon. Quoi qu'il puisse m'arriver, pour ne pas accepter la condition que vous m'imposez, je serai toujours

« Votre affectionné frère,

« GEMELLUS. »

Cette lettre fixa le sort de Gemellus : le ressentiment jette des racines profondes dans les esprits bornés. Euphorion n'était pas assez pénétrant pour faire la distinction des caractères de ses fils. Il ne voyait point ce qu'il y avait de bas dans la façon d'agir adroite et ridicule de son favori, et ne savait pas reconnaître l'essor d'un généreux orgueil dans la fermeté de Gemellus ; il était peu au fait de ces sentimens d'honneur, que des enfans même se communiquent lorsqu'on les élève ensemble. Il s'emportait avec aigreur contre son voisin l'avocat, pour lui avoir fait adopter un si mauvais plan d'éducation; et, toutes les fois qu'il leur arrivait de se rencontrer, leur entretien ne consistait qu'en débats et en reproches, car ni l'un ni l'autre ne voulait se relâcher de son point, et le défenseur de Gemellus n'était pas plus disposé à lui retirer sa protection que son père ne l'était à lui rendre ses bonnes grâces.

Enfin ils convinrent d'un traité par lequel, en assurant à Geminus tout le bien qu'il possédait, Euphorion le chargea, en faveur de Gemellus, d'une rente annuelle dont son ami aurait la disposition tant que durerait sa minorité.

Dès-lors notre écolier, que l'intérêt touchait faiblement, défrayé de tout par l'avocat, et instruit de sa position, ne se donna plus aucun mouvement pour ramener son père; mais plein de ressources en lui-même, d'activité et d'émulation, il s'adonna au travail avec zèle, et acquit en peu de temps la réputation du plus habile d'entre ses camarades.

Il avait, c'est l'ordinaire, formé une liaison intime avec un enfant de son âge : ce dernier était fils d'un seigneur du plus haut rang, qui prit Gemellus en amitié, et chez qui il passait constamment ses jours de vacances. Prévoyant où cela pourrait le conduire, son tuteur consentit volontiers à le mettre, au sortir de l'école, dans le même collége dont on fit choix pour son ami; leur attachement mutuel s'y fortifia de plus en plus, à mesure qu'ils avancèrent en âge. Après un cours d'études académiques, où Gemellus augmenta encore la réputation qu'il avait apportée de Westminster, le lord père de son ami proposa de les faire voyager ensemble. Cette proposition troubla l'honnête jurisconsulte, en ce qu'elle entraînait une dépense au-delà de ses moyens, et il se trouva, pour la première fois, dans la nécessité d'avoir recours à Euphorion. Il l'alla donc voir un matin, et le tirant à part, il lui dit qu'il était venu à dessein de conférer avec lui, relativement à Gemellus. «Tant pis, s'écria le vieillard. —Un moment, monsieur, reprit l'avocat, daignez ne pas m'interrompre : bien qu'il soit mon pupille, Gemellus est né de vous; et si vous éprouvez les émotions d'un père, vous serez père, vous serez fier d'avouer les droits que ce nom vous a donnés sur lui.» Comme il proférait ces mots, un domestique des plus gauches se précipita dans la chambre, et saisi d'effroi et de confusion, dit à son maître qu'il y avait à la porte, dans un bel équipage, un grand seigneur qui demandait à lui parler. La surprise d'Euphorion égala presque celle de son valet ; et n'étant pas accoutumé à recevoir de telles visites, il se hâta de demander à l'avocat qui pouvait être ce lord; puis jetant un regard sur sa jambe goutteuse : « Je ne suis pas, dit-il, en état de paraître, et ne sais comment m'échapper. Au nom de Dieu, allez voir qui ce peut être ; et s'il y a moyen, empêchez qu'il ne me voie. »

Tout à coup la porte s'ouvrit, et laissa voir le noble étranger, qui n'était autre que le père de l'ami de Gemellus. Il s'approcha, se fit connaître, et tout en s'excusant d'une apparition si brusque, il expliqua ainsi les motifs de sa visite :

« Je viens, monsieur, dit-il en s'adressant à Euphorion, vous demander une grâce; vous avez l'honneur d'être père du jeune homme le plus

aimable et le plus accompli que j'aie vu. Peut-
être ne me conviendrait-il pas de parler de mon
propre fils aussi avantageusement que la vérité
semblerait m'y autoriser; mais j'espère le recommander à votre estime, en vous disant qu'il est
l'intime ami de votre Gemellus. Ils ont fait leurs
études ensemble; et, suivant la connaissance que
j'ai du monde, ces premières liaisons, lorsqu'un
bon choix y préside, doivent être comptées au
nombre des principaux avantages de l'éducation
publique. Or, me proposant de faire voyager mon
fils d'une manière qui, si je ne me trompe, con-
tribuera à son avantage et à son instruction, je
me flatte que vous me pardonnerez d'être ainsi
venu vous surprendre, lorsque vous saurez que
l'objet de ma visite est de solliciter votre consentement pour que Gemellus l'accompagne. » Pendant que le lord tenait ce discours, Euphorion changea plusieurs fois de contenance; ses
traits exprimèrent combien il était surpris d'entendre faire un semblable portrait de Gemellus :
un rayon de joie voulut s'y faire passage; mais
il fut bientôt obscurci par la honte et le souvenir du passé. Euphorion essaya de parler; la
confusion l'en empêcha. Il porta sur l'homme de
loi des yeux troublés et timides; l'air de satisfaction et de triomphe qui brillait sur son visage,
lui parut une insulte. Accablé de désespoir, il
baissa les yeux et garda le silence. Aucune de ses
émotions n'avait échappé au lord; il se tourna du
côté de l'avocat, pour lui dire qu'il croyait n'a-
voir pas besoin de faire semblant d'ignorer la
situation de Gemellus; et s'adressant de nouveau
à Euphorion : « Je conçois, lui dit-il, qu'une proposition de la nature de la mienne, quels que

soient les avantages qu'elle promet à votre fils, ne se concilierait pas avec l'étroit revenu que vous avez jugé à propos de lui assigner. Je n'entre pas dans vos raisons; vous avez fait la part de vos deux fils comme il vous a plu, et il faut avouer qu'un jeune homme élevé à la maison, vu le peu de moyens qu'il a pour s'avancer de lui-même, est moins qu'un autre en état de se passer des secours paternels. Gemellus a des talens qui assurent sa fortune, et si mes bons offices peuvent y contribuer, ils ne lui manqueront jamais. Voici où j'en veux venir : ma bourse, si vous le trouvez bon, pourvoira aux besoins de nos deux amis pendant leur voyage, et la modique propriété de Gemellus, accumulée durant cet intervalle, profitera dans les mains fidèles et chères à qui elle est confiée. »

Euphorion avait eu assez de loisir pour se reconnaître, mais il n'en avait pas profité ; les réflexions de l'étranger lui avaient offert des vérités fâcheuses, et il se trouvait aussi peu en état que la première fois de répondre avec fermeté. Il essaya néanmoins de balbutier quelques phrases; il pallia d'aussi bonne grâce qu'il lui fut possible les torts qu'il avait à se reprocher à l'égard de Gemellus, en les rejetant sur le mauvais état de sa santé et la retraite où il vivait. Il ajouta, en montrant l'homme de loi, qu'il avait mis Gemellus sous sa tutelle : qu'ainsi il était meilleur juge que lui-même de ce qu'il y avait à faire relativement à la proposition de mylord; qu'il s'en rapportait, qu'il priait mylord de s'en rapporter à sa décision. Il était charmé d'entendre parler si favorablement de Gemellus ; c'était beaucoup plus qu'il n'attendait, et il était pénétré de reconnaissance pour les services et la protection que mylord voulait bien lui assurer. « Si vous le permettez, interrompit le lord, j'aurai l'honneur de vous présenter mon fils, que j'ai laissé dans ma voiture ; et Gemellus viendra en même temps vous rendre ses devoirs. »

Euphorion pâlit à ce coup inattendu, mais sans pouvoir le parer ; et l'avocat, dans le transport de sa joie, introduisit sur-le-champ les deux amis. Gemellus maîtrisa ses mouvemens avec beaucoup d'adresse. Mais comment peindre l'état de son père, lorsqu'il aperçut en lui un jeune homme frais et robuste, qui se présentait avec grâce, et dont la physionomie ouverte respirait le génie, la grandeur d'âme et la bonté ? On vit dans son air un mélange de conviction, de repentir et de honte ; la nature y entrait aussi pour quelque chose. L'amour paternel semblait jouir comme à la dérobée ; il se taisait, et des sensations qu'il n'osait rendre faisaient trembler ses lèvres. Gemellus s'approcha, et lui fit un humble salut. Euphorion lui tendit la main ; il la prit dans les siennes et la porta respectueusement à sa bouche ; pas un seul mot ne troubla la solennité de leur entrevue, et le lord fut le premier qui rompit le silence, en disant tout bas à Gemellus que son père avait consenti à sa demande, et qu'il n'avait plus lieu de craindre d'être séparé de son ami. L'honnête avocat ne put se modérer plus long-temps ; il courut à Gemellus, qui le reçut à bras ouverts, et arrosant son cou de ses larmes, se sentit baigné en même temps de celles que lui faisaient répandre la tendresse et la reconnaissance.

Quand les esprits se furent un peu calmés,

Gemellus demanda à voir son frère ; lorsqu'il parut, le contraste frappant de leur extérieur prouva, mieux que les plus beaux raisonnemens, la supériorité de l'éducation publique. Du côté de Gemellus, ce n'était que candeur, franchise et cordialité : « Il se flattait, disait-il, que le temps avait apaisé tous leurs petits différends. Quant à lui, s'il en rappelait le souvenir, c'était uniquement pour regretter d'avoir vécu si long-temps séparé d'un frère qui avait tant de droits à son affection ; il espérait qu'à l'avenir, et pendant tout le reste de leur vie, ils seraient jumeaux pour la tendresse, comme ils l'étaient par la naissance. » Du côté de Geminus, quelque peu de sensibilité perçait à travers beaucoup d'affectation ; mais on ne peut rien se figurer de plus misérable. Le naturel ne se montrait pas dans un assez beau jour, et l'hypocrisie s'acquittait gauchement de son rôle.

Deux mots suffisent maintenant pour la conclusion de l'histoire, en tant qu'elle nous concerne. Euphorion cessa de vivre peu après cette entrevue. Geminus hérita de sa fortune, et dès le premier voyage qu'il fit à Londres, devenu l'époux d'une femme sans mœurs, dupé par un libertin, pillé par des escrocs, il perdit à la fois son patrimoine et sa réputation, trop heureux de subsister par la suite aux dépens de son frère Gemellus, qui, distingué par de grands talens que l'éducation et l'expérience avaient perfectionnés, doué d'un excellent caractère, animé d'une ambition louable, et secondé par un ami puissant, travaille encore aujourd'hui pour sa gloire et pour celle de l'État, dans une place éminente à laquelle il ne tarda pas à s'élever.

L'INCONSTANT.

Zéphyrin de Saint-Léger était né avec une mémoire facile, un esprit vif et pénétrant, une imagination souple, active et féconde. La fortune semblait promettre de couronner de si belles espérances, en lui donnant des parens dont le plus tendre désir était de cultiver dans leur fils les heureuses dispositions qu'il tenait de la nature. Une promptitude extrême à saisir les élémens des premières connaissances l'avait avancé de très-bonne heure, et il brûlait déjà de joindre des talens agréables à son instruction.

Un jour qu'il était allé voir un de ses camarades, il le trouva occupé à dessiner une tête romaine, dont le grand caractère le frappa vivement. A mesure que son ami en formait les traits sur son dessin, Zéphyrin les sentait s'animer dans son imagination. La vue de quelques morceaux du même genre, dont le cabinet était tapissé, achève de le pénétrer d'un enthousiasme tel que Raphaël dut le sentir la première fois qu'on lui donna des crayons.

Il revint en courant au logis, et ayant rencontré son père sur l'escalier, il se jeta à son cou, en le priant de redescendre, pour aller tout de suite lui chercher un maître de dessin. Son père, enchanté de l'ardeur qu'il témoignait, se rendit sans peine à ses instances ; ils allèrent ensemble chez le plus célèbre. Zéphyrin aurait bien voulu que le maître eût abandonné tous ses élèves, pour ne s'occuper que de lui seul depuis le matin jusqu'au soir. Comme il ne put le décider à ce sacrifice, il insista du moins pour que la leçon fût de deux grandes heures par jour. Il ne pouvait concevoir comment on n'employait pas chaque instant de sa vie entière à cultiver un art si plein de génie.

Son maître ne devait venir que le lendemain. Je ne vous dirai pas combien il avait tracé de figures avant la fin de la soirée. Tous ses cahiers étaient déjà couverts de têtes de caractère. Vous lui pardonnerez sans doute de n'y avoir pas mis du premier coup cette correction qui décèle une longue pratique. Il y avait, par exemple, un grand œil pour répondre à un petit; le nez partait quelquefois du milieu du front, et l'oreille venait écouter la bouche, ou la bouche allait mordre l'oreille à travers la rondeur de la joue: mais, à ces petits défauts près, son trait avait toute la pureté qu'on pouvait en attendre.

Il avait préparé lui-même un cahier énorme du plus grand papier qu'on eût trouvé dans la ville. Bientôt cet espace se trouva trop étroit pour loger le nombre d'yeux, d'oreilles, de bras et de jambes qu'il figurait sous la direction de son maître. L'hôtel des Invalides y aurait trouvé d'excellens modèles pour se remonter de tous les membres qui manquent à ses respectables habitans. Son impatience naturelle était un peu contrariée par la monotonie de ces premières études auxquelles on le tenait rigoureusement asservi dans ses leçons, pour assurer sa main. Aussi, dès qu'il était seul, s'affranchissait-il de la lenteur de cette marche, en cherchant déjà dans ses idées à former de grands tableaux. On venait de recrépir les murs du grenier : il imagina d'y retracer l'histoire romaine, dont il avait achevé la lecture. En effet, au bout de huit jours, il y eut charbonné une très-belle suite de têtes de tribuns, de bustes de consuls, de dictateurs à pied, d'empereurs à cheval, et je ne doute pas que si les noms eussent été sous les figures, pour les rendre tout-à-fait ressemblantes, un antiquaire n'eût trouvé le secret de composer sur cette célèbre galerie une foule de mémoires fort intéressans.

Il se proposait de tracer, dans le même esprit, les progrès de l'histoire de notre monarchie, lorsqu'il trouva un jour son ouvrage effacé par les domestiques, qui prétendaient que ces héros romains faisaient peur aux chats et n'intimidaient point les souris. Cette infortune avait un peu ralenti son penchant; le dépit de se voir encore si loin de son ami, qu'il s'était flatté de surpasser dès les premières tentatives, aliéna encore plus son goût. Il craignit bientôt de salir ses doigts avec son crayon, et d'ébrécher son canif à le tailler; son maître, qui d'abord eut tant de peine à modérer son ardeur, en éprouvait maintenant bien davantage à la faire renaître. En vain il lui racontait les effets merveilleux de la peinture, et les anecdotes intéressantes de la vie des grands artistes. Il lui avait amené un jeune élève qui revenait de Rome, pour l'entretenir des superbes tableaux qu'il avait étudiés en Italie. Celui-ci, exprimant son admiration, employait des mots italiens, selon qu'ils lui semblaient plus prompts ou plus heureux pour rendre sa pensée. Ces sons, nouveaux pour l'oreille de Zéphyrin, l'eurent à peine frappé, qu'il jugea tout de suite qu'il était bien plus agréable de parler une langue vivante, que de faire des têtes qui, tout expressives qu'elles fussent, ne parleraient jamais. Il courut faire part de cette réflexion à son père, qui le vit avec peine renoncer à un talent agréable, qu'il avait désiré avec tant de passion ; mais il ne voulut point contrarier ce nouveau goût, et le jour d'après, Zéphyrin eut un maître de langue italienne, pour remplacer le maître de dessin. Je lui dois publiquement cette justice, que ses progrès furent dans les premiers jours aussi soutenus que sa constance. Toutes les difficultés de la grammaire cédaient à la facilité de sa pénétration ; il raffolait d'un langage si plein de douceur et d'harmonie. On l'entendait sans cesse parler à tous les gens de la maison, sans s'inquiéter s'ils le pourraient comprendre. Il appelait *vostra signora* la cuisinière, et *cor mio* le portier. La traduction italienne du Télémaque commençait à lui devenir presque aussi familière que l'original. En cherchant un livre plus difficile dans la bibliothèque de son père, un Don Quichotte espagnol lui tomba sous la main. Don Quichotte ! l'ami de ses premières lectures ! Oh ! quel plaisir de pouvoir goûter les admirables proverbes de son naïf écuyer, assaisonnés de tout le sel de leur langue naturelle ! Les graves discours de Mentor valaient-ils les plaisantes reparties de Sancho ? Et Calypso abandonnée par Ulysse, malgré les plaisirs de son île enchantée, pouvait-elle inspirer autant d'intérêt que l'incomparable Dulcinée, pour qui son amant allait conquérir des royaumes ? Cette entreprise demandait du courage. Il fallait sans cesse batailler contre des mots inconnus, comme le chevalier de la Triste Figure contre les troupeaux et les moulins ; il se tira cependant avec autant de gloire que lui de cette première campagne. Mais, vous le dirai-je ? avant la seconde sortie

du héros de la Manche, Zéphyrin était déjà sorti
de l'espagnol pour entrer dans l'anglais, qu'il
abandonna bientôt pour l'allemand ; en sorte
qu'au bout de l'année, il parlait déjà quatre langues vivantes, mais si peu de chacune, et les mêlant
de telle façon dans ses discours, qu'il aurait fallu
lui composer un auditoire de députés de ces
quatre nations, pour s'interpréter l'un à l'autre
ce que chacun aurait pu saisir par lambeaux dans
le décousu de ses périodes.

L'adresse dans les exercices du corps semble
prêter un nouveau charme à la culture de l'esprit, et les connaissances les plus étendues ne
peuvent, aux yeux de la société, faire pardonner
les gaucheries; Zéphyrin en avait fait une épreuve
assez désagréable. On avait donné un petit bal
le jour de la fête de son père, où, malgré son
érudition, il avait brouillé toutes les danses. Il
voulut s'instruire à y figurer suivant les principes
de l'art; mais à peine commençait-on à lui montrer les pas du menuet, que les entrechats lui
tournèrent la tête. Ce qu'il désirait le plus vivement d'apprendre dans chaque leçon, était précisément ce qu'on ne devait pas encore lui enseigner. Toujours avide de ce qu'il ignorait et
mécontent de ce qu'il avait appris, rien ne pouvait s'arranger dans sa mémoire. Il s'avisait quelquefois de vouloir faire des chassés dans les
rondes. Un rigodon ne lui coûtait rien à figurer
pour un pas grave, ni un balancé quand il était
question du moulinet; et il n'avait jamais besoin
que le violon changeât d'air pour commencer à
lui seul un pot-pourri : ce qui le rendait insupportable aux jeunes demoiselles. Pour se remettre
un peu dans leur esprit, il mit dans le sien d'ap-

prendre la musique, afin de pouvoir les accompagner dans leur chant ou à leur clavecin. Mais par quel instrument commencer ? A l'en croire, rien n'était si aisé que de s'exercer sur tous à la fois. Néanmoins son père ne jugea pas à propos d'en risquer l'épreuve, et ne lui laissa que la liberté de choisir. Au milieu de ses incertitudes, il crut devoir prendre, par forme d'essaï, le violon, et il ne se décida pour la flûte que six mois après, lorsqu'il commençait passablement à connaître son manche et à manier légèrement son archet.

Cependant l'instabilité de ses idées et l'inconstance de ses goûts donnaient de vives alarmes à son père, quoique l'aveuglement d'un cœur paternel ne lui fît attribuer ces défauts qu'à la seule jeunesse de son fils. Dans la vue d'en avancer plus promptement la maturité par l'observation et l'expérience, il résolut de lui faire visiter une partie de l'Europe; Zéphyrin ne demandait pas mieux que de se déplacer. Les relations des voyageurs avaient toujours été sa lecture favorite; et son imagination l'avait mille fois transporté dans les contrées qu'ils avaient parcourues. Le récit que je lui avais fait, à mon retour d'Angleterre, de l'accueil que j'y avais reçu; les tableaux que je me plaisais, par reconnaissance, à lui retracer de ce pays célèbre par sa culture, ses fabriques et son commerce; les lettres que je lui offrais pour mes dignes amis, madame de la Fite, messieurs de Luc, Vilkes et Hutrou, et la famille de Burney, si favorisée de la nature par la réunion des qualités aimables et des grands talens; enfin les vœux ardens qu'il m'entendait former pour voir cette nation et la nôtre, unies aujourd'hui par la paix, ajouter à ces nœuds une étroite alliance pour s'enrichir mutuellement par un libre échange de leurs productions et de leurs lumières, et forcer au repos par l'image de leur bonheur, autant que par la terreur de leur force, le reste de la terre : toutes ces peintures et ces sentimens, enflammant son enthousiasme naturel, lui firent désirer de commencer par cette île fameuse le cours de ses voyages ; et ce fut avec une joie difficile à vous exprimer, qu'il vit arriver le moment destiné pour son départ, sous la conduite d'un gouverneur aussi sage que plein de dévouement pour sa famille.

Il faudrait avoir parcouru ces belles routes du comté de Kent, semées de jolis villages et bordées de terres en riche culture ou de jardins délicieux, pour se former une idée de l'impression que cette vue produisit sur notre jeune voyageur. La rapidité de ses pensées ne pouvait suffire à tout ce qui le frappait dans cette succession de tableaux intéressans. Le noble spectacle du travail et de l'industrie élevait son esprit autant que les douces images de l'aisance et de la fertilité attendrissaient son âme. Une extase continue le conduisit jusqu'aux portes de Londres, où il entra vers la nuit pour jouir d'un coup d'œil encore plus ravissant pour son âge, dans le concours nombreux du peuple, la largeur imposante des rues et l'éclat de leur illumination. Il employa les premiers jours après son arrivée à parcourir les différens quartiers de cette ville superbe. La magnificence des places publiques qui l'embellissent à l'une de ses extrémités, la multitude innombrable de vaisseaux rassemblés à l'autre sur la rivière majestueuse dont elle est baignée, la masse fière des ponts qui la traversent, pour aboutir à des dehors d'un aspect enchanteur ; dans l'intérieur, la décoration brillante des boutiques, ces larges trottoirs où vous rencontrez toujours en foule autour de vous les deux objets les plus intéressans de la nature animée, de beaux enfans et de belles femmes parées de la fraîcheur et de la propreté, d'un habillement simple, mais élégant ; quelles sensations toutes ces beautés réunies durent produire, dans leur premier effet, sur une âme ardente et facile à s'exalter, puisqu'elles ont été pendant plus d'un an le sujet de mon admiration, et qu'elles se présentent encore sous des couleurs si vives à mon souvenir ?

Leur impression ne fut pas d'une si longue durée sur Zéphyrin. Son avide curiosité une fois satisfaite, il n'éprouva plus que de la langueur et de la satiété. Son gouverneur s'en aperçut, et lui proposa de visiter les endroits les plus remarquables des provinces; Zéphyrin, dans l'excès de la joie, ne lui répondit qu'en le pressant d'envoyer arrêter des chevaux de poste pour le lendemain.

Je ne les suivrai pas dans l'étendue de leur course, de peur de vous fatiguer. Je ne m'arrêterai un instant avec eux qu'à Richmond et à Windsor, parce que ces deux noms seront un jour précieux à votre mémoire par les vers qu'ils inspirèrent à deux grands poètes (Thompson et Pope) qui les ont célébrés. Ils ont encore un charme de plus pour la mienne, en me rappelant un bon roi, l'ami éclairé de toutes les sciences et de tous les arts, qui a formé les rians jardins du premier de ces beaux lieux, et une reine auguste qui passe la plus grande partie de l'année dans le second, occupée à couronner, par sa tendresse, la félicité de son époux, et à mériter, par ses soins maternels, par ses vertus et sa bienfaisance, les adorations de ses enfans et de tout un peuple qui sait apprécier le bonheur de la posséder.

Des tableaux aussi intéressans que ceux qui avaient tant charmé Zéphyrin dès son arrivée, se retraçaient bien toujours devant lui : partout il retrouvait des objets aussi dignes de remplir son esprit que de captiver ses regards ; mais il était dans son génie de ne désirer jamais que ce qui était hors de sa portée, et de ne se plaire que dans les lieux dont il était éloigné. Ce qui l'occupait le plus vivement en Angleterre était, ainsi qu'il se plaisait à la nommer, la céleste Italie : il n'avait cherché que le Capitole au milieu de la Tour de Londres ; il poursuivait maintenant la Calabre dans le comté de Cornouailles. Son gouverneur avait épuisé toutes sortes de moyens pour le guérir de cette inquiétude. Il craignit bientôt que son élève ne gagnât à ses remèdes que la consomption ; et il appuya ses instances auprès de son père pour obtenir la permission de courir après cette Italie, le dernier terme de ses vœux, comme autrefois ceux des Troyens fugitifs. A l'exception de la traversée du Pas de Calais, toutes les courses de Zéphyrin s'étaient faites sur la terre ferme, et il y avait près de deux mois qu'il arpentait les grands chemins ; c'en était assez pour que les voyages ne lui présentassent plus d'agrément que dans la navigation. Son gouverneur fondant quelques espérances sur cette épreuve pour dompter un peu son caractère, feignit de trouver autant de raison que lui dans cette nouvelle fantaisie, et ils s'embarquèrent ensemble sur un vaisseau qui faisait voile vers la Toscane. Zéphyrin passa le premier jour sur le tillac, sans pouvoir détacher ses yeux de la mer, dont les vagues, mollement agitées, semblaient venir se jouer autour de son navire. Le lendemain, il était encore si fier à ses propres yeux d'avoir osé tenter cette expédition, que l'orgueil de son courage le soutint encore assez bien contre les premières surprises de l'ennui. Mais dès le troisième jour, et le profond ravissement où l'avaient plongé les beautés de la mer, et son enthousiasme de lui-même l'abandonnèrent. Il ne sentit que les dégoûts de son entreprise ; il appelait la terre de tous les cris de son cœur. Malheureusement elle se trouvait alors trop éloignée pour se prêter à son caprice, et ceux de l'Océan, un peu plus respectables que les siens, étaient les seuls dont s'occupaient les matelots. Il lui fallut donc prendre patience, ou plutôt s'impatienter de toutes les manières jusqu'au débarquement. Heureux pouvoir de l'imagination qui, dans les doux prestiges de l'espérance, nous dérobe le souvenir de nos maux ! Zéphyrin oublie tous les siens sur le rivage. Il venait enfin de l'aborder, cette contrée fameuse, trésor de toutes les richesses de la nature et des arts. Après deux jours de repos à Livourne, il partit pour Florence. Il savait que la célèbre galerie de cette ville y prolongeait involontairement le séjour des voyageurs ; on lui montrait des curieux qu'elle retenait depuis six mois, en dépit des belles résolutions qu'ils formaient chaque jour de s'en arracher. Une telle conduite ne lui parut pas si étrange au premier coup d'œil qu'il jeta sur cette superbe collection de chefs-d'œuvre ; peut-être même qu'il aurait conservé cette opinion jusqu'au bout de la galerie, sans l'image qui vint tout à coup s'offrir à son esprit, de St.-Pierre de Rome et de la bibliothèque du Vatican. Ces deux objets le tourmentèrent toute la journée, en s'agrandissant sans mesure dans sa tête ; afin de savoir au juste à quoi s'en tenir sur leurs dimensions, il pressa, dès le soir, son gouverneur de les aller visiter eux-mêmes. Qu'on ne me parle point de ces observateurs éternels auxquels un siècle pourrait à peine suffire pour l'examen de chaque merveille ; Zéphyrin, au bout de trois jours, était sûr de n'avoir laissé rien échapper de tout ce qu'il y a de remarquable dans l'ancienne capitale du monde : encore avait-il trouvé, dans les intervalles, le temps d'arranger fort proprement sa valise pour Naples, où il brûlait déjà de se rendre.

Ce n'étaient point cependant les beautés particulières de cette ville qui tentaient le plus vivement sa curiosité : il avait traversé tant de cités magnifiques depuis quelque temps! mais toutes celles qu'il avait vues jusqu'alors étaient élevées sur le niveau de la terre; Herculanum et Pompeïa se trouvaient au contraire ensevelies dans ses entrailles. Des villes souterraines étaient désormais les seules qui pussent l'intéresser. La fécondité romanesque de son imagination lui faisait arranger de mille manières l'événement horrible qui les avait réduites à cet état. Il fut surpris, en y descendant, de s'être passionné pour un amas de ruines et de décombres ; car il n'y vit alors rien de plus, malgré les beaux restes que le temps a conservés. Un autre aurait au moins trouvé quelques motifs de consolation en admirant à Naples un des plus beaux ports de l'Europe; mais Zéphyrin ne pouvait le voir sans lui opposer aussitôt dans sa pensée les ports d'Amsterdam, de Bordeaux et de Constantinople, à qui l'éloignement faisait prendre l'avantage dans ses comparaisons. Quant à cette montagne brûlante qui domine la ville, et qui ajoute tant d'intérêt à sa situation pittoresque, en la menaçant sans cesse de la couvrir des cendres et des feux qu'elle vomit, n'était-il pas reconnu, de l'aveu de tous les voyageurs, que l'Etna l'emporte de beaucoup sur le mont Vésuve? Et les suites désastreuses de sa dernière éruption, 1er septembre 1784, ne réunissaient-elles pas sur lui seul tous les sentimens divers d'admiration et d'effroi qu'un volcan peut exciter? Ainsi, dans cette belle contrée qu'il avait si vivement désiré de parcourir, Zéphyrin n'avait plus qu'une seule ville dont l'aspect pût le dédommager des fatigues de son voyage : c'était la singulière Venise, s'élevant du sein des lagunes avec ses cinq cents ponts, ses canaux et ses gondoles. Il est vrai que, pour y parvenir, il lui fallut traverser l'Italie dans presque toute sa longueur; mais son imagination, dont l'audace aplanissait tous les obstacles, le servait aussi bien que par sa mobilité pour rapprocher toutes les distances; et il ne prit que le temps de faire son paquet, pour fixer le moment de se mettre en route vers l'état vénitien.

Je crains, mes chers amis, que vous n'ayez peut-être déjà soupçonné son gouverneur d'une lâche complaisance, en le voyant céder avec tant de faiblesse à toutes les boutades de son élève.

Je me vois réduit, pour le justifier, à relever ici un secret de famille, dans la confiance que je prends en votre discrétion.

Pendant tout le cours de ses voyages, Zéphyrin avait écrit régulièrement à son père ; et celui-ci avait toujours remarqué que ses lettres étaient pleines d'expressions de dégoût pour les lieux d'où elles étaient datées, et d'enthousiasme pour ceux qu'il était près de visiter. De cette manière il était clair que chaque pays, après lui avoir présenté de loin des espérances agréables, ne lui avait offert, pendant le séjour, que des sujets de mécontentement et d'ennui. Ces observations, jointes à celles qui venaient de la part du gouverneur, et qui en confirmaient la justesse, ainsi que vous seriez prêts sans doute à le témoigner vous-mêmes, d'après ce que vous venez de lire, lui donnèrent à juger que son fils n'était pas d'un caractère, ou dans une disposition propre à lui faire recueillir un grand fruit de ses voyages. Cependant il ne voulait point, en le rappelant brusquement auprès de sa personne, lui fournir le prétexte de se plaindre un jour que ce rappel eût fait manquer l'objet d'instruction qu'on s'était proposé. Seulement il avait commandé au gouverneur de ne point contrarier les caprices de son fils qui tendraient à le ramener dans sa patrie. C'est ainsi que Zéphyrin, après avoir vu, en courant, Venise, Turin, la Suisse et la Hollande, toujours avec la même précipitation et la même légèreté, n'aspirait plus, par un nouveau trait d'inconstance, qu'à retourner auprès de ses foyers avant le terme qu'il avait demandé lui-même pour ses courses.

Un père est toujours père ; c'est assez vous

dire combien celui de Zéphyrin s'émut en le re-
voyant. Mais pourquoi n'ai-je pas à vous peindre
ces transports de joie, cette ivresse d'un cœur
paternel au moment où lui est rendu un enfant
digne de sa plus vive tendresse? Pourquoi n'ai-je
pas à vous les représenter dans les bras l'un de
l'autre, muets de ravissement, et se baignant de
leurs larmes confondues; le père orgueilleux des
nouvelles perfections qu'il reconnaît dans son fils,
celui-ci tout fier de les étaler aux yeux de
son père, comme un gage de reconnaissance pour
son amour? Que j'aurais été heureux de vous offrir cette scène touchante, même avec le regret
d'en affaiblir la peinture! Et pour vos parens et
pour vous, quelle source d'émotions délicieuses
d'y trouver l'expression naïve des sentimens dont
vous êtes mutuellement pénétrés! Il ne tenait
qu'à Zéphyrin de nous procurer à tous ce bonheur,
en profitant mieux des soins prodigués à ses premières années. Que lui aurait-il manqué dans son
éducation pour cultiver ses talens et perfectionner
ses connaissances, s'il avait eu le courage de chercher à vaincre l'inquiétude de son caractère et de
s'assujettir à une application plus constante et
plus soutenue, au lieu de ce goût volage qui, le
portant d'études en études, le forçait de dévorer
les difficultés attachées à leurs principes, sans lui
laisser jamais le temps de sentir dans aucune le
charme de ses progrès; au lieu de ces illusions
mensongères qui ne décoraient si magnifiquement à ses yeux les objets éloignés, que pour lui
représenter les objets présens sous des couleurs
plus sombres; au lieu de ces mécontentemens et de
ces dégoûts qu'il devait éprouver sans cesse, en
ne voyant de près que sous des traits affaiblis les

images qu'il s'était exagérées dans la perspective : quelle foule de plaisirs purs et de jouissances délicieuses auraient pu remplir son esprit et son cœur ! Sans parler de cette satisfaction si douce qu'un enfant bien né goûte à surpasser les espérances de sa famille, ne considérons que la félicité personnelle qui aurait été son partage, puisque aussi-bien le sentiment le plus profond et le plus constant de la nature en eût fait la félicité suprême pour son père.

Vous l'avez vu dès l'enfance, également avide d'instructions et de talens aimables, se livrer à leur poursuite avec une ardeur effrénée, et croyant tout emporter du premier effort, après avoir lutté courageusement contre les difficultés les plus décourageantes, leur céder au moment où il était près d'en triompher. Aidé de ses dispositions naturelles, soutenu par les éloges de ses parens, avec un peu plus d'empire sur lui-même, il aurait successivement acquis tout ce qui pouvait contribuer à répandre le charme le plus doux sur le reste de sa vie. Sa raison, mûrie de bonne heure par l'étude et le goût qu'il aurait pris à des délassemens agréables, aurait préservé sa jeunesse des inquiétudes qui la tourmentent, et des ennuis qui la dévorent dans sa fleur. Les principes qu'il se serait formés sur les beaux-arts, joints à l'habitude de les cultiver, ne lui auraient laissé rien voir avec indifférence dans ses voyages. Les chefs-d'œuvre de tous genres étalés à ses regards, en satisfaisant sa curiosité, lui auraient donné de nouvelles lumières ; son esprit aurait pris plus d'étendue en voyant un plus grand nombre d'objets, plus de justesse en étudiant leurs différences et leurs rapports, une connaissance plus profonde des hommes en observant leurs mœurs et leurs caractères en diverses contrées. Accueilli par les étrangers, si flattés de l'empressement qu'un jeune homme instruit de leur langue témoigne à visiter leur patrie, son passage dans chaque pays lui aurait attiré les prévenances les plus flatteuses et les égards les plus touchans. Admis en des sociétés distinguées, il y aurait puisé cette politesse insinuante et ces manières affables qui, par leur réunion à des qualités essentielles, désarment l'envie et savent concilier le tendre intérêt de la bienveillance avec le respect de la considération. Il ne serait rentré dans sa patrie, qu'en laissant partout sur ses traces des regrets de son éloignement, en faisant naître dans le cœur de tous ses amis la joie la plus vive de son retour, et dans celui de ses parens les espérances les mieux fondées sur sa fortune.

Combien Zéphyrin se trouvait alors éloigné de cette position brillante où semblait devoir le porter si naturellement sa destinée! Dans toutes les villes qu'il avait parcourues à tire-d'aile, il n'avait eu de relation qu'avec les hôtes chez lesquels il était allé se reposer un moment des fatigues de son vol. Ses concitoyens n'avaient rien à se promettre des faibles connaissances qu'il avait recueillies; son père voyait toutes ses vues trompées. Et ses amis?... Mais son inconstance lui avait-elle permis de s'en attacher? Zéphyrin n'avait point d'amis. Le malheureux! que je le plains, en songeant, ô mon cher Garat, que ce fut dans un âge aussi tendre que se forma entre nous cette amitié qui ne s'est jamais altérée un seul instant, et qui nous porterait aujourd'hui, comme dans la première chaleur de sa naissance, à confondre nos fortunes et nos vies pour les partager par moitié ! Que j'aime à me les rappeler, ces doux momens de notre jeunesse, où les mêmes goûts et les mêmes sentimens rapprochaient nos cœurs par tous les points qui pouvaient les unir ! Avec quelle rapidité s'écoulaient les journées entre nos confidences et nos études ! Point de plaisirs ou de peines qui ne fussent communs à tous les deux ! Voisins à la ville, voisins à la campagne, pendant huit années il ne se trouva pas un seul jour où le besoin d'être ensemble ne nous portât l'un vers l'autre. Combien de larmes nous coûta notre séparation ! En te précédant dans la capitale, avec quelle ardeur t'y appelaient mes vœux ! Et quelle fut, au bout de trois ans, la joie que nous éprouvâmes à nous y réunir ! Aujourd'hui, dans nos entretiens, si quelque circonstance nous ramène à ces charmantes promenades que nous faisions si souvent le long d'une belle rivière, à ces hautes collines où un Gessner, un Thompson, un Saint-Lambert à la main, nous jouissions à la fois de tous les charmes de l'amitié, de la poésie, de la nature, quelle douceur de nous retrouver toujours dans les mêmes sentimens, et de nous reposer sur la ferme confiance qu'ils ne s'éteindront que dans notre tombe !

O vous, mes jeunes lecteurs, devant qui mon âme vient de se répandre, vous me pardonnerez cet épanchement que je n'ai pu retenir ! Ah ! si vous aviez un ami comme le mien ! si vous l'aimiez, si vous en étiez aimé comme moi ! Et puis, n'ai-je pas quelques droits à vous parler de ce qui m'intéresse ? Serait-ce en vain que vous auriez attaché à ma personne le titre sous lequel je vous ai présenté cet ouvrage ? Non, rien de ce qui peut toucher l'un de nous ne saurait désormais être indifférent à l'autre. Nous sommes unis par des nœuds qui ne seraient rompus, de votre part ou de la mienne, que par une ingratitude bien coupable. Si les soins que je prends de former votre esprit et votre cœur ont quelque prix à vos yeux, ne vous dois-je pas à mon tour la plus tendre reconnaissance ? Des bergers, des amans plaintifs, avaient bien jusqu'ici peuplé ma retraite, mais à ces objets touchans vous en êtes venus joindre de plus intéressans encore. Grâce à vous, je ne vois rien que de frais et de riant dans la nature. Que je me plais à m'entourer de vos douces physionomies, où se peignent, avec une expression si gracieuse, la gaîté, l'innocence et la candeur ! C'est vous que mon imagination rassemble sans cesse à mes côtés; c'est de votre bouche que je recueille ces traits naïfs qui vous font sourire, et ces sentimens tendres ou généreux qui font couler vos larmes, ou qui impriment à vos jeunes pensées un caractère de noblesse et d'élévation. Venez : que je vous présente à la patrie, lui portant chacun dans vos mains une fleur d'espérance. Son attente ne sera point trompée ; non, vous ne serez point méchans comme ces hommes dont j'ai lu l'histoire. Ils n'avaient pas eu d'amis pour les mener au bien par la voie du plaisir, et vous en avez un qui fait de ce devoir tout le bonheur de sa vie. Souvenez-vous donc de lui; mais pour vous en souvenir comme il le désire, que sa mémoire se lie à vos vertus. Il me semble déjà la recevoir, cette récompense flatteuse. Je vous entends aujourd'hui répéter mon nom dans vos jeux; je vous entends dans l'avenir l'apprendre à vos enfans, assis sur vos genoux, et je vous vois caresser vos petits-fils, qui viennent vous le bégayer dans votre vieillesse...... (*Par M. Berquin.*)

DE LA BONTÉ.

La bonté morale consiste en deux points : le premier, *de ne pas faire du mal à ses sembla-bles;* le second, *de leur faire du bien.*

1° Ne point faire à autrui ce que nous ne voudrions pas qu'on nous fît, avons-nous dit ailleurs : voilà la règle qui détermine quelles sortes de traitement la nature nous interdit à l'égard des autres hommes. Tout ce qui, fait à nous-mêmes, nous paraîtrait dur, barbare et cruel, est compris dans la prohibition ; mais cette maxime, d'un usage si étendu, est bien restreinte dans l'application qu'on en fait. La plupart des hommes se conduisent, les uns avec les autres, comme s'ils étaient persuadés qu'elle ne dût avoir lieu qu'entre amis, et qu'on dût regarder comme ennemis tous ceux qui ne sont pas unis avec nous de sentimens ou d'intérêts, citoyens d'une même ville, sujets d'un même prince, sectateurs d'une même religion.

S'il y avait, pour cause de religion, des hommes qu'on pût raisonnablement haïr, ce serait tout au plus ceux qui feraient une profession ouverte de haïr Dieu : les ennemis d'un monarque sont ennemis de ses sujets. Mais où trouvera-t-on dans aucune religion cet affreux sentiment en vogue? Si quelques-uns mêlent, dans l'hommage qu'ils rendent à Dieu, des pratiques profanes, supers-titieuses ou criminelles, réprouvons cet alliage impur, mais gardons-nous de haïr ceux qui l'adoptent : il ne nous est permis que de les plaindre. L'opiniâtreté, le fanatisme, la barbarie, sont toujours les seules causes des persécutions.

Lorsque la passion vous porte à quelque violence contre un autre homme, jetez vite les yeux sur lui pour y voir l'empreinte de la main divine et votre propre ressemblance; c'en doit être assez pour ralentir votre emportement.

2° Lorsqu'on est officieux et bienfaisant pour ses parens, ses amis, ses bienfaiteurs, on se croit généreux, quoique d'ailleurs dur et indifférent pour le reste des hommes; et l'on n'est pas même charitable. La *générosité* est un degré de perfection ajouté aux vertus, par-dessus celui que prescrit indispensablement la loi; faire pour ses semblables précisément ce qu'ordonne la loi, ce n'est pas être généreux, c'est simplement remplir son devoir. Mais la *charité*, ou, ce qui est la même chose, cette affection générale que nous devons à tous les hommes, n'est pas une vertu de surérogation; vous ne faites que satisfaire à ce que l'humanité vous impose. Un indigent est pressé par la faim; vous ne ferez que payer une dette en apaisant son besoin. Et ne plaignez pas même le secours que vous lui donnez, quand il serait le prix de vos sueurs et de laborieux travaux ; quoi qu'il vous coûte, il lui coûte encore plus : c'est l'acheter bien cher que de le recevoir à titre d'aumône.

Par quelle fatalité arrive-t-il que plus on est favorisé des biens de la fortune, moins on est disposé à soulager ceux qui en sont dénués? Les pauvres tirent plus de secours des gens presque aussi pauvres qu'eux, que des riches. Il semble que l'on ne soit compatissant que pour les maux qu'on éprouve soi-même ou qu'on a éprouvés. Cependant songez que l'occasion de faire du bien est plus rare qu'on ne pense ; la punition de l'avoir manquée est de ne la plus retrouver, et l'usage qu'on en fait laisse un sentiment éternel de contentement ou de repentir. Les riches, qui ne sont pas bienfaisans, sont comme les cyprès qui sont grands et hauts, mais qui ne portent point de fruits.

On s'excuse de faire du bien sous le méprisable prétexte de l'ingratitude. Il est bien vrai que la reconnaissance est un devoir : les anciens Perses en avaient même fait un précepte solennel, et décernaient des peines contre les ingrats. Mais qu'il est beau d'en faire ! N'est-on pas assez payé par le plaisir d'avoir fait une bonne action ? Il est vrai encore qu'il est à propos de donner avec discernement ; mais on fait toujours bien de donner toutes les fois que l'occasion s'en présente. La charité est la vertu dont les excès sont le moins à craindre et les plus rares.

Je ne peux résister au plaisir de citer un exemple bien touchant de la manière de faire du bien. Le faible hommage que je rends, dans ces feuilles périssables, à l'homme vertueux qui me les fournit, devrait lui être assuré sur le marbre et sur l'airain. On ne pourra pas m'accuser de flatterie, car je n'ai pas l'honneur d'avoir avec lui aucune sorte de relation, et sa modestie est bien loin de soupçonner qu'on songe à donner sa conduite comme un modèle de vertu.

M. de *** jouit d'une fortune médiocre pour un homme de condition à Paris, bien au-dessous certainement de celle qu'il devrait avoir pour le bonheur de ses semblables, mais toutefois suffisante pour qui sait se borner. Chéri de ses amis, respecté de tous ceux qui le connaissent, du commerce le plus facile et le plus doux, d'une indulgence sans bornes pour tout le monde, excusant tout, cherchant à tout le beau côté, on ne lui trouvait d'autre défaut que de se montrer un peu trop parcimonieux, eu égard à l'état de sa fortune. Quelques-uns de ses amis osèrent, de temps en temps, lui en faire des reproches qu'il écoutait avec douceur, et dont il ne se justifiait que faiblement. « Il ménageait, disait-il, pour tenir par la suite un plus grand état de maison : c'était sa fantaisie. »

Après avoir soutenu pendant dix à douze ans, avec la même résignation, une atteinte aussi sensible portée à sa réputation, un particulier avec lequel il n'avait que peu de liaisons, vient implorer son secours dans un délabrement d'affaires. M. de*** lui prête aussitôt dix mille francs, sans songer à vouloir assurer sa créance. Quelques-uns de ses amis lui apprirent que son argent ne lui serait point rendu, que cet homme était insolvable. « C'est parce que je le savais, répon-
« dit ingénument M. de***, que je suis venu à
« son secours. » Cette réponse surprit ses amis, qui le soupçonnaient d'avarice, mais ne les désabusa pas encore entièrement. Quelque temps après, M. de*** va voir une dame de sa connaissance. Il la trouve en larmes, il apprend la cause de sa douleur; des malheurs inattendus la laissent tout à coup sans pain, elle et ses deux enfans. « Votre situation est triste sans doute,
« madame, lui dit M. de***; mais elle n'est pas
« sans ressource. Il vous reste un ami, et cet
« ami, c'est moi; ma maison et tout ce que j'ai

« sont à vous, disposez-en : trop heureux si je
« pouvais ne vous rien laisser à regretter de
« tout ce que vous perdez. Mes épargnes, aux-
« quelles on a prêté un motif bien différent,
« n'ont d'autre but que de me mettre à même
« d'accourir au secours de ceux qui en ont be-
« soin. » Et sans permettre à cette dame de le
remercier, il l'emmène avec ses enfans, et l'é-
tablit la maîtresse chez lui. Que la malignité ne
cherche point à interpréter à sa manière ce trait
de générosité; il n'en fut jamais de plus pur et
de plus désintéressé. M. de*** ne s'est pas borné
là. Il a tant fait par ses soins, qu'il a placé avantageusement les deux enfans de cette dame. Et,
en suivant toujours son système d'économie, il
s'est trouvé encore en état d'avoir un carrosse
pour l'offrir à son amie, dont il a reçu chez lui
toutes les connaissances, comme elle le faisait
avant son malheur : en sorte qu'elle s'aperçoit
seulement qu'elle a changé de maison, et non de
fortune. M. de*** s'occupe actuellement des
moyens de mettre son amie à l'abri de tous les
événemens, en lui assurant une aisance qui ne
la laisse dépendante que d'elle-même. Et sa bourse
n'est fermée pour cela à aucun de ceux à qui il
peut rendre quelque service.

Voilà de quel homme ce siècle est honoré.
L'espèce humaine ne mérite pas sans doute d'en
compter beaucoup de pareils, car le Ciel en est
avare. La conduite de ce mortel vertueux n'est-
elle pas seule un cours complet de morale, cent
fois plus éloquent que de vaines et stériles dis-
sertations sur la bienfaisance et l'humanité ?
Quelles larmes délicieuses j'ai versées au récit
de ces traits généreux ! Puissent les riches qui le

liront vouloir les imiter ! Je laisse au lecteur le plaisir d'apprécier lui-même toute la conduite de M. de***, de réfléchir sur le courage qu'il a eu de se laisser inculper, pendant tant d'années, d'un vice bas, précisément pour exercer plus modestement la vertu contraire. Je borne à ce récit l'éloge que j'aimerais à payer à l'homme de bien dont je ne prononce le nom qu'avec respect et attendrissement : pourrai-je en faire un qui fût digne de lui ?

CONSEILS

De Charles Du Terrail à son neveu, le célèbre chevalier Bayard.

La religion, disait Du Terrail à son neveu, est le point capital de la vie, et ce point renferme tous les autres. L'âme religieuse est la seule qui remplisse bien tous ses devoirs, la seule qui soit fidèle à son roi, soumise à ses parens, tendre pour ses enfans, compatissante pour tous les hommes. L'homme est trop faible de sa nature ; il lui faut un frein. Nous sommes sujets à mille erreurs, nous tombons fréquemment ; mais alors en regardant le ciel, si nous croyons que notre véritable maître y réside, cette vue nous réveille et va soudain avertir notre conscience. Nous nous relevons à l'aide des remords. Méfie-toi des gens irréligieux : quel garant peux-tu avoir de leur foi ? sur quel pivot roulent leurs principes ? Quiconque ne croit pas une autre vie, n'est tenu dans celle-ci que par un intérêt personnel.... Mon ami, si tu veux être heureux, commence par bien remplir tous tes devoirs, et par te mettre parfaitement bien avec ta conscience. Tu entres dans l'âge de la séduction, et bientôt tu entendras la voix trompeuse de la volupté. Apprends, mon cher neveu, que l'illusion ne fait que montrer le bonheur, et qu'elle s'enfuit avec lui après l'ivresse d'un moment. J'ai vu la cour, j'ai vu le véritable empire de cette volupté fatale qui du charme jette ses partisans dans la satiété, de la satiété dans l'ennui et dans l'apathie. Cette maudite influence rend soudain un homme incapable de tout; elle lui ôte son énergie : un voluptueux ne fait plus que parler. Non, mon enfant, agissons; faisons notre métier d'homme, de chevalier surtout; respectons toutes les dames, et n'en aimons qu'une. Partageons notre cœur entre la gloire et elle, ou même ne la partageons pas; en faisant un bon choix, c'est la gloire encore que nous aimons dans notre maîtresse : une femme d'honneur en est toujours le héraut le plus impérieux..... L'amour est comme la vie, son mouvement ne doit cesser qu'à la mort.

CONSIDÉRATIONS SUR L'AMOUR DE LA GLOIRE.

Romains, j'aime la gloire et ne veux point m'en taire.

ON applaudit à ce sentiment dans la bouche de Cicéron (1); on y applaudissait doublement quand le rôle de Cicéron était rempli par Voltaire : on aimait à entendre, par le même organe, l'orateur romain et le poète français faire l'aveu

____

(1) Tragédie de *Rome sauvée.*

d'une passion que tous deux ont fortement ressentie et complètement satisfaite. Il y a donc de la grandeur à aimer la gloire ! Ce n'est pas une faiblesse de laquelle on s'accuse, c'est un penchant qui honore et dont on se glorifie. Oui, la gloire est tellement consacrée dans notre opinion., qu'on a voulu en attacher même au sentiment qui la fait désirer et poursuivre ; et cette opinion est aussi ancienne que le monde, et nulle réclamation ne s'est élevée contre elle, et le stoïcisme même n'a point dénoncé à la raison humaine la passion de la gloire comme immorale et dangereuse ; et seul j'oserais.... Je l'oserai sans doute. J'analyserai ce sentiment déifié parmi nous, et je saurai du moins sur quoi se fonde le culte qu'on s'obstine à lui rendre.

O méprise des siècles ! ô aveuglement de la raison ! peu s'en faut qu'on n'inscrive l'amour de la gloire au rang des vertus : c'est du moins là l'opinion de tous, c'est la passion des grandes âmes. Quelle vertu, bon Dieu, que celle dont les racines s'attachent à l'orgueil, et en tirent leur suc et leur substance !

Pour ôter à l'amour de la gloire le lustre extérieur qui le décore et le fait considérer, il ne faudrait peut-être que l'appeler de son nom véritable, l'ambition ; dès-lors c'est un roi de théâtre que vous dépouillez ; il redescend dans la classe des êtres subalternes et n'a plus rien qui l'en distingue.

Que l'esprit le plus juste, que le grammairien le plus sévère explique et commente l'un par l'autre ces deux mots, ambition et amour de la gloire ; je me trompe si le sens intime de l'un et de l'autre n'est pas le désir de la supériorité sur nos semblables. La base de ce désir est l'orgueil, et une grande prétention à la gloire est un projet attentatoire de l'orgueil d'un seul contre l'orgueil de tous. Qu'un tel projet manque, l'auteur en est puni, la ligue est toute formée contre lui; c'est celle de tous les orgueils qui se vengent du sien. Voilà pourquoi, dans toutes les tentatives qui ont la gloire pour objet, au défaut du triomphe, il ne reste que l'humiliation d'un revers auquel une sorte de ridicule est attachée : on rit de ceux qu'on n'admire pas, quand ils ont eu la prétention d'être admirés. Ce que l'orgueil approche, il le salit; ce qu'il touche, il le corrompt. Vous parlez d'une vertu qui pose sur l'orgueil; une telle vertu, dans l'une de ses parties du moins, est une vertu gangrenée.

Ce désir qu'a l'ambitieux d'être au-dessus de ses semblables, voulez-vous connaître combien il diffère de la vertu, combien il en est éloigné? Voyez quelle haine il inspire dès qu'on l'ose contrarier.

Haine d'orgueil ! ces deux mots associés ne vous représentent-ils pas le plus hideux des monstres de l'enfer ?

Homme trop véridique pour ton repos ! tu ne sais comment ramener à toi l'amant de la gloire, dont ta franchise a très-innocemment blessé des prétentions ! Je vais t'en enseigner le plus sûr moyen. Étends-toi à ses pieds, baises-en la poussière, crie-lui : Tu es grand; je t'admire et te révère. A ces mots expiatoires, je vois se rasséréner le front de l'homme superbe; mais, ô clémence effrayante de l'orgueil ! c'est en montant sur le corps de l'ennemi suppliant qu'on lui annonce son pardon. L'orgueil désarmé vient d'absoudre, mais il foule aux pieds, pour le maintien de ses priviléges et de sa grandeur.

La colère est une courte folie, *ira furor brevis est* : le ressentiment de l'orgueil est une fureur inextinguible. La colère est en démence lorsqu'elle frappe ; l'orgueil est de sang-froid. La colère porte le coup et détourne les yeux, l'orgueil regarde mourir sa victime. La colère s'arrête devant le tombeau de celui qu'elle s'est immolé : elle y prononce son abjuration, et souvent l'aveu de son repentir ; l'orgueil descend au fond du sépulcre, en retire la cendre qu'il déteste, et court la jeter au vent. Pure exagération, va-t-on dire ! Plût au Ciel que j'eusse le tort d'exagérer, et que l'orgueil fût innocent des torts que je lui reproche ! Suivez dans leurs fureurs les amans de la gloire ; voyez à quoi ce sentiment outragé les porte, et vous ne me regarderez plus comme un déclamateur ampoulé.

Oh ! qu'elle connaît bien la frénésie des ambitieux, cette femme habile et pénétrante qui a dit : « J'aimerais mieux, pour mon repos, « noircir la probité d'un homme, que rabaisser « le talent dont il a la prétention. » Ai-je dit contre l'ambitieux rien de plus fort et qui ait plus l'air de l'exagération ?

Quand l'auteur de Warwick fit ce vers, beau sans doute, mais terrible :

Mais je mourrai du moins sans avoir pardonné.

c'est, je pense, une haine d'orgueil qu'il voulut peindre.

L'amour de la gloire naît donc de l'orgueil ; à la moindre contradiction qu'il éprouve, il prend le visage de la haine; il ressemble à la rage, et grince des dents comme elle : l'étrange passion, pour mériter les honneurs de l'apothéose !

Ce serait un beau procédé chimique à tenter, que d'extraire de l'ambition, même la plus noble, ce que l'envie y fait filtrer de son noir venin. Faute de cette dépuration aussi rare que nécessaire, la coupe où s'enivrent les amans de la gloire, pleine, disent-ils, d'une ambroisie toute céleste, conserve un arrière-goût de poison.

Il est une ambition pure, noble et grande, celle de faire du bien à ses semblables.

Malheureusement elle ne sied guère qu'à ceux qui ont en main le crédit des places et l'autorité de la puissance. Des actes de bienfaisance privés et obscurs délectent intérieurement la conscience qui s'en rendra compte; mais que sont-ils pour l'ambition de celui qui ne se repaît que de célébrité? Que dis-je? Admettons-nous comme possible l'alliance d'un sentiment aussi pur que l'amour des hommes, avec le désir d'une célébrité résultante de cet amour même ? De cette parole toute sainte, toute divine, j'aime mes semblables, je me dévoue à les servir; passez à cette autre parole-ci, on me louera : combien de degrés vous aurez descendus !

Alexandre aima passionnément la gloire; il aima peu les hommes et se soucia peu d'en être aimé. Qui vous l'a dit? me demande-t-on. Lui-même. O Athéniens, qu'il m'en coûte pour être loué de vous ! Étudiez ce mot d'Alexandre; c'est celui d'un ambitieux qui méprisait assez ses semblables pour se faire un jeu de leurs désastres, et qui sacrifiait son repos à l'honneur d'être loué de ceux qu'il méprisait et persécutait. Conçoit-on une combinaison d'idées tout à la fois plus petites et plus atroces? Ixion, étalé sur la roue, disent les poètes (1), crie aux mortels d'éviter les fureurs de l'ambition ; Alexandre, dans le mot que je viens de citer, ne donne pas une leçon moins énergique et moins frappante. Oui, cette parole du conquérant de l'Inde me le fait voir comme un pilote qu'on a jeté dans l'ivresse, pour dégoûter de l'ivresse tout homme sage.

Au nom d'Alexandre, opposons ceux de Titus et de Trajan. Ces princes sans doute aimèrent les hommes et désirèrent d'en être aimés. Pourquoi donc ne les nomme-t-on pas des princes ambitieux? C'est que le cri de la conscience publique réclame contre l'association de ces deux sentimens, amour des hommes, désir d'une célébrité acquise par cet amour. Qui chérit ses semblables les sert sans bruit, sans faste et sans éclat, d'après le modeste instinct de sa bonté; qui veut qu'on le célèbre, se chérit et se considère plus que ceux dont il fait les trompettes de sa célébrité.

L'amour de la gloire ressemble à ces liqueurs clarifiées, dont la surface ne se montre aussi brillante que parce que toute la lie est déposée au fond. Amant de la gloire, approche, je veux remuer la lie de tes pensées! Dans le trouble de la passion (prétendue sublime) qui t'agite et te dévore, voici le sens des idées qui t'occupent : Maintenant on parle de moi, demain l'on battra des mains sur mon passage ; mes rivaux seront

____

(1) Virgile et Pindare.

attérés, et la hauteur de mon regard les rapprochera du néant. Homme ambitieux, glorifie-toi donc de telles pensées; et toi, vulgaire imbécile, prosterne-toi devant ceux qui professent une vertu si sublime.

L'outrage le plus sensible qui puisse affliger le fastueux amour de la gloire, c'est de le montrer par un côté ridicule. Donnons-nous le spectacle réjouissant d'un géant réduit à la taille de pygmée, d'un glorieux travesti en Pasquin.

La scène du monde s'ouvre devant mes yeux : qu'y vois-je de tous côtés ? Des hommes qui se complaisent en eux-mêmes, qui marchent fièrement les uns auprès des autres, chacun occupé uniquement de soi, et convaincu qu'il occupe uniquement tous les autres. Dans cette multitude, personne ne songe à son voisin, et chacun se dit : Tout le monde songe à moi. Ce tableau vous semble-t-il assez ridicule ?

Cicéron revient de Sicile, persuadé que l'univers entier a tenu les yeux ouverts sur lui, sur sa magistrature. Il prend terre en Italie; le premier qui l'aborde, lui demande d'où il vient : on avait même ignoré son absence. Belle leçon pour ceux qui aiment que leur nom fasse du bruit! Notre orgueil nous trompe au point que les hommes les plus célèbres seraient mécontens, attristés de leur gloire, s'ils en connaissaient strictement l'étendue.

L'homme de cour regarde avec complaisance les rubans dont il est chamarré. Le millionnaire promène sa pensée dans l'hôtel immense et magnifique qu'il fait construire pour sa résidence; on dirait que son orgueil en a réglé les dimensions, que cet orgueil en a tracé le plan si vaste, afin de s'y trouver moins resserré. L'homme de génie est plein de ses conceptions sublimes; auprès de lui le bel esprit de société se caresse et s'admire dans l'innocent madrigal qu'il vient de rimer, etc., etc. Eh quoi! partout l'orgueil m'assiége et me poursuit! Je le confesse : le spectacle de tant d'orgueil et ridicule et trompé me fait prendre ce sentiment en haine et en mépris. On le dit indestructible dans notre âme; s'il est ainsi, l'orgueil où je veux prétendre sera de réduire le mien à la plus juste mesure possible : si j'y parviens, je me dirai (avec orgueil sans doute) que l'espèce du mien n'est pas la plus commune.

Quoi donc! pour une comédie, un poème, un discours que l'on vient d'achever, se figurer Paris, la province, l'Europe, dans l'attente d'une merveille, et travaillés du besoin d'en jouir! Eh! que dut-il donc arriver quand les chefs-d'œuvre de nos grands maîtres sortirent de leurs admirables plumes? Ce qui est arrivé? Le sais-tu? Le *Misanthrope* ennuya; *Athalie* fut jugée froide et au-dessous d'*Esther; Britannicus* manqua son effet; des chefs-d'œuvre de Voltaire, la *Mérope* seule a réussi d'abord. Aujourd'hui la représentation des pièces les plus estimées est vide et déserte; une froide apathie ne permet pas qu'on cherche à les revoir; d'injustes critiques déshonorent quelques-unes de ces merveilles. Va donc, après de tels exemples, va te contempler dans les productions subalternes; ose te regarder comme l'homme de ton siècle et de ton pays; mais dans tes chimériques et orgueilleuses visions, rappelle-toi le fou du Pyrée, qui se croyait riche de tous les vaisseaux qu'il y voyait rassemblés.

En écrivant ceci, je prévois les reproches qu'on va me faire. N'exigez point de la nature humaine, me dira-t-on, plus de perfection qu'elle n'en comporte ; laissez-nous une passion réputée noble et généreuse, parce qu'elle fait entreprendre de grandes choses. J'entends ; pour frapper l'or en monnaie et lui donner cours, on y mêle de l'alliage ; qu'il en soit ainsi des vertus, j'y consens. Je n'en penserai pas moins que c'est l'amour du bien qui fait faire le bien ; le goût de la vertu qui rend vertueux, la passion d'un art et d'une profession, qui seule y procure des succès durables. Quiconque ne fait de bonnes actions, des vers et de la musique, qu'en vue de la gloire qu'il en doit retirer, sera bientôt infidèle à sa vocation trompeuse. Un obstacle, une chute, un revers l'en dégoûtent, l'en désabusent. La vocation fondée sur l'amour du talent et de sa profession subsiste sans l'aliment de la gloire : qu'arrive-t-il ? Souvent la gloire est le prix d'une persévérance désintéressée.

D'Alembert ne cessait de dire : « Quand je « trouve de ces jeunes gens qui étudient les élé- « mens d'Euclide, afin d'être bientôt de l'acadé- « mie, je les éclaire sur la fausseté de leur voca- « tion. » Quand on n'aime pas pour eux-mêmes les arts, la géométrie et l'éloquence, on n'est digne, ni de servir, ni de s'illustrer par eux.

L'amour de la célébrité sert de véhicule au talent : soit ; mais un grand désir de gloire occasione bien des méprises de la fausse gloire à la véritable.

J'ai analysé une passion que l'on n'envisage communément que par son côté le plus spécieux, par son dehors le plus brillant. C'est l'essai d'un travail qu'on pourrait rendre plus important, en l'étendant à divers autres sentimens du cœur humain. On ne connaît à fond que ce qu'on décompose, que ce qu'on analyse.

J'ai voulu mettre l'homme sage en garde contre une passion que le préjugé commun rend vénérable, et en quelque sorte sacrée. Je voudrais éteindre ou refroidir ces volcans d'ambition guerrière, politique et surtout littéraire, qui fument au sommet de tant de têtes, vides de tout, excepté d'ambition : un motif si raisonnable est fait pour obtenir grâce à cette diatribe.

EXEMPLE FRAPPANT

De patience et de modération d'un Gouverneur chargé d'un enfant capricieux et gâté.

Pour se disculper des vices d'une éducation négligée, un gouverneur prétexte les caprices d'un enfant ; il a tort : le caprice des enfans n'est jamais l'ouvrage de la nature, mais d'une mauvaise discipline : c'est qu'ils ont obéi ou commandé ; et j'ai dit cent fois qu'il ne fallait ni l'un ni l'autre. Votre élève n'aura donc de caprices que ceux que vous lui aurez donnés ; il est juste que vous portiez la peine de vos fautes. Mais, direz-vous, comment y remédier ? Cela se peut encore avec une meilleure conduite et beaucoup de patience.

Je m'étais chargé, durant quelques semaines, d'un enfant accoutumé non-seulement à faire ses volontés, mais encore à les faire faire à tout le monde, par conséquent plein de fantaisies. Dès le premier jour, pour mettre à l'essai ma complaisance, il voulut se lever à minuit, au plus fort de mon sommeil ; il saute à bas de son lit, prend sa robe de chambre, et m'appelle. Je me lève, j'allume la chandelle : il n'en voulait pas davantage. Au bout d'un quart d'heure le sommeil le gagne, et il se recouche content de son épreuve. Deux jours après il la réitère avec le même succès, et sans le moindre signe d'impatience de ma part. Comme il m'embrassait en se recouchant, je lui dis très-posément :« Mon petit ami, cela va fort bien, mais n'y revenez plus.» Ce mot excita sa curiosité, et dès le lendemain, voulant voir un peu comment j'oserais lui désobéir, il ne manqua pas de se relever à la même heure et de m'appeler. Je lui demandai ce qu'il voulait. Il me dit qu'il ne pouvait dormir. « Tant pis,» repris-je, et je me tins coi. Il me pria d'allumer la chandelle. «Pourquoi faire ?» et je me tins coi. Ce ton laconique commençait à l'embarrasser ; il s'en fut à tâtons chercher le fusil qu'il fit semblant de battre ; et je ne pouvais m'empêcher de rire, en l'entendant se donner des coups sur les doigts. Enfin, bien convaincu qu'il n'en viendrait pas à bout, il m'apporta le briquet à mon lit. Je lui dis que je n'en avais que faire, et je me tournai de l'autre côté. Alors il se mit à courir étourdiment par la chambre, criant, chantant, faisant beaucoup de bruit, se donnant à la table et aux chaises des coups qu'il avait grand soin de modérer, et dont il ne laissait pas de crier bien fort, espérant me causer de l'inquiétude ; tout cela ne prenait pas, et je vis que, comptant sur de la colère, il ne s'était nullement arrangé pour ce sang-froid.

Cependant, résolu de vaincre ma patience à force d'opiniâtreté, il continua son tintamarre avec un tel succès, qu'à la fin je m'échauffai ; et, pressentant que j'allais tout gâter par un emportement hors de propos, je pris mon parti d'une autre manière. Je me levai sans rien dire, j'allai au fusil, que je ne trouvai pas. Je le lui demande, il me le donne en pétillant de joie d'avoir triomphé de moi : je bats le fusil, j'allume la chandelle ; je prends par la main mon petit bonhomme ; je le mène tranquillement dans un cabinet voisin, dont les volets étaient bien fermés, et où il n'y avait rien à casser ; je l'y laisse sans lumière ; puis, fermant sur lui la porte à la clef, je retourne me coucher, sans lui avoir dit un seul mot. Il ne faut pas demander si d'abord il y eut du vacarme ; je m'y étais attendu, je ne m'en émus point. Enfin le bruit s'apaise, j'écoute, je l'entends s'arranger, je me tranquillise. Le lendemain j'entre au jour dans le cabinet, je trouve mon petit mutin couché sur un lit de repos, et dormant d'un profond sommeil, dont, après tant de fatigues, il devait avoir grand besoin.

L'affaire ne finit pas là : la mère apprit que l'enfant avait passé les deux tiers de la nuit hors de son lit ; aussitôt tout fut perdu, c'était un enfant autant que mort. Voilà l'occasion bonne pour se venger ; il fit le malade, sans prévoir qu'il n'y gagnerait rien. Le médecin fut appelé ; malheureusement pour la mère, le médecin était un plaisant, qui, pour s'amuser de ses frayeurs, s'appliquait à les augmenter : cependant il me dit à l'oreille : « Laissez-moi faire, je vous pro-
« mets que l'enfant sera guéri pour quelque temps
« de la fantaisie d'être malade. » En effet, la diète et la chambre furent prescrites ; et il fut recommandé à l'apothicaire. Je soupirais de voir cette

pauvre mère ainsi la dupe de tout ce qui l'environnait, excepté moi seul qu'elle prit en haine, précisément parce que je ne la trompais pas.

Après des reproches assez durs, elle me dit que son fils était délicat, qu'il était l'unique héritier de sa famille, qu'il fallait le conserver à quelque prix que ce fût, et qu'elle ne voulait pas qu'il fût contrarié. En cela j'étais bien d'accord avec elle; mais elle entendait par le contrarier, ne lui pas obéir en tout. Je vis qu'il fallait prendre avec la mère le même ton qu'avec l'enfant. « Madame, lui dis-je assez froidement, on a besoin de moi ailleurs pour quelque temps. » Le père apaisa tout; la mère écrivit au précepteur de hâter son retour; et l'enfant, voyant qu'il ne gagnait rien à troubler mon sommeil, ni à être malade, prit enfin le parti de dormir lui-même et de se bien porter.

Mais il voulut se venger, de jour, du repos qu'il était forcé de me laisser la nuit. Je me prêtai de bon cœur à tout, et je commençai par bien constater à ses propres yeux le plaisir que j'avais à lui complaire; après cela, quand il fut question de le guérir de sa fantaisie, je m'y pris autrement.

Il fallut d'abord le mettre dans son tort, et cela ne fut pas difficile : sachant que les enfans ne songent jamais qu'au présent, je pris sur lui le facile avantage de la prévoyance; j'eus soin de lui procurer au logis un amusement que je savais être extrêmement de son goût, et le moment où je le vis le plus enjoué, j'allai lui proposer un tour de promenade; il me renvoya bien loin; j'insistai, il ne m'écouta pas; il fallut me rendre : il nota précieusement et en lui-même ce signe d'assujettissement.

Le lendemain ce fut mon tour : il s’ennuya, j’y avais pourvu ; moi, au contraire, je paraissais profondément occupé. Il n’en fallait pas tant pour le déterminer : il ne manqua pas de venir m’arracher à mon travail, pour le mener promener au plus vite. Je refusai, il s’obstina. « Non, lui dis-je, en faisant votre volonté, vous m’avez appris à faire la mienne ; je ne veux pas sortir. — Eh bien, reprit-il vivement, je sortirai tout seul.—Comme vous voudrez, » et je reprends mon travail.

Il s’habille, un peu inquiet de voir que je le laissais faire et que je ne l’imitais pas : prêt à sortir, il vient me saluer, je le salue ; il tâche de m’alarmer par le récit des courses qu’il va faire : à l’entendre, on eût cru qu’il allait au bout du monde. Sans m’émouvoir, je lui souhaite un bon voyage. Son embarras redouble ; cependant il fait une bonne contenance ; et, prêt à sortir, il dit à son laquais de le suivre. Le laquais, déjà prévenu, répond qu’il n’a pas le temps, et qu’occupé par mes ordres, il doit m’obéir plutôt qu’à lui. Pour le coup, l’enfant n’y est plus. Comment concevoir qu’on le laisse sortir seul, lui qui se croit l’être important à tous les autres, et pense que le ciel et la terre sont intéressés à sa conservation ? Cependant il commence à sentir sa faiblesse : il comprend qu’il va se trouver seul au milieu de gens qui ne le connaissent pas ; il voit d’avance les risques qu’il va courir ; l’obstination seule le soutient encore. Il descend l’escalier fort lentement et interdit : il entre enfin dans la rue, se consolant un peu du mal qui peut lui arriver par l’espoir qu’on m’en rendra responsable.

C'était là que je l'attendais : tout était préparé d'avance ; et, comme il s'agissait d'une espèce de scène publique, je m'étais muni du consentement du père. A peine avait-il fait quelques pas, qu'il entendit à droite et à gauche différens propos sur son compte. « Voisin, le joli monsieur ! où va-t-il ainsi tout seul ? je veux le prier d'entrer chez nous.—Voisine, gardez-vous-en bien, ne voyez-vous pas que c'est un petit libertin qu'on a chassé de la maison de son père, parce qu'il ne voulait rien valoir ? Il ne faut pas retirer les libertins, laissez-le aller où il voudra aller.—Eh bien donc que Dieu le conduise, je serais fâchée qu'il lui arrivât malheur.» Un peu plus loin, il rencontre des polissons à peu près de son âge, qui l'agacent et se moquent de lui : plus il avance, plus il trouve d'embarras. Seul et sans protection, il se voit le jouet de tout le monde, et il éprouve avec beaucoup de surprise que son nœud d'épaule et son parement d'or ne le font pas plus respecter.

Cependant un de mes amis, qu'il ne connaissait pas, et que j'avais chargé de veiller sur lui, me le ramena souple, confus et n'osant lever les yeux. Pour achever le désastre de son expédition, précisément au moment où il rentrait, son père descendait pour sortir, et le rencontra sur l'escalier. Il fallut dire d'où il venait, et pourquoi je n'étais pas avec lui. Le pauvre enfant eût voulu être à cent pieds sous terre. Sans s'amuser à lui faire une longue réprimande, le père lui dit plus sèchement que je ne m'y étais attendu : «Quand vous voudrez sortir seul, vous en êtes le maître ; mais comme je ne veux point de bandit dans ma maison, quand cela arrivera, ayez soin de n'y plus rentrer.»

Pour moi, je le reçus sans reproches et sans railleries, mais avec un peu de gravité; et de peur qu'il ne soupçonnât que tout ce qui s'était passé n'était qu'un jeu, je ne voulus pas le mener promener le même jour. Le lendemain, je vis avec plaisir qu'il passait avec moi d'un air de triomphe devant les mêmes gens qui s'étaient moqués de lui la veille pour l'avoir rencontré tout seul. On conçoit bien qu'il ne menaça plus de sortir sans moi.

C'est par ce moyen et d'autres semblables, que, pendant le peu de temps que je fus avec lui, je vins à bout de lui faire faire tout ce que je voulais, sans lui rien prescrire, sans lui rien défendre, sans sermons, sans exhortations, sans l'ennuyer de leçons inutiles; aussi, tant que je parlais, il était content : mais mon silence le tenait en crainte; il comprenait que quelque chose n'allait pas bien, et toujours la leçon lui venait de la chose même. (*J.-J. R.*)

JEANNOT ET COLIN.

Toutes les grandeurs de ce monde ne valent pas un bon ami.

Jeannot et Colin apprenaient à lire chez le magister du même village; Jeannot était fils d'un marchand de mulets, et Colin devait le jour à un brave laboureur. Ces deux jeunes enfans s'aimaient beaucoup, et ils avaient ensemble les petites familiarités dont on se ressouvient toujours avec agrément, quand on se rencontre ensuite dans le monde. Le temps de leurs études était sur le point de finir, quand un tailleur apporta à Jeannot un habit de velours à trois couleurs avec une veste de Lyon de fort bon goût : le tout était accompagné d'une lettre à M. de La Jeannotière. Colin admira l'habit et ne fut point jaloux ; mais Jeannot prit un air de supériorité qui affligea Colin. Dès ce moment, Jeannot n'étudia plus, se regarda au miroir, et méprisa tout le monde. Quelque temps après, un valet de chambre arrive en poste et apporte une seconde lettre à monsieur de La Jeannotière : c'était un ordre de monsieur son père de faire venir monsieur son fils à Paris. Jeannot monta en chaise en tendant la main avec un sourire de protection assez noble. Colin sentit son néant et pleura. Jeannot partit dans toute la pompe de sa gloire.

Il faut savoir que M. Jeannot père, à force d'intrigues, avait acquis assez rapidement des biens immenses dans les entreprises ; bientôt on ne l'appela que M. de La Jeannotière : il y avait même déjà six mois qu'il avait acheté un marquisat, lorsqu'il retira de l'école M. le marquis son fils, pour le mettre à Paris dans le beau monde.

Colin, toujours tendre, écrivit une lettre de complimens à son ancien camarade : le petit marquis ne lui fit point de réponse ; Colin en fut malade de douleur.

M. de La Jeannotière voulait donner une éducation brillante à son fils ; mais madame la marquise ne voulut pas qu'il apprît le latin, parce qu'on ne jouait la comédie et l'opéra qu'en français ; elle empêcha aussi qu'on lui apprît la géographie, parce que, disait-elle, les postillons sauront bien trouver, sans qu'il s'en embarrasse, le chemin de ses terres. Après avoir examiné de cette manière toutes les sciences utiles, il fut décidé que le jeune marquis apprendrait à danser.

On imagine bien qu'éloigné de toutes les études qui doivent occuper un jeune homme, il fut bientôt conduit par l'oisiveté dans le libertinage. Il dépensa des sommes immenses à rechercher de faux plaisirs, pendant que ses parens s'épuisaient encore davantage à vivre en grands seigneurs.

Une jeune veuve de qualité, qui n'avait qu'une fortune médiocre, voulut bien se résoudre à mettre en sûreté les grands biens de monsieur et de madame de La Jeannotière, en se les appropriant, et en épousant le jeune marquis. Une vieille voisine proposa le mariage. Les parens, éblouis de la splendeur de cette alliance, acceptèrent avec joie la proposition. Tout était déjà prêt pour les noces, et le jeune marquis, aux genoux de sa belle, recevait déjà les complimens de leurs amis communs, lorsqu'un valet de chambre de sa mère arriva tout effaré : « Voici bien d'autres nouvelles ! dit-il, des huissiers déménagent la maison de monsieur et de madame ! tout est saisi par des créanciers, on parle de prise de corps, et je vais faire mes diligences pour être payé de mes gages.—Voyons un peu, dit le marquis, ce que c'est que ça.—Oui, dit la veuve, allez punir ces coquins-là, allez vite. » Il y court, il arrive à la maison ; son père était déjà emprisonné, tous les domestiques avaient fui chacun de leur côté, en emportant tout ce qu'ils avaient pu ; sa mère était seule, sans secours, sans consolation, noyée dans les larmes ; il ne lui restait rien que le souvenir de sa fortune, et celui de ses folles dépenses.

Après que le fils eut long-temps pleuré avec

sa mère, il lui dit enfin : « Ne nous désespérons pas, cette jeune veuve m'aime éperdument ; elle est plus généreuse encore que riche, je réponds d'elle, je vais la chercher, et je vous l'amène. » Il retourne donc chez sa maîtresse. « Quoi ! c'est vous, lui dit-elle, monsieur de La Jeannotière ? Que venez-vous faire ici ? Abandonne-t-on ainsi sa mère ? Allez chez cette pauvre femme, et dites-lui que je lui veux toujours du bien : j'ai besoin d'une femme de chambre, et je lui donnerai la préférence. »

Le marquis, stupéfait, la rage dans le cœur, alla chez ceux qu'il avait vus venir le plus familièrement dans la maison de son père ; ils le reçurent tous avec une politesse étudiée, et en ne lui donnant que de vagues espérances. Il apprit mieux à connaître le monde dans une demi-journée que dans tout le reste de sa vie.

Comme il était plongé dans l'accablement du désespoir, il vit avancer une chaise roulante à l'antique, espèce de tombereau couvert avec des rideaux de cuir, suivie de quatre charrettes énormes, toutes chargées. Il y avait dans la chaise un jeune homme grossièrement vêtu ; c'était un visage rond et frais, qui respirait la douceur et la gaîté, sa petite femme brune et assez grossièrement agréable, était cahotée à côté de lui. La voiture n'allait pas comme le char d'un petit-maître. Le voyageur eut tout le temps de contempler le marquis, immobile, abîmé dans sa douleur : « Eh, mon Dieu ! s'écriat-il, je crois que c'est là Jeannot. » A ce nom, le marquis lève les yeux, la voiture s'arrête. « C'est Jeannot lui-même, c'est Jeannot ! » Le petit homme rebondi ne fait qu'un saut, et court embrasser son ancien camarade. Jeannot reconnut Colin ; la honte et les pleurs couvrirent son visage. « Tu m'as abandonné, lui dit Colin ; mais tu as beau être grand seigneur, je t'aimerai toujours. » Jeannot, confus et attendri, lui conta en sanglotant une partie de son histoire. « Viens dans l'hôtellerie où je loge me conter le reste, lui dit Colin ; embrasse ma petite femme, et allons dîner ensemble. »

Ils vont tous trois à pied, suivis du bagage... « Qu'est-ce donc que tout cet attirail ?... vous appartient-il ?....—Oui, tout est à moi et à ma femme. Nous arrivons du pays, je suis à la tête d'une bonne manufacture de fer étamé et de cuivre ; j'ai épousé la fille d'un riche négociant en ustensiles nécessaires aux grands et aux petits ; nous travaillons beaucoup, Dieu nous bénit. Nous n'avons pas changé d'état, nous sommes heureux, nous aiderons notre ami Jeannot. Ne sois plus marquis, toutes les grandeurs de ce monde ne valent pas un bon ami. Tu reviendras avec moi au pays, je t'apprendrai le métier, il n'est pas bien difficile : je te mettrai de part, et nous vivrons gaîment dans le coin de terre où nous sommes nés. » Jeannot, éperdu, se sentait partagé entre la douleur et la joie, la tendresse et la honte, et il se disait tout bas : « Tous mes amis du bel air m'ont trahi, et Colin, que j'ai méprisé, vint seul à mon secours ; quelle instruction » ! La bonté d'âme de Colin développa dans le cœur de Jeannot le germe du bon naturel que le monde n'avait pas encore étouffé ; il sentit qu'il ne pouvait abandonner son père et sa mère. « Nous aurons soin de ta mère, dit Colin ; et quant à ton bonhomme de père, qui est en prison, j'entends un peu les affaires, et je me charge des siennes.» Il vint effectivement à bout de le tirer des mains de ses créanciers. Jeannot retourna dans sa patrie avec ses parens, qui reprirent leur première profession ; il épousa une sœur de Colin, laquelle, étant de même humeur que le frère, le rendit très-heureux, et Jeannot le père, et Jeannotte la mère, et Jeannot le fils, virent que le bonheur n'est pas dans la vanité. (*Voltaire.*)

LA BIENFAISANCE.

Miseris succurrere disco. Virg.

Sentiment émané du ciel, doux penchant des belles âmes, ô divine bienfaisance, heureux le mortel qui vit sous ton empire, et qui t'a livré son cœur !

Heureux celui qui, détrompé de bonne heure des illusions de la vie et des folles passions qui dégradent l'homme, abandonne la ville, et s'en va dans les chaumières champêtres consoler l'humanité souffrante !

Sans doute il a pris naissance au milieu des barbares ; long-temps sur le Caucase il a sucé le lait d'une tigresse, celui qui voit d'un œil insensible couler les pleurs des malheureux, et dont l'âme de bronze, fermée à la commisération, repousse avec une joie cruelle tout sentiment de pitié.

Ah ! que je plains l'homme personnel qui ne vit que pour lui seul, et le cœur avare, qui, tourmenté nuit et jour par la soif de l'or, jamais n'a brûlé des saintes flammes de la bienfaisance ! insensé qui se prive de la plus noble, de la plus douce des jouissances, du plaisir de donner !

Je bénis l'Être Suprême de m'avoir fait naître avec des entrailles compatissantes. Non, jamais le bonheur d'autrui ne me fut étranger ; j'en jouis avec transport, il soulage mon cœur. O combien aussi son infortune m'afflige et me tourmente !

Je me rappelle encore, et ma mémoire en sera toujours frappée, de quelle douleur je me sentis saisir à la vue d'une mère éperdue qui accompagnait au tombeau son fils unique ; elle fendait l'air de ses cris. Le nom de cet enfant, qu'elle avait allaité, sortait sans cesse de sa bouche : elle l'appelait, lui parlait encore ; ses sanglots étouffaient sa voix. Les pleurs coulaient de tous les yeux ; le prêtre attendri en versait, et ne pouvait achever les prières sacrées. Elle voulait, dans l'excès de sa misère, se précipiter sur le cercueil, et s'ensevelir toute vivante au tombeau de son fils : il fallut l'emporter évanouie, mourante.

Telle on voit la tendre Philomèle à qui l'oiseleur barbare a ravi les fruits naissans de ses amours ; malheureuse, elle soupire, elle gémit toute la nuit dans un bosquet solitaire, et traîne en longs accens ses plaintes lamentables.

Le ciel m'a peu donné ; mais ce peu appartient à l'indigence. Le blé qui croît dans mon champ modique, on le moissonne pour elle autant que pour pour moi. Quand le lion embrasé vomit du haut des airs des torrens de feu, elle jouit de l'ombrage frais de mon bois. Retirée l'hiver dans ma demeure hospitalière, elle y brave les injures des aquilons. Je partage tout avec elle, le nectar de ma vigne, la laine de mes brebis, les fruits de mon verger. Hélas ! quand on a senti l'infortune, on ne connaît plus d'autre bonheur que de soulager les malheureux.

Je n'ambitionnerais les richesses d'Attale, et tout l'or qu'aux jours antiques avait accumulé le roi de Lydie ; je n'envierais, dis-je, tous ces trésors que pour éterniser mes sentimens les plus chers, et satisfaire le vœu de mon cœur, en élevant un magnifique temple à la bienfaisance.

Là, on ne verrait ni les conquérans, fléaux de l'humanité ; ni les ingrats qui la déshonorent ; ni ces monarques oppresseurs, toujours armés de la hache du despotisme : les tendres vertus, la reconnaissance et l'amitié fidèle y auraient seules des autels.

Ames généreuses, hommes sensibles et compatissans, vos statues rempliraient ce temple ; moi-même je les couronnerais de lauriers : partout enfin sur ces murs sacrés on lirait vos noms illustres, gravés de ma main en lettres d'or sur un marbre immortel. (*L'abbé de Reyrac.*)

HISTOIRE D'UN PEUPLE

Malheureux par le crime, et heureux par la vertu.

Il y avait en Arabie un petit peuple appelé Troglodyte. Il descendait de ces anciens Troglodytes, qui, si nous en croyons les historiens, ressemblaient plutôt à des bêtes qu'à des hommes. Ceux-ci n'étaient point si contrefaits, ils n'étaient point velus comme des ours, ils ne sifflaient point ; mais ils étaient si méchans et si féroces, qu'il n'y avait parmi eux aucun principe d'équité ni de justice.

Ils avaient un roi d'une origine étrangère, qui, voulant corriger la méchanceté de leur naturel, les traitait sévèrement ; mais ils conjurèrent contre lui, le tuèrent et exterminèrent toute la famille royale.

Le coup étant fait, ils s'assemblèrent pour choisir un gouverneur, et, après bien des dissensions, créèrent des magistrats. Mais à peine les eurent-ils élus, qu'ils leur devinrent insupportables; et ils les massacrèrent encore. Ce peuple, libre de ce nouveau joug, ne consulta plus que son naturel sauvage ; tous les particuliers convinrent qu'ils n'obéiraient plus à personne ; que chacun veillerait uniquement à ses intérêts, sans consulter ceux des autres.

Cette résolution unanime flattait extrêmement tous les particuliers. Ils disaient : « Qu'ai-je affaire d'aller me tuer à travailler pour des gens dont je ne me soucie point ? Je penserai uniquement à moi, je vivrai heureux ; que m'importe que les autres le soient ? Je me procurerai tous mes besoins, et, pourvu que je les aie, je ne me soucie point que tous les autres Troglodytes soient misérables. »

On était dans le mois où l'on ensemence les terres. Chacun dit : « Je ne labourerai mon champ que pour qu'il me fournisse le blé qu'il me faut pour me nourrir ; une grande quantité me serait inutile, je ne prendrai point de la peine pour rien. » Les terres de ce petit royaume n'étaient pas de même nature, il y en avait d'arides et de montagneuses, et d'autres qui, dans un terrain bas, étaient arrosées de plusieurs ruisseaux. Cette année la sécheresse fut très-grande, de manière que les terres qui étaient élevées manquèrent

absolument, tandis que celles qui purent être
arrosées, furent très-fertiles. Ainsi les peuples
des montagnes périrent presque tous de faim,
par la dureté des autres qui leur refusèrent de
partager la récolte.

L'année d'ensuite fut très-pluvieuse. Les lieux
élevés se trouvèrent d'une fertilité extraordinaire, et les terres basses furent submergées. La
moitié du peuple cria une seconde fois famine ;
mais ces misérables trouvèrent des gens aussi
durs qu'ils l'avaient été eux-mêmes.

Un des principaux habitans avait une femme
fort belle. Son voisin en devint amoureux, et
l'enleva. Il s'émut une grande querelle, et, après
bien des injures et des coups, ils convinrent de
s'en remettre à la décision d'un Troglodyte, qui,
pendant que la république subsistait, avait eu
quelque crédit ; ils allèrent à lui, et voulurent
lui dirent leurs raisons. « Que m'importe, dit cet
homme, que cette femme soit à vous, ou à vous ?
J'ai mon champ à labourer, je n'irai peut-être
pas employer mon temps à terminer vos différends, et à travailler à vos affaires, tandis que je
négligerai les miennes ; je vous prie de me laisser
en repos, et de ne plus m'importuner de vos
querelles. » Là-dessus il les quitta, et s'en alla travailler sa terre. Le ravisseur, qui était le plus
fort, jura qu'il mourrait plutôt que de rendre
cette femme ; et l'autre, pénétré de l'injustice
de son voisin et de la dureté du juge, s'en re-
tournait désespéré, lorsqu'il trouva dans son chemin une femme jeune et belle, qui revenait de
la fontaine ; il n'avait plus de femme, celle-là
lui plut ; et elle lui plut bien davantage, lorsqu'il apprit que c'était la femme de celui qu'il

avait voulu prendre pour juge, et qui avait été si peu sensible à son malheur; il l'enleva, et l'emmena dans sa maison.

Il y avait un homme qui possédait un champ assez fertile, qu'il cultivait avec grand soin; deux de ses voisins s'unirent ensemble, le chassèrent de sa maison, occupèrent son champ; ils firent entre eux une union pour se défendre contre tous ceux qui voudraient l'usurper; et effectivement ils se soutinrent par-là pendant plusieurs mois. Mais un des deux, ennuyé de partager ce qu'il pouvait avoir tout seul, tua l'autre, et devint seul maître du champ. Son empire ne fut pas long; deux autres Troglodytes vinrent l'attaquer; il se trouva trop faible pour se défendre, il fut massacré.

Un Troglodyte presque tout nu vit de la laine qui était à vendre; il en demanda le prix, le marchand dit en lui-même : « Naturellement je ne devais espérer de ma laine qu'autant d'argent qu'il en faut pour acheter deux mesures de blé; mais je la vais vendre quatre fois davantage, afin d'avoir huit mesures. » Il fallut en passer par-là, et payer le prix demandé. « Je suis bien aise, dit le marchand, j'aurai du blé à présent. — Que dites-vous? reprit l'acheteur; vous avez besoin de blé? j'en ai à vendre; il n'y a que le prix qui vous étonnera peut-être; car vous saurez que le blé est extrêmement cher, et que la famine règne presque partout; mais rendez-moi mon argent, et je vous donnerai une mesure de blé; car je ne veux pas m'en défaire autrement, dussiez-vous crever de faim. »

Cependant une maladie cruelle ravageait la contrée. Un médecin habile y arriva du pays voisin, et donna ses remèdes si à propos, qu'il guérit tous ceux qui se mirent dans ses mains. Quand la maladie eut cessé, il alla chez tous ceux qu'il avait traités demander son salaire, mais il ne trouva que des refus ; il retourna dans son pays, et il y arriva accablé de fatigues d'un si long voyage. Mais bientôt après il apprit que la même maladie se faisait sentir de nouveau, et affligeait plus que jamais cette terre ingrate ; ils allèrent à lui cette fois, et n'attendirent pas qu'il vînt chez eux. « Allez, leur dit-il, hommes injustes, vous avez dans l'âme un poison plus mortel que celui dont vous voulez vous guérir ; vous ne méritez pas d'occuper une place sur la terre, parce que vous n'avez point d'humanité, et que les règles de l'équité vous sont inconnues ; je croirais offenser les Dieux qui punissent, si je m'opposais à la justice de leur colère. » L'épidémie fut si violente, qu'il n'y eut que deux familles qui échappèrent aux malheurs de la nation.

Il était resté dans ces deux familles deux hommes bien singuliers ; ils avaient de l'humanité, ils connaissaient la justice, ils aimaient la vertu ; autant liés par la droiture de leur cœur que par la corruption de celui des autres, ils voyaient la désolation générale, et ne la ressentaient que par la pitié ; c'était le motif d'une union nouvelle. Ils travaillaient avec une sollicitude commune pour l'intérêt commun ; ils n'avaient de différends que ceux qu'une douce et tendre amitié faisait naître, et dans l'endroit du pays le plus écarté, séparés de leurs compatriotes, indignes de leur présence, ils menaient une vie heureuse et tranquille ; la terre semblait produire d'elle-même, cultivée par ces vertueuses mains.

Ils aimaient leurs femmes, et ils en étaient tendrement chéris. Toute leur attention était d'élever leurs enfans à la vertu; ils leur représentaient sans cesse les malheurs de leurs compatriotes, et leur mettaient devant les yeux cet exemple si triste; ils leur faisaient surtout sentir que l'intérêt des particuliers se trouve toujours dans l'intérêt commun : que vouloir s'en séparer, c'est vouloir se perdre; que la vertu n'est point une chose qui doive nous coûter, qu'il ne faut point la regarder comme une chose pénible, et que la justice pour autrui est une charité pour nous.

Ils eurent bientôt la consolation des pères vertueux, qui est d'avoir des enfans qui leur ressemblent. Le jeune peuple qui s'éleva sous leurs yeux s'accrut par d'heureux mariages; le nombre augmenta, l'union fut la même; et la vertu, bien loin de s'affaiblir dans la multitude, fut fortifiée au contraire par un plus grand nombre d'exemples. Qui pourrait représenter ici le bonheur de ces Troglodytes? Un peuple si juste devait être chéri des Dieux.

Dès qu'il ouvrit les yeux pour les reconnaître, il apprit à les craindre; et la religion vint adoucir dans les mœurs ce que la nature y avait laissé de trop rude.

Ils instituèrent des fêtes en l'honneur des Dieux : les jeunes filles, ornées de fleurs, et les jeunes garçons les célébraient par leurs danses et par les accords d'une musique champêtre; on faisait ensuite des festins où la joie ne régnait pas moins que la frugalité; c'était dans ces assemblées que parlait la nature naïve ; c'était là qu'on apprenait à donner le cœur et à le recevoir ; c'était là que les tendres mères se plaisaient à prévoir de loin, pour leurs filles, une union douce et fidèle.

On allait au temple pour demander les faveurs des Dieux ; ce n'étaient pas les richesses et une onéreuse abondance : de pareils souhaits étaient indignes des heureux Troglodytes : ils ne savaient les désirer que pour leurs compatriotes ; ils n'étaient au pied des autels que pour demander la santé de leurs frères, la tendresse de leurs femmes, l'amour et l'obéissance de leurs enfans. Les filles y venaient apporter le tendre sacrifice de leur cœur, et ne leur demandaient d'autre grâce que celle de pouvoir rendre un Troglodyte heureux.

Le soir, lorsque les troupeaux quittaient les prairies, et que les bœufs fatigués avaient ramené la charrue, ils s'assemblaient, et, dans un repas frugal, chantaient les injustices des premiers Troglodytes, leurs malheurs, la vertu renaissante avec un nouveau peuple, et sa félicité ; ils célébraient les grandeurs des Dieux, leurs faveurs toujours présentes aux hommes qui les implorent, et leur colère, inévitable à ceux qui ne les craignent pas ; ils décrivaient ensuite les délices de la vie champêtre, et le bonheur d'une condition toujours parée de l'innocence. Bientôt ils s'abandonnaient à un sommeil que les soins et les chagrins n'interrompaient jamais ; la nature ne fournissait pas moins à leurs désirs qu'à leurs besoins ; dans ce pays heureux, la cupidité était étrangère ; ils se faisaient des présens, où celui qui donnait,

croyait toujours avoir l'avantage. Le peuple
Troglodyte se regardait comme une seule famille ; les troupeaux étaient presque toujours
confondus ; la seule peine qu'on s'épargnait
ordinairement, c'était de les partager. Un d'eux
disait un jour : « Mon père doit demain labourer
son champ ; je me lèverai deux heures avant
lui, et quand il ira à son champ, il le trouvera
tout labouré. »

Un autre disait en lui-même : « Il me semble
que ma sœur a du goût pour ce jeune Troglodyte ; il faut que je parle à mon père, et que
je le détermine à faire ce mariage. »

On vint dire à un autre que des voleurs
avaient enlevé son troupeau : « J'en suis fâché,
dit-il, car il y avait une génisse toute blanche
que je voulais offrir aux Dieux. »

On entendait dire à un autre : « Il faut que
j'aille au temple remercier les Dieux ; car mon
frère, que mon père aime tant et que je chéris
si fort, a recouvré la santé. »

Ou bien : « Il y a un champ qui touche à celui
de mon père, et ceux qui le cultivent sont tous
les jours exposés aux ardeurs du soleil ; il faut
que j'aille y planter deux arbres, afin que ces
pauvres gens puissent aller quelquefois se reposer sous leur ombre. »

Un jour que plusieurs Troglodytes étaient
assemblés, un vieillard parla d'un jeune homme
qu'il soupçonnait d'avoir commis une mauvaise
action, et lui en fit des reproches. « Nous ne
croyons pas qu'il ait commis ce crime, dirent les
jeunes Troglodytes ; mais s'il l'a fait, puisse-t-
il mourir le dernier de sa famille ! » On vint dire
à un Troglodyte que des étrangers avaient pillé

sa maison, et avaient tout emporté : « S'ils n'é-
taient pas injustes, répondit-il, je souhaiterais
que les Dieux leur en donnassent un plus long
usage qu'à moi. »

Tant de prospérités ne furent pas regardées
sans envie ; les peuples voisins s'assemblèrent,
et, sous un vain prétexte, ils résolurent d'enlever leurs troupeaux ; dès que cette résolution
fut connue, les Troglodytes envoyèrent au-
devant d'eux des ambassadeurs qui leur par-
lèrent ainsi : « Que vous ont fait les Troglodytes ?
Ont-ils enlevé vos femmes, dérobé vos bestiaux,
ravagé vos campagnes ? Non ; nous sommes
justes, et nous craignons les Dieux ; que deman-
dez-vous donc de nous ? Voulez-vous de la laine
pour vous faire des habits ? Voulez-vous du lait
de nos troupeaux, ou du fruit de nos terres ?
Mettez bas les armes, venez au milieu de nous,
et nous vous donnerons de tout cela ; mais nous
jurons, par ce qu'il y a de plus sacré, que si
vous entrez dans nos terres comme ennemis,
nous vous regarderons comme un peuple injuste,
et que nous vous traiterons comme des bêtes
farouches. »

Ces paroles furent renvoyées avec mépris ;
ces peuples sauvages entrèrent armés dans la
terre des Troglodytes, qu'ils ne croyaient dé-
fendus que par leur innocence. Mais ils étaient
bien disposés à la défense. Ils avaient mis leurs
femmes et leurs enfans au milieu d'eux ; ils furent
étonnés de l'injustice de leurs ennemis, et non
pas de leur nombre. Un ardeur nouvelle s'était
emparée de leurs cœurs. L'un voulait mourir
pour son père, et un autre pour sa femme et ses
enfans ; celui-ci pour ses frères, celui-là pour

ses amis, tous pour le peuple troglodyte. La place de celui qui expirait était d'abord prise par un autre qui, outre la cause commune, avait encore une mort particulière à venger.

Tel fut le combat de l'injustice et de la vertu. Ces peuples lâches, qui ne cherchaient que le butin, n'eurent pas honte de fuir; et, cédant à la vertu des Troglodytes, ils les laissèrent dès lors jouir en paix de leur bonheur. (*Par M. de Montesquieu.*)

LA MAUVAISE MÈRE ET LE BON FILS.

Dans l'une de nos provinces maritimes, il y avait un intendant qui s'était rendu recommandable par son désintéressement et par son intégrité. Cet homme de bien, appelé M. de Carandon, mourut pauvre et presque insolvable. Il avait laissé une fille que personne n'épousait, parce qu'elle avait beaucoup d'orgueil, et peu d'agrémens et point de fortune. Un riche et honnête négociant la rechercha, par considération pour la mémoire de son père. « Il nous a fait tant de bien! disait le bonhomme Corée (c'était le nom du négociant); il est bien juste que quelqu'un de nous le rende à sa fille.» Corée se proposa donc humblement, et mademoiselle de Carandon, avec beaucoup de répugnance, consentit à lui donner la main, bien entendu qu'elle aurait dans sa maison une autorité absolue. Le respect du bonhomme pour la mémoire du père s'étendait jusque sur la fille. Il la consultait comme son oracle; et, si quelquefois il lui arrivait d'avoir un avis différent du sien, elle n'avait qu'à proférer ces paroles imposantes : « Feu monsieur de Carandon , mon père.....» Corée n'attendait pas qu'elle achevât pour avouer qu'il avait tort.

Il mourut assez jeune, et lui laissa deux enfans. Son héritage, suivant ses dernières dispositions, fut mis en dépôt dans les mains de sa femme , avec le droit fatal de le distribuer à ses enfans comme bon lui semblerait. De ses deux enfans, l'aîné faisait ses délices ; non qu'il fût plus beau ou plus heureusement né que le cadet, mais il était plus hardi et plus impérieux, par conséquent d'un caractère plus ressemblant au sien.

Elle avait enfin, pour l'aimer uniquement, toutes les mauvaises raisons que peut avoir une mauvaise mère. Le petit Jacquot était l'enfant de rebut; sa mère ne daignait presque pas le voir et ne lui parlait que pour le gronder. Cet enfant intimidé n'osait lever les yeux devant elle, et ne lui répondait qu'en tremblant.

«Il avait, disait-elle, le naturel de son père, une âme du peuple.» Pour l'aîné, qu'on avait pris soin de rendre aussi volontaire, aussi mutin , aussi capricieux qu'il était possible, c'était la gentillesse même : son indocilité s'appelait hauteur de caractère; son humeur, excès de sensibilité. On s'applaudissait qu'il ne cédât jamais quand il avait raison : or, il faut savoir qu'il n'avait jamais tort.

On ne cessait de dire qu'il sentait son bien , et qu'il avait l'honneur de ressembler à madame sa mère. Cet aîné, appelé M. de l'Étang (car on ne crut pas qu'il fût convenable de lui laisser le nom de Corée); cet aîné, dis-je, eut des maîtres de toute espèce. Les leçons étaient pour lui seul, et le petit Jacquot savait tout ce qu'on avait enseigné à M. de l'Étang, qui en revanche ne savait rien.

Toutes les personnes qui voulaient faire la cour à madame, s'apercevant de son faible, lui faisaient croire que son aîné était un prodige. Les maîtres, moins complaisans ou plus maladroits, en se plaignant de l'imbécillité, de l'inattention de cet enfant chéri, ne tarissaient point sur les louanges de Jacquot; ils ne disaient pas précisément que M. de l'Étang fût un sot, mais disaient que le petit Jacquot avait de l'esprit comme un ange. La vanité de la mère fut blessée : elle redoubla d'aversion pour ce petit malheureux, devint jalouse de ses progrès, et résolut d'ôter à son enfant gâté l'humiliation du parallèle.

Une aventure bien touchante réveilla cependant en elle les sentimens de la nature, mais ce retour sur elle-même l'humilia sans la corriger. Jacquot avait dix ans, de l'Étang en avait près de quinze, lorsqu'elle tomba dangereusement malade. L'aîné s'occupait de ses plaisirs, et fort peu de la santé de sa mère : c'est la punition des mères folles d'aimer des enfans dénaturés. Cependant on commençait à s'inquiéter; Jacquot s'en aperçut, et voilà son petit cœur saisi de douleur et de crainte : l'impatience de voir sa mère ne lui permet plus de se cacher.

On l'avait accoutumé à ne paraître que lorsqu'il était appelé, mais enfin sa tendresse lui donna du courage. Il saisit l'instant où la porte de la chambre est entr'ouverte ; il entre sans bruit et à pas tremblans; il s'approche du lit de sa mère. « Est-ce vous, mon fils ? demanda-t-elle.—Non, ma mère, c'est Jacquot.» Cette réponse naïve et accablante pénétra de honte et de douleur l'âme de cette femme injuste ; mais quelques caresses de son mauvais fils lui rendirent bientôt tout son ascendant ; et Jacquot n'en fut dans la suite ni mieux aimé ni moins digne de l'être.

A peine madame Corée fut-elle rétablie, qu'elle reprit le dessein de l'éloigner de la maison. Son prétexte fut que de l'Étang, naturellement vif, était trop susceptible de dissipation pour avoir un compagnon d'étude, et que les impertinentes prédilections des maîtres pour l'enfant qui était le plus humble ou le plus caressant avec eux, pouvaient fort bien décourager celui dont le caractère plus haut et moins flexible exigeait plus de ménagement.

Elle voulut donc que de l'Étang fût l'unique objet de leurs soins, et se défit du malheureux Jacquot, en l'exilant dans un collége. A seize ans, de l'Étang quitta ses maîtres de mathématiques, de physique, de musique, etc., comme il les avait pris ; il commença ses exercices, qu'il fit à peu près comme ses études ; et à vingt ans, il parut dans le monde avec la suffisance d'un sot qui a entendu parler de tout et qui n'a réfléchi sur rien.

De son côté, Jacquot avait fini ses humanités, et sa mère était ennuyée des éloges qu'on lui donnait. « Vous voilà grand, lui dit-elle un jour, il faut prendre un parti. Vous croyez peut-être que j'ai de quoi vous soutenir dans le monde, je vous déclare qu'il n'en est rien. La fortune de votre père n'était pas aussi considérable qu'on l'imagine ; à peine suffira-t-elle à l'établissement de votre aîné. Pour vous, monsieur, vous n'avez qu'à voir si vous voulez courir la carrière des bénéfices ou celle des armes, vous faire tonsurer ou casser la tête, accepter, en un mot, un petit collet ou une lieutenance d'infanterie : c'est tout ce que je puis faire pour vous.» Jacquot lui répondit qu'il y avait des partis moins violens à prendre pour le fils d'un négociant. A ces mots, mademoiselle de Carandon faillit à mourir de douleur d'avoir mis au monde un fils si peu digne d'elle, et lui défendit de paraître à ses yeux. Le jeune Corée, désolé d'avoir encouru l'indignation de sa mère, se retira en soupirant, et résolut de tenter si la fortune lui serait moins cruelle que la nature; il apprit qu'un vaisseau était sur le point de faire voile pour les Antilles, où il avait dessein de se rendre. Il écrivit à sa mère pour lui demander son aveu, sa bénédiction et une pacotille : les deux premiers articles lui furent amplement accordés, mais le dernier avec économie.

Sa mère, se croyant trop heureuse d'en être débarrassée, voulut le voir avant son départ, et en l'embrassant lui donna quelques larmes ; son frère eut aussi la bonté de lui souhaiter un heureux voyage. C'étaient les premières caresses qu'il avait reçues de ses parens : son cœur sensible en fut pénétré. Cependant il n'osa leur demander de leur écrire ; mais il avait un camarade de collége dont il était tendrement aimé, il le conjura, en partant, de lui donner quelquefois des nouvelles de sa mère.

Celle-ci ne fut plus occupée que du soin d'établir son enfant chéri ; il se déclara pour la robe. On lui obtint des dispenses d'études, et bientôt il fut admis dans le sanctuaire des lois. Il ne fallait plus qu'un mariage avantageux.

On proposa une riche héritière ; mais on exigea de la veuve la donation de ses biens. Elle eut la faiblesse d'y consentir, en se réservant à peine de quoi vivre décemment : bien assurée que la fortune de son fils serait toujours à sa disposition.

A l'âge de vingt-cinq ans, M. de l'Ftang se trouva donc un petit conseiller tout rond, négligeant sa femme autant que sa mère, ayant grand soin de sa personne, et fort peu de soucis des affaires du palais. Bientôt il n'y eut pas d'excès dans lequel il ne se plongeât ; sa fortune diminuait tous les jours par ses dépenses énormes. Cependant comme il croyait humiliant pour lui de déchoir, il se piqua d'honneur et ne voulut rien rabattre de son faste : en sorte que, dans quelques années, il se trouva qu'il était ruiné. Il en était aux expédiens, lorsque madame sa mère, qui n'avait pas mieux ménagé sa réserve, lui écrivit pour lui demander de l'argent ; il lui répondit qu'il était au désespoir, mais que, loin de lui pouvoir envoyer des secours, il en avait besoin lui-même. Déjà l'alarme s'était répandue parmi les créanciers, et c'était à qui se saisirait le premier des débris de leur fortune.

« Qu'ai-je fait ! disait cette mère désolée ; je me suis dépouillée de tout pour mon fils qui a tout dissipé. »

Cependant qu'était devenu l'infortuné Jacquot ? Jacquot avait de l'esprit, la meilleure âme, la plus jolie figure du monde, et sa petite pacotille était arrivée heureusement à Saint-Domingue.

On sait combien un Français de bonnes mœurs et de bonne mine trouve aisément à s'établir dans les îles. Le nom de Corée, son intelligence et sa sagesse lui acquirent bientôt la confiance des habitans ; avec les secours qui lui furent offerts, il acquit lui-même une habitation, la cultiva, la rendit florissante.

Le commerce, qui était en vigueur, commençait déjà à l'enrichir, lorsque son camarade de collège, qui jusque-là ne lui avait donné que des nouvelles satisfaisantes, lui écrivit que son frère était ruiné, et que sa mère, abandonnée de tout le monde, était réduite aux plus affreuses extrémités ; cette lettre fatale fut arrosée de larmes. « Ah ! ma pauvre mère, s'écriat-il, j'irai, j'irai vous secourir ! » Il ne voulut pas s'en fier à personne : un accident, une infidélité, la négligence ou la lenteur d'une main étrangère, pouvaient la priver des secours de son fils, et la laisser mourir dans l'indigence et le désespoir.

« Rien ne doit retenir un fils, se disait-il à lui-même, lorsqu'il y va de l'honneur et de la vie d'une mère ! » avec de tels sentimens, Corée ne fut plus occupé que du soin de vendre tout ce qu'il possédait, et ce sacrifice ne coûta rien à son cœur. Il s'embarque, et avec lui toute sa fortune ; le trajet fut heureux : au bout de six semaines, il arriva sur les côtes de France ; et ce digne fils, sans se permettre une nuit de repos, se rend avec son trésor auprès de sa malheureuse mère. Il la trouve au bord du tombeau, et dans un état plus affreux pour elle que la mort même : elle était dénuée de tout secours et livrée aux soins d'un domestique qui, rebuté de souffrir l'indigence où elle était réduite, lui rendait à regret les derniers soins d'une pitié humiliante ; la honte de sa situation l'avait portée à défendre à ce domestique de recevoir personne que le prêtre et le médecin charitables qui la visitaient quelquefois.

Corée demande à la voir, on le refuse : «Annonce-moi, dit-il au domestique. — Et quel est votre nom? — Jacquot. » Le domestique s'approche du lit : « Un étranger, dit-il, demande à voir madame. — Hélas! et quel est cet étranger ? — Il dit qu'il s'appelle Jacquot. » A ce nom, ses entrailles furent si émues, qu'elle faillit expirer. « Ah! mon fils, dit-elle d'une voix éteinte, et en levant sur lui sa mourante paupière! Ah! mon fils, dans quel moment venez-vous revoir votre mère! votre main va lui fermer les yeux. » Quelle fut la douleur de cet enfant si pieux et si tendre, de voir cette mère qu'il avait laissée au sein du luxe et de l'opulence, de la voir dans un lit entouré de lambeaux, et dont l'image soulèverait le cœur, s'il m'était permis de la rendre! « O ma mère! » s'écria-t-il en se précipitant sur ce lit de douleur.......Ses sanglots étouffèrent sa voix, et les ruisseaux de larmes dont il inondait le sein de sa mère expirante, furent long-temps la seule expression de sa douleur et de son amour.

« Le Ciel me punit, reprit-elle, d'avoir trop aimé un fils dénaturé, d'avoir...» Il l'interrompit. «Tout est réparé, ma mère, lui dit ce vertueux jeune homme, vivez. La fortune m'a comblé de biens, je viens les répandre au sein de la nature. C'est pour vous qu'ils me sont donnés. Vivez, j'ai de quoi vous faire aimer la vie. — Ah! mon cher enfant, si je désire de vivre, c'est pour expier mon injustice, c'est pour aimer un fils dont je n'étais pas digne, un fils que j'ai déshérité.» A ces mots, elle se couvrit le visage, comme indigne de voir le jour. « Ah ! madame, s'écria-t-il en la pressant dans ses bras, ne me dérobez point la vue de ma mère ; je viens à travers les mers la chercher et la secourir. » Dans ce moment, le prêtre et le médecin arrivèrent : « Voilà, dit-elle, mon enfant, les seules consolations que le Ciel m'a laissées ; sans leur charité je ne serais plus. » Corée les embrasse en fondant en larmes : « Mes amis, leur dit-il, mes bienfaiteurs ! que ne vous dois-je pas ! Sans vous je n'aurais plus de mère. Achevez de la rappeler à la vie. Je suis riche, je viens la rendre heureuse. Redoublez vos soins, vos consolations, vos secours ; rendez-la moi. » Le médecin vit prudemment que cette situation était trop violente pour la malade : « Allez, monsieur, dit-il à Corée, reposez-vous sur notre zèle, et n'ayez plus d'autre soin que de faire préparer un logement commode et sain ; ce soir madame y sera transportée. »

Le changement d'air, la bonne nourriture, ou plutôt la révolution qu'avait faite la joie, et le calme qui lui succéda, ranimèrent insensiblement en elle les organes de la vie. Un chagrin profond avait été le principe du mal, la consolation en fut le remède. Corée apprit que son malheureux frère venait de périr misérablement, mais par bonheur sans laisser d'enfans.

On déroba la connaissance de cette mort à une mère sensible et trop faible pour soutenir, sans expirer, un nouvel accès de douleur. Elle l'apprit enfin lorsque sa santé fut plus affermie : toutes les plaies de son cœur se rouvrirent, et les larmes maternelles coulèrent de ses yeux. Mais le Ciel, en lui ôtant un fils indigne de sa tendresse, lui en rendait un qui l'avait méritée par tout ce que la nature a de plus sensible, et la vertu de plus touchant.

Il avait laissé en Amérique une jeune veuve nommée Lucelle, dont il était tendrement aimé, et à laquelle il se disposait à s'unir. Il confia à madame Corée les désirs de son âme : c'était de pouvoir réunir dans ses bras son épouse et sa mère. Celle-ci saisit avec joie le projet de passer avec lui en Amérique : une ville remplie de ses folies et de ses malheurs était pour elle un séjour odieux ; et l'instant où elle s'embarqua lui rendit une nouvelle vie. Le Ciel, qui protège la piété, leur accorda des vents favorables. Lucelle reçut la mère de son amant comme elle aurait reçu sa mère. L'hymen fit de ces amans les époux les plus fortunés, et leurs jours coulent encore dans cette paix inaltérable, dans ces plaisirs purs et sereins qui sont le partage de la vertu. (*Par Marmontel.*)

LETTRE A UN JEUNE PROFESSEUR.

ENFIN, mon jeune ami, il est donc vrai que, cédant à votre goût pour la vie libre, studieuse et paisible, vous allez entrer dans l'O...., et consacrer tous vos momens aux muses, à la philosophie et à l'*Institution publique*. Vous pensez qu'instruit par l'expérience, et ayant connu les écueils par mes propres naufrages, je puis les marquer, et vous tracer la route que vous devez suivre pour les éviter. Ce que vous exigez de moi serait le sujet d'un très-bon livre qui nous manque, même après tout ce que Rollin, Duguet

et Nicole ont écrit pour l'instruction des maîtres
et des disciples. Oh ! si le zèle de l'amitié, si
l'amour du bien public tenaient lieu des grands
talens qu'il faudrait pour exécuter cette entreprise, je serais sûr de ne pas mourir sans laisser
sur ma tombe un monument qui m'empêcherait
d'y descendre tout entier. Mais qu'il faut de prudence et de courage, de science et de vues, pour
attaquer les abus, indiquer les remèdes, et produire la révolution qu'il n'est peut-être donné
qu'au temps d'amener ! Cependant, comme j'aime
mieux vous voir douter de mes forces que de ma
volonté, je vais obéir un moment à vos désirs,
pour vous prouver que, lorsque je vous parais
très-modeste, je ne fais que me rendre justice
et me dépouiller de tout amour-propre. Au
reste, si je prends quelquefois le ton didactique
et les formules impérieuses des maîtres, c'est
que ce genre-ci en fait une espèce de nécessité,
et que d'ailleurs ces tournures vont au rabais des
mots. Daignez donc les excuser et les souffrir ;
vous savez combien tout ce qui appartient à la
pédanterie est éloigné de mon ton et de mon
caractère.

Doué, comme vous l'êtes, du désir d'apprendre et du besoin de savoir, capable d'application,
porté naturellement au vrai et au beau, qui sont
une même chose, il faut vous armer d'une intrépidité forte et constante, et d'une grande patience pour refaire d'abord votre éducation.

Qu'avez-vous appris jusqu'à présent ? qu'allez-
vous enseigner désormais ? .... Voilà deux questions qu'il faut vous faire à vous-même dans le
silence de votre retraite littéraire. Répondez-y
sincèrement. Consultez votre raison, écoutez-la :

elle est, comme la conscience, incapable de tromper quiconque l'interroge de bonne foi. Obéissez surtout aux conseils de l'honneur; l'honneur défend de se placer volontairement dans des positions où nous restons au-dessous de nos devoirs. Jeune pilote, garde-toi de conduire un vaisseau chargé de la fleur de nos citoyens, si tu n'as pas appris la science si compliquée de la navigation et l'art des nochers habiles.

Si vous êtes sincère avec vous-même, sans doute vous vous direz, en répondant à la première question : «Qu'ai-je appris avec méthode, que sais-je avec netteté ? Rien ; beaucoup de mots, très-peu de choses; beaucoup de choses *sur parole*, rien d'après les procédés du doute et les principes de l'évidence. Venons au détail, parcourons les anneaux de la chaîne, pour tâcher d'en saisir la liaison. Qu'ai-je examiné, qu'ai-je vérifié, qu'ai-je comparé dans les sciences philosophiques et naturelles ? Je sais des traits de l'histoire ancienne, et j'ignore absolument celle de mon pays : je connais un peu la route d'Ulysse, celle de Télémaque, les aberrations d'Énée ; mais je ne saurais suivre ni Suffren dans l'Inde, ni Lafayette dans le Nouveau-Monde, ni même nos autres héros dans leurs campagnes d'Europe. Que dis-je ? ô honte ! je ne sais pas même diviser exactement l'Espagne ou l'Italie, l'Angleterre ou..... la France. Je sais, tant bien que mal, traduire en prose latine un fragment français ; mais, mêlant, fondant et confondant ensemble Horace et Virgile, Ovide et Térence, Sénèque et Cicéron, pour former ce qu'on appelle *des périodes*, je suis probablement aussi ridicule dans mon style bariolé, que si je commençais en français une oraison funèbre d'un prélat vertueux et regretté, avec le début de la fable du *pauvre Robin Mouton*. Pourquoi, tandis que je passais pour savoir écrire en latin, ne pouvais-je parvenir à traduire le latin en français avec élégance et correction ? Quelle idée la plupart de mes maîtres donnaient-ils de leur goût, lorsqu'ils écrivaient quelques mots dans notre langue, eux qui lisaient les ouvrages modernes avec une si dédaigneuse indifférence ! Ah ! sans doute notre langue, la plus nécessaire pour nous, est aussi la plus difficile de toutes. Hélas ! et c'est celle dont j'ignore les règles, les principes, les analogies, les ressources et les divers caractères. Loin de savoir écrire, je ne sais pas même traduire. Ignoré-je en effet les deux langues ? La langue française étant nécessairement claire, *et expliquant toujours quand elle traduit*, me laisse dans un doute cruel sur mes prétendus progrès. Je compose au besoin (et pourvu que d'autres aient pensé pour moi) des vers latins que les bonnes gens admirent, parce que la mesure de nos propres talens est presque toujours celle de notre admiration : mais n'est-il pas visible que mes imitations sont des parodies, mes vers heureux de vrais plagiats, et le tout ensemble un assemblage incohérent, désassorti, bizarre, *et sans aucune utilité dans l'usage de la vie ?* Cependant je ne sais pas même lire les vers de Racine et de Boileau. Ignorant la mesure de leurs vers et le rhythme de la poésie libre, je ne puis débiter sans déclamer ; et mon ton chantant ou ampoulé ôte à La Fontaine la moitié de ses grâces, parce qu'elles tiennent souvent à l'harmonie de son style et à l'abandon de ses vers. Pourquoi mes maîtres ne m'ont-ils pas appris les élémens de ce bel art qu'on ne peut ignorer sans honte, et qu'on ne saurait haïr que lorsqu'on est pétri du limon le plus grossier de la nature, et né dans l'absence du goût et des grâces? *Qui n'aime pas les vers a l'esprit sec et lourd,* a dit un grand maître. Les vers sont en effet la musique de l'âme. « Les poètes, dit ailleurs Saint-Lambert, nous arrêtent sur les sensations délicieuses de la nature ; ils nous apprennent à jouir même d'un grand nombre de ses sensations qui auraient à peine affecté nos organes, et qui auraient échappé à la pensée. Tous ces hommes qui ont parlé avec chaleur, et dans lesquels abondent le sentiment et les images, entretiennent dans l'âme le charme de la sensibilité et de la vie. »

Mais c'est assez parler de mon ignorance sur ce point, et il est clair que les sots de ce siècle craignent l'art des vers, précisément comme, dans le siècle dernier, il était l'effroi des Tartufes.

Changeons un peu de rôle, mon cher ami; le vôtre commence à vous fatiguer, et c'est à présent moi qui vais vous éplucher.

Vous avez, dit-on, quelques notions de physique systématique : c'est fort bien ; mais pourquoi *si peu d'expérience?* Vous savez résoudre quelques problèmes de géométrie : rien de mieux ; mais le calcul d'usage vous est bien peu familier, et, s'il faut évaluer et réduire la figure irrégulière d'un jardin, vous avez besoin d'un arpenteur. Vos cahiers de métaphysique étaient longs et clairs ; pourquoi ceux de morale et de logique sont-ils si courts et si obscurs ? Vous avez récité Virgile et Horace *en entier;* j'aimerais bien mieux que vous n'en sussiez que les bons endroits, et que vous y eussiez joint les belles odes de Rousseau, quelques Épîtres de Boileau, tout son Art Poétique, la petite Grammaire du grand Arnault, la courte Logique de Dumarsais, les principes de Burlamaqui, et le Discours de Massillon sur les preuves de la *Religion*. Chose étrange ! dans la plupart des colléges on exclut de l'éducation les deux meilleurs livres de morale que nous aient laissés les Anciens : le Choix de Sénèque, où ce philosophe est admirable, *même pour le style*, et le Traité des Offices, abrégé précieux de tout le droit naturel, qui mériterait d'être appris par tout le genre humain, comme le Télémaque et le Petit Carême doivent l'être de tous ceux qui sont condamnés à régner.

J'aime beaucoup les Anciens. Homère me transporte d'admiration, et ce qu'il a de sublime m'arrache des larmes de dépit. Mais Racine, mais Rousseau, mais l'auteur de Brutus et d'Alzire ne m'exaltent, ne me désespèrent pas moins ! Horace est mon ami dans toutes les situations : j'aime à penser avec lui, il m'instruit, il me console ; mais La Fontaine, mais Gresset, ces poètes charmans, *interprètes de la nature et peintres de la raison*, sont pour moi des amis bien plus près de mon cœur. « Leur muse, dit M. de Champfort, amuse l'enfant pour en faire un homme, l'homme pour en faire un sage, et nous mènerait à la vertu en nous rendant à la nature. » J'avoue que les charmes de leur morale exprimée dans la langue maternelle et patriotique, m'attachent bien davantage, et qu'à coup sûr je sens mieux la finesse exquise de leur goût, que je ne suis certain de ne me pas tromper en admirant les grâces des Anciens. Il faut les adorer, mais sans

superstition; il faut les imiter, mais sans esclavage; il faut les traduire et les savoir par cœur,
c'est-à-dire *il faut choisir ce qu'ils contiennent
de plus excellent, et se rendre propre ce qu'ils
ont pensé de mieux.* C'est ainsi que l'auteur de
Britannicus avait lu Tacite; l'auteur de *Cinna*,
Sénèque et Tite-Live; et Boileau imitait ainsi le
législateur du Parnasse latin. L'abeille n'entasse
pas les fleurs dans sa ruche; c'est leurs sucs ex-
primés qu'elle y dépose.

On explique avec soin quelquefois six, quelquefois jusqu'à dix harangues de Cicéron : c'est
fort bien fait, sans doute ; mais, sans examiner
ici si le roi Déjotare intéresse beaucoup les *enfans*, si les enfans sentent ce que le style du discours *pro Ligario* a d'enchanteur, s'il faut expliquer à des enfans tous les détails de la seconde
Philippique, je reviens et j'insiste : pourquoi ne
pas lire et faire analyser aux élèves de l'éloquence
les beaux discours de d'Aguesseau, les éloges
modernes de nos grands hommes, la plupart
écrits avec tant de grâce et d'éloquence ? Pourquoi, si l'historien d'Alexandre est classique,
l'histoire de Charles XII ne le serait-elle pas ?
Pourquoi, si l'on choisit les meilleures lettres de
Pline et de Cicéron, ne joindrait-on pas à ce choix
les plus piquantes et les moins frivoles de madame
de Sévigné ? Il est certain que les jeunes gens
apprendraient à connaître le style et le génie d'un
bien plus grand nombre d'auteurs, et qu'ils auraient l'avantage d'orner leur esprit en épurant
leur goût. Je ne sache que quelques maîtres zélés
et courageux, qui, ayant médité le plan d'études
de M. de La Chalotais, ont osé, en dépit de la
routine, faire enfin à nos bons livres français l'hon-

neur que leur décernent les étrangers, c'est-à-
dire les lire, les expliquer à leurs disciples, en
leur montrant, et la perfection de notre art dra-
matique, et la majesté, la grandeur, l'impor-
tance des chefs-d'œuvre des Bossuet et des Bour-
daloue, et la supériorité de nos ouvrages de
philosophie. Que comparer en effet aux Descartes,
aux Malebranche, aux Pascal, aux Nicole, aux
Condillac, aux Buffon ? Enfin je voudrais qu'on
fît pour les auteurs ce que récemment quelques
historiens ont essayé pour nos héros ; qu'on fît
marcher ensemble ceux qui peuvent se comparer.
Pour moi, j'avoue que j'attache beaucoup d'estime à cette méthode, et j'ai toujours vu les jeunes
gens très-attentifs au parallèle raisonné que je leur
faisais, par exemple, de la descente d'Ulysse aux
enfers avec le sixième livre de l'Énéide, et du sep-
tième chant de la Henriade avec les livres dix-huit et
dix-neuf du Télémaque, que je regarde comme les
plus parfaits et les plus utiles de ce poème divin.

Voilà donc, mon ami, ce que vous savez.
Mais, que dis-je ? voilà bien plus certainement
ce que *vous ne savez pas*, et cela après dix ans
d'*humanités*, en vérité bien sauvages. Jetons un
coup d'œil rapide sur ce que vous allez enseigner.

Je sais qu'un jeune maître peut apprendre la
science qu'il professe, en même temps qu'il en
donne des leçons. La supériorité de raison, fruit
de l'âge, jointe à la faculté de pouvoir s'appli-
quer avec plus d'intensité, doit lui procurer
en très-peu de temps des avances dont il a besoin.

Mais voici la borne qui ne tourne pas toujours.
Tous les arts, toutes les connaissances, se tiennent
comme par la main, s'éclairent, se fortifient mutuellement. On néglige les principes élémen-

taires, les règles fondamentales; on ne suit aucune méthode, on lit sans suite, sans cesse et sans choix; et préférant toujours un livre agréablement écrit à un ouvrage bien raisonné, une traduction brillante et libre à un commentaire exact et profond; ne donnant aucune suite au développement des principes sur lesquels il faut incessamment et infatigablement revenir; outrant presque toujours l'admiration pour les beautés d'élocution, et n'analysant presque jamais les beautés qui tiennent au génie : ces mouvemens justes et passionnés, ces cris de la nature et du sentiment, ce savant mécanisme du style, qui, par la réunion de quelques termes connus, produit une expression neuve et forte, et rend avec énergie des pensées nouvelles et frappantes; ne sentant pas, dès-lors incapables de faire sentir ces beaux vers, ces phrases pittoresques qui montrent l'âme d'un auteur, ou qui peignent vivement ses idées, qui semblent attacher des ailes de feu à ses conceptions, pour les lancer dans notre âme, ou qui revêtent la pensée d'images imposantes, et d'une harmonie qui séduit les sens, pour s'emparer plus sûrement du cœur; sentant encore moins, *n'entendant pas du tout* ces expressions que créent l'observateur et le sage, lesquelles, par la profondeur de leurs résultats, la justesse de leurs rapports et l'heureuse concision de leurs tours, se gravent en caractères ineffaçables dans notre esprit, et sont comme des mines fécondes en pensées, ou des espèces de révélation qui manifestent le secret de nos propres consciences; enfin ne donnant que des leçons de rhéteur, on finit par ressembler à un architecte qui ne saurait construire que des échafauds élégans , sans jamais élever aucun édifice utile.

Si les beaux-arts sont frères, s'ils se tiennent tous par la main, enchaînés par des guirlandes de fleurs, et se transmettant l'un à l'autre le flambeau lumineux du génie; si les muses sont toutes filles de Mnémosyne, il faut donc que le jeune prêtre qui se dévoue à leur culte, encense tour à tour leurs autels; que tour à tour il sacrifie aux talens et aux grâces; il faut, pour parler sans figure, que le jeune maître possède, sinon des connaissances approfondies, du moins des notions claires , justes et variées de tous les arts d'imitation, et qu'il ait reçu de la nature ce don, *cet heureux don de plaire*, si nécessaire à quiconque se mêle d'instruire, et refusé par la nature, avec une sorte d'affectation, à presque tous ceux qui en sont chargés.

Pour bien apercevoir tout le mérite des chefs-d'œuvre poétiques qui nous représentent la nature, il faut d'abord connaître le modèle; il faut ne pas ignorer en quoi consiste l'art de l'embellir sans manquer de fidélité; il faut bien entendre la langue originale, saisir les allusions, connaître les finesses , sentir la propriété ensemble et la hardiesse des tours, la pompe et la magnificence des formes, l'élégance et la grâce des expressions, nuances quelquefois légères et fugitives dans ces langues antiques , qui, selon l'expression d'un homme d'esprit, *étaient aux arts ce que la lumière est aux couleurs.*

Peut-on sentir, en effet, tout le charme des Géorgiques , si l'on n'a suivi avec amour les détails de la vie champêtre ? Que d'expressions techniques, et belles cependant de leur simplicité ! que de descriptions où la plus exacte fidélité s'allie à la richesse des tours poétiques ! que d'allusions à la mythologie ! que d'épithètes topographiques ! que d'imitations de Théocrite, d'Hésiode et d'Homère, sinon supérieures à leurs modèles, du moins embellies d'un coloris bien plus sensible pour nous, dans une langue qu'il nous est plus facile d'entendre ! Prenez les mœurs des Germains, de Tacite, donnez-vous la peine de savoir à quels peuples modernes correspondent les *cités* (1) qu'il nomme et les nations qu'il caractérise, et vous verrez que le plaisir attaché à cette lecture vient de la comparaison que vous faites de ces anciennes coutumes avec les usages fidèlement transmis à la plupart des modernes peuplades de la Germanie. C'est l'histoire, c'est la géographie qui développent vos idées, les étendent et les multiplient. Là, vous voyez l'origine de la plupart de nos préjugés, la source de nos usages, de nos opinions, de nos lois ; la barbarie des duels ; **le** culte des femmes, *qu'ils regardaient comme des êtres divins ;* l'amour des armes, dont ils se paraient même dans leurs festins, et qui nécessairement, chez un peuple peu sobre, renouvelaient souvent les tragiques horreurs des Lapithes et des Centaures, etc., etc. Je ne vous donne que des aperçus, mais je les crois justes, et j'ose vous prédire que vos progrès littéraires et philosophiques dépendent absolument d'une instruction vaste et profonde, qui, éclairant à la fois tous les objets que vous embrassez, vous en fasse saisir tous les rapports.

Il faut donc vous instruire à fond de tout ce qui peut avoir rapport aux auteurs que vous ex-

______

(1) Diocèses.

pliquez : par-là vous dominerez toujours votre
sujet, vous satisferez aux questions qu'on vous
fera, et surtout vous *saurez questionner; « L'art
de s'enquérir*, dit Montaigne, *n'est pas le fait
d'un ignorant.»*

Vous débuterez probablement par professer ce
ce qu'on appelle *les hautes classes.* Songez que
vos disciples tiennent encore à l'enfance, et se
croient des hommes. Fortifiez cette croyance,
traitez-les en hommes raisonnables : bientôt ils le
deviendront. Vous les verrez sensibles à l'honneur, ambitieux d'estime, et vainqueurs généreux.

Il est passé le temps où l'appareil de la pédanterie était imposant; il n'est plus que ridicule,
même aux yeux des enfans, et je ne sais pas
quelle espèce d'empire peut exercer un maître
dont on rit. La pédanterie tient à l'extérieur d'un
homme et au ton de ses propos; elle tient à je
ne sais quel étalage obscur et verbeux de son inutile savoir, au mélange éternel de citations latines
dont il appuie tout ce qu'il dit mal en français ;
elle tient à une grande sévérité de morale dans
ses discours, grossièrement démentie par sa conduite; elle tient à la manière dont un pédant
loue, et au genre de punition qu'il inflige. Je
n'ai pas besoin de décrier dans votre esprit les
anciens châtimens de collége : grâce au parlement
et aux changemens arrivés dans l'éducation depuis 1762, ils sont tombés en désuétude, et *virgis
liber* serait le cri de tout coupable qu'on tenterait
en vain d'y soumettre. L'éloge et la honte, des
distinctions flatteuses, des exclusions humi-
liantes, voilà de quoi mener des enfans à la brèche :
ils sont de petits hommes, comme la plupart des
hommes ne sont guère que de grands enfans.

Exciter l'émulation sans fomenter la jalousie ; s'attacher à former le jugement en donnant des principes solides et durables, qui lient éternellement ensemble les vrais et immuables principes du beau et du bon, du bon dans les mœurs et du beau dans les arts ; agrandir l'imagination sans la rendre gigantesque ; épurer le goût sans le rendre minutieux ; exercer la sensibilité et modérer l'enthousiasme sitôt qu'il s'exalte et devient romanesque ; faire servir une foule de passions à marcher vers la vertu, comme un pilote habile fait route par des vents contraires ; jeter un frein à l'emporté, aiguillonner le lâche, ménager le faible, chercher à quoi peut être propre celui qui d'abord paraissait inepte ; attendre infiniment davantage de l'enfant qui produit des beautés *à lui*, quoique mêlé d'écarts, que du timide esprit qui n'ose rien, qui n'enfante rien, qui ne sait ni voir, ni sentir, ni peindre, quoiqu'il ait je ne sais quelle misérable et prolixe facilité à rendre les idées communes ; enfin ne jamais désespérer ni des soins, ni de la nature, et se croire dédommagé de toutes ses peines au premier acte de vertu dont on aura vu briller la saillie : tels sont en abrégé *les devoirs et les plaisirs* des maîtres, obligés de se regarder encore plus comme des officiers de morale que comme des docteurs littéraires.

SUITE DE LA LETTRE PRÉCÉDENTE.

Ne fatiguez point vos élèves d'instructions abstraites : ils ne savent encore ni décomposer, ni généraliser leurs idées ; mais ils sentent vivement, et tout ce qui frappe leur imagination peut

aller à leur cœur : il y a si près de l'une à l'autre !
Que la morale soit donc toujours mise en action ;
que les acteurs soient, s'il se peut, enfans
comme eux ; lisez-leur ces drames vrais et touchans que nous devons à l'auteur d'*Adèle* et de
l'*Ami des enfans*. *Ainsi s'emmielle la viande
salubre à l'enfance;* ainsi vos élèves se trou-
veront avoir fait un cours de *mœurs*, avant que de
savoir ce que signifie le mot de *morale*. Ajoutez à
ces lectures celle de tous les bons poëmes épiques,
celle de nos meilleurs fabulistes, l'Abrégé de
l'histoire ancienne et moderne de M. l'abbé Mil-
lot, dont vous exigerez des *analyses chronolo-
giques ;* et voilà comment la raison, l'imagination et le goût, cultivés de concert, concourent à
la perfection du cœur et de l'esprit de vos élèves.
Les livres de Port-Royal, où la religion est toujours annoncée sans petitesse et prêchée sans fanatisme, le traité de Grotius, les abrégés de
Messengui : voilà les instructions solides, sages,
précises, qui leur tiendront lieu de théologie.
Donner des principes religieux aux jeunes gens,
c'est leur préparer, en cas qu'ils s'écartent, le
seul frein qui les ramènera, je veux dire le remords. Hélas ! la nature et la corruption du siècle
les instruiront malheureusement assez tôt que si
les passions sont les voiles du navire humain,
sans lesquelles il ne peut avancer, il arrive trop
souvent qu'elles le submergent, si la religion,
qui doit servir de pilote, n'en a pas tenu le
gouvernail d'une main ferme et sûre. Au lieu de
surcharger leur mémoire d'un indigeste amas
d'exemples tronqués et disparates, exercez-les à
rendre compte sur-le-champ des divisions et sous-
divisions d'un discours méthodique, et d'environ

une demi-heure de lecture : j'ai remarqué qu'une lecture plus prolongée excède la capacité de leur attention. Rien de trop, rien d'obscur, voilà la première règle; de la netteté dans les idées, de la pureté dans l'expression, un accent vrai, point de déclamation, point de phrases trop poétiques : vous obtiendrez tout cela avec un peu de patience, en redressant doucement l'écolier qui parle; en substituant tout de suite vous-même le terme noble au mot trivial, le tour animé à la phrase traînante, la métaphore juste au vague d'une expression impropre et trop nue, l'inversion, la transposition qui rajeunit et ennoblit le style, aux procédés populaires et vieillissans du *langage parlé*.

Faites-leur contracter de bonne heure l'habitude de définir avec clarté et précision tous les termes abstraits que vous leur verrez employer au hasard. Les mots de *cœur*, d'*esprit*, de *jugement*, de *goût*, d'*imagination*, ont tous besoin de leur être expliqués; mais ils doivent en trouver l'application d'eux-mêmes. Proposez-leur des synonymes à différencier, de courtes descriptions d'un objet présent, des métaphores à tourner en comparaisons développées; prenez surtout bien garde à la manière dont vous énoncez les sujets que vous leur donnez à traiter; des matières vagues, ridicules ou surannées n'ont aucun attrait pour leurs jeunes esprits : préférez les sujets qui sont à leur portée, « tels que les
« avantages de la promenade solitaire sur toutes
« les autres; les causes qui les déterminent à
« embrasser tel état plutôt que telle profession;
« l'énumération des livres qu'ils choisiraient pour
« composer une bibliothèque à leur usage, avec

« un mot caractéristique sur chaque auteur ; la
« description d'une partie de campagne exé-
« cutée ou projetée, etc., etc., etc. » Le hasard
vous fournira souvent des sujets très-intéressans,
et la joie qui pétillera dans leurs yeux quand vous
assignerez de tels *devoirs*, sera pour vous un sûr
garant du plaisir qu'ils auront à les composer.

Voici encore une sorte d'exercice qui donne
aux jeunes gens beaucoup de facilité. L'orateur
ou le poëte étant expliqué, faites-leur répéter
l'explication exacte et littérale ; obligez-les de
tout rendre, tout jusqu'à l'inversion, jusqu'à
l'épithète en apparence la plus oiseuse ; qu'ils
ferment ensuite le livre, et rendent en bon fran-
cais ce qu'ils viennent de traduire : ils parvien-
dront bientôt à pouvoir expliquer un paragraphe
entier sur l'inspection du texte, et avec la rapidité d'une lecture. De même, après la lecture
d'un conte agréable, d'une fable latine, de la
mort de César, d'un drame de Berquin, ap-
pliquez-les sur-le-champ à l'analyse de ce qu'ils
viennent d'écouter : vous verrez sans doute des
choses qui n'auront pas le sens commun ; mais
vous rencontrerez des morceaux très-bien faits,
et soyez sûr que celui qui réussira dans ce genre
de composition est doué d'un très-bon genre
d'esprit. Pour moi, j'ai vu plus d'une fois des
enfans de quinze à seize ans écrire de mémoire
les trois divisions et les neufs sous-divisions du
discours de Massillon sur les preuves de la religion chrétienne.

Et puisque Massillon se présente ici, qu'il me
soit permis de me livrer un moment à toute mon
admiration pour la riche fécondité et la diction
enchanteresse de ce savant et sublime orateur.

J'ai toujours rendu classique son *Petit Carême*, que je regarde, non pas comme la meilleure de ses compositions oratoires, mais comme la production la plus douce, la plus utile et la plus aimable de son talent. C'est là qu'il a souvent réuni le génie bienfaisant de Fénelon et la séduisante diction de Racine. « C'est là, dit d'Alem-
« bert, que l'orateur met sous les yeux des sou-
« verains les écueils et les malheurs du rang su-
« prême; la vérité fuyant les trônes et se cachant
« pour les princes mêmes qui la cherchent; la
« confiance présomptueuse que peuvent leur ins-
« pirer les louanges même les plus justes; le dan-
« ger presque inévitable pour eux de la faiblesse
« qui n'a point d'avis, et de l'orgueil qui n'écoute
« que le sien; le funeste pouvoir de leurs vices,
« pour corrompre, avilir et perdre toute une
« nation; la détestable gloire des princes conqué-
« rans, si cruellement achetée par tant de sang et
« tant de larmes; l'Être Suprême enfin placé entre
« les rois et les peuples opprimés pour effrayer
« les rois et venger les peuples. »

Je me souviens qu'une année, je crois que c'était en 1780, après avoir constamment lu moi-même chaque semaine dans ma classe un discours choisi de cet orateur, dont j'avais exigé l'analyse oratoire, je finis par proposer son éloge pour sujet de composition. Voici le plan que sut trouver un de mes élèves, plan remarquable assurément, et qui me donna la plus haute idée de son jugement. Je dois avouer qu'il fut assez mal rempli : je n'en fus pas surpris; mais je dus être étonné d'une telle charpente, et d'Alembert lui-même, à qui je lus cet aperçu, en fut tout émerveillé.

Le jeune panégyriste considérait Massillon :

1° Comme orateur du peuple ;

2° Comme orateur épiscopal ;

3° Comme orateur des rois et des grands.

Toujours il est, poursuivait le candidat, 1° grand moraliste, et aussi bon observateur des autres que de lui-même ;

2° Grand théologien, et aussi versé dans la science de l'Écriture que dans celle de la tradition ;

3° Grand écrivain, soit qu'il peigne ou qu'il pense, qu'il presse ses raisonnemens ou qu'il trace ses tableaux, qu'il s'abandonne à ses élans, ou qu'il se livre à son abondance.

Que ne devait-on pas espérer d'un jeune homme de seize ans qui, seul et de lui-même, trouvait un pareil plan ! Quelle judiciaire ! quelle solidité ! et c'était là son moindre mérite. Les vertus de son âme étaient encore plus belles que les talens de son esprit. Il était fils unique ; il appartenait à des parens riches et vertueux qui l'adoraient ; moi-même je le respectais comme le modèle de ses pareils. Vous allez, mon ami, juger si j'exagère. J'appris vers le milieu de l'année qu'il consacrait tous les jours une heure de son temps à répéter un écolier, fils d'un pauvre artisan de son voisinage, et il mit pendant deux ou trois années autant de zèle que de suite à cette œuvre louable. Il avait un ami de son âge, très-peu fortuné, avec lequel il partageait hebdomadairement son pécule : et cela clandestinement, et en y joignant toute la pudeur dont un homme délicat doit couvrir ses plaisirs les plus vifs. Que ne devait pas attendre la société d'un cœur si noble et d'un esprit si heureusement doté !..... O douleur ! ô regrets ! le plus terrible des fléaux, ce mal horrible, abominable, qui immole tous les ans au milieu de nous tant d'intéressantes victimes, sans que nous osions adopter, pour le combattre, une pratique connue depuis long-temps chez des peuples presque barbares; la petite vérole enfin le moissonna comme une tendre fleur que dessèche et qu'emporte un vent brûlant et contagieux. Il m'avait aimé, je le pleurai; et du moins (ce souvenir console mon affliction), du moins il ne mourut pas sans entendre applaudir ses jeunes vertus. J'osai le faire proclamer en plein théâtre, en présence d'une assemblée nombreuse et respectable, et à la face de toute la jeunesse d'une grande ville....... Puisse ce triomphe honorable se renouveler quelquefois dans tous nos lycées académiques ! puissent de pareilles innovations exciter dans le sensible cœur des jeunes gens le goût et la pratique des choses honnêtes, présages sûrs d'une belle âme et d'un très-bon esprit !

Vous me pardonnerez sans doute cet épisode, mon cher ami; mon cœur m'a entraîné, et l'amitié, comme la douleur, n'est guère laconique. Revenons à nos jeunes gens.

Inspirez-leur l'amour de la lecture, mais prenez garde que ce goût ne dégénère en passion. Peu de livres, mais excellens ; qu'ils relisent souvent les mêmes, pourvu qu'ils soient tout à la fois bien pensés et bien écrits. Si la lecture ne marche de pair avec l'étude des préceptes; si l'étude des modèles n'est coupée par l'exercice de la composition; si tous les genres d'écrire ne se succèdent tour à tour avec ordre, l'élève n'apprendra point à penser, n'étendra point ses idées, ne comparera point ses connaissances, ne formera ni son goût, ni son jugement, ni son talent, ni son esprit.

Qu'il dévore d'abord les livres de Fénelon ; ceux de Bossuet, de Rollin, de Le Batteux, leur succéderont ; les ouvrages de Mallet, les parallèles de Rapin, les entretiens du P. Lami, et les Vies de nos hommes illustres qu'il doit lire avec son Plutarque, achèveront de l'instruire. Les pensées de Pascal, les Lettres d'une mère à son fils, et surtout les Lettres de quelques Juifs à M. de V., seront, avec l'excellent mandement de M. l'archevêque de Lyon sur les sources de l'incrédulité, les plus sûrs et les plus excellens préservatifs contre les erreurs du siècle.

Accoutumez-les sévèrement à l'esprit d'ordre et d'exactitude ; inspirez-leur, par vos discours et par vos exemples, le goût de la bienfaisance et le respect pour les malheureux. Que votre conduite, toujours noble et désintéressée, donne du poids à vos maximes. N'autorisez jamais la délation : c'est une source odieuse d'erreurs et d'avilissement. N'attirez point vos élèves chez vous, ne les voyez qu'en classe : ces préférences excitent mille jalousies secrètes, et ont souvent été cause des plus grands abus. Gardez-vous bien d'accorder des distinctions aux enfans des riches..... Hélas ! la fortune a déjà tant fait pour les gâter ! Redoublez au contraire et de soins et d'égards pour le fils du pauvre et de l'artisan. C'est de cette classe infime et dédaignée que sont sortis presque tous les grands hommes. Si vous leur parlez à tous, et toujours avec bienveillance, politesse et douceur, vous verrez l'amour, le respect et la docilité répondre à vos intentions délicates. J'ai vu des professeurs mordans et satiriques lancer des sarcasmes sur leurs disciples, ou les distinguer par d'insultantes épithètes. Quelle barbarie ! quelle lâche et vile gloire d'attaquer de faibles enfans qui ne savent pas répondre, ou qui s'en interdisent le droit! Cependant une plaisanterie légère et innocente peut quelquefois corriger des défauts naissans : *Ridiculum acri*, etc.

Sans doute, mon cher ami, et je me hâte de vous le dire, il n'y a rien de bien neuf dans tout ce que je viens de vous tracer ; vous trouverez dans la docte et respectable congrégation dont vous êtes membre, des mentors qui vous conduiront dans la carrière des lettres et vers la vraie sagesse, par des discours soutenus de toute l'autorité de l'exemple ; mais, puisque mon amitié pour vous n'a pas voulu résister à vos sollicitations, je vous prie de regarder cette lettre plutôt comme un acte d'obéissance et un épanchement de mon cœur dans le vôtre, que comme une pédagogie didactique. (*Béranger.*)

L'ARCHEVÊQUE D'AUCH.

Au mois de juin 1783, la France eut à pleurer la mort d'un de ces hommes rares que l'on perd toujours trop tôt. D'Apchon, archevêque d'Auch, en Gascogne, image vivante des pasteurs de la primive Église, n'existait que pour faire du bien à tout le monde. Son exactitude à remplir tous les devoirs de son état ne lui faisait pas perdre la moindre occasion de soulager ceux qui étaient dans le besoin. Il était la consolation des affligés et le soutien des malheureux ; l'indigence des autres ne lui était jamais étrangère : aussi il n'employait pour lui-même que la dixième partie de ses revenus considérables ; le reste

était pour les pauvres. On raconte mille traits
divers qui prouvent la générosité de son cœur :
nous n'en choisirons que deux, dont l'un fait
voir l'art avec lequel il voilait ses bienfaits, pour
ôter même à ceux qu'il soulageait le poids de la
reconnaissance ; l'autre démontre jusqu'à quel
héroïsme sa charité pouvait le conduire.

Celui qui est d'une naissance distinguée, et
qui, par les revers de la fortune, se trouve réduit à un état humiliant, doit inspirer beaucoup
plus d'intérêt que les autres, parce que la honte
l'empêche souvent de découvrir lui-même son indigence et de demander du secours. Si l'on rencontre donc de ces personnes, il ne suffit pas d'être
généreux à leur égard, la vraie charité veut encore qu'on ait l'attention de se conduire avec
tant de délicatesse envers elles, qu'elles ne
soient jamais dans le cas d'en rougir ; il faut donc
les secourir de manière à ne point laisser apercevoir qu'on connaît ou qu'on soupçonne même
leur besoin. D'Apchon excellait dans cet art, et
peut être proposé pour un modèle de charité dans
toute sa conduite, depuis le moment qu'il parvint
au siége d'Auch.

A peine fut-il revêtu de cette dignité, qu'il apprit
que dans sa ville archiépiscopale il y avait deux
sœurs de très-bonne famille, qui, restées seules
et sans fortune, se trouvaient contraintes à mener une vie pauvre et retirée ; elles jouissaient
cependant de la réputation de personnes sages
et vertueuses qui souffraient leur disgrâce avec
une véritable grandeur d'âme. Le prélat se sentit
touché de leur triste situation. Comme il était
ingénieux à faire du bien, il eut bientôt trouvé
un moyen d'exécuter le dessein qu'il avait formé

de leur rendre service. Voulant montrer la haute estime qu'il avait pour elles, il commença par leur faire visite avant toutes les autres dames de la ville, afin de faire connaître le respect qui leur était dû. Après les premiers complimens, il entra en conversation avec elles, et, par leurs manières franches et spirituelles, elles le confirmèrent dans la bonne opinion qu'il en avait conçue. Bientôt il laissa tomber, comme par hasard, ses regards sur un tableau qui se trouvait dans l'appartement; il commença par en faire les plus grands éloges, et leur dit : « Je donnerais volontiers deux mille écus de ce chef-d'œuvre : je n'ai jamais été tant frappé de la beauté d'une peinture ; et si je ne craignais que vous n'y fussiez trop attachées, je prendrais la liberté de vous la demander à tel prix qu'il vous plairait de fixer. » Les dames répondirent qu'elles s'estimaient trop heureuses de ce qu'il se trouvait quelque chose dans leur maison qui lui convînt, et qu'elles seraient trop flattées s'il voulait bien l'accepter en pur don. Le prélat leur rendit les plus vives actions de grâces, et accepta leur offre avec les témoignages de la sensibilité la plus touchante. Dès qu'il fut retourné à son palais, il envoya chercher le tableau, et leur fit présenter les deux mille écus. Voulant ôter à cette action généreuse toute apparence de bienfait, il leur réitéra par écrit ses remercîmens, de manière à leur faire comprendre que c'était lui seul qui recevait un présent des plus précieux.

Cette somme, qu'il trouva ainsi le moyen de faire accepter à ces vertueuses dames, fut pour elles d'une ressource infinie, sans leur donner lieu de rougir, ni même de soupçonner le charitable artifice du pieux archevêque. Pour lui, content de sa bonne action, il aima mieux passer pour un pauvre connaisseur qui s'était mépris sur la valeur d'un tableau, qui n'était réellement pas bon, que de les laisser sans secours, ou de manquer, en le leur donnant, à cette délicatesse qui était due à leur naissance.

Le feu prit pendant une nuit dans une pauvre habitation de la ville d'Auch. D'un rez-de-chaussée, où il avait commencé à s'allumer, il se communiqua à des bois et à d'autres matières combustibles qui n'étaient pas éloignées ; enfin, après avoir consumé l'escalier, il parvint jusqu'aux toits. Ceux qui habitaient dans cette maison étaient tous ensevelis pour lors dans le sommeil; mais bientôt ils furent éveillés par la fumée et par le pétillement des flammes. Ils se hâtent de courir vers l'escalier pour se sauver : le trouvant brûlé, ils poussent des cris aigus pour demander du secours. Des voisins, épouvantés par ce bruit affreux, se lèvent et volent vers le lieu où on les appelle; ils n'y arrivent que pour être témoins du spectacle le plus épouvantable qui fût jamais. Le feu avait gagné toutes les parties de l'édifice. On voyait au-dessus du toit les flammes s'élever dans les airs; les fenêtres, à moitié consumées, étaient remplies de malheureux qui faisaient entendre l'accent du désespoir.

On ne tarda pas à apporter de toutes parts des échelles qui furent appliquées aux croisées, et qui procurèrent à plusieurs de ces infortunés les moyens d'échapper à la mort ; quelques-uns, plus courageux, se glissèrent le long des cordes attachées au premier étage ; presque tous, en un mot, parvinrent à se sauver.

Il n'y restait plus que deux enfans, qui se trouvaient dans une petite chambre pratiquée dans le grenier. Leur père, qui était alors absent, pour le service de son maître, les avait par malheur laissés seuls. Incapables de s'aider eux-mêmes, ils ne pouvaient que crier ; en vain tous ceux qui étaient présens se sentaient vivement touchés de compassion pour eux : personne n'osait entreprendre d'aller à leur secours. La chambre qu'ils occupaient n'avait d'issue qu'à travers un cabinet de bois, qui était déjà à moitié consumé : on ne pouvait donc y pénétrer qu'en passant par la fenêtre ; mais outre qu'elle était très-élevée, les flammes l'environnaient déjà, et il y avait tout à craindre pour celui qui voudrait en approcher.

D'Apchon arriva dans ce moment. A la vue du danger dont ces enfans étaient menacés, il éprouva le double sentiment de la compassion et de l'épouvante. Plus effrayé pour ces innocentes victimes que pour celui qui s'exposerait à les délivrer, il commence à encourager les assistans, et à les prier d'entreprendre cette bonne œuvre ; il propose, à cet effet, une récompense de cent louis. Dès qu'il vit que personne ne s'avançait d'après cette offre, il crut qu'elle n'était pas proportionnée au péril, et il en promit aussitôt deux cents ; il ne fut pas plus heureux dans cette nouvelle tentative : chacun refusait d'exposer sa vie à un danger aussi certain.

Le prélat, aussi brave que compatissant, voyant toutes ses promesses inutiles, s'écria : « A Dieu ne plaise que nous soyons tous ici oisifs spectateurs, et que nous ayons à nous reprochèr d'avoir laissé périr sous nos yeux, au milieu des flammes, ces deux infortunés ! ce que les autres n'osent faire, je vais le tenter. » Il fait nouer aussitôt deux échelles de cordes, parce qu'une seule ne suffisait pas pour atteindre jusque-là; on les attache à la croisée de la chambre qui était voisine. Alors le **courageux** archevêque s'en approche; il monte à travers les tourbillons de flammes jusqu'au lieu où étaient les enfans, prend l'un d'eux sur ses épaules, et l'autre sous un bras, et descend ainsi par la même échelle, au milieu des acclamations de tout le peuple saisi de stupeur, et attendri jusqu'aux larmes. Il parvint enfin jusqu'à terre, où il les déposa sains et saufs.

Pourquoi de tels hommes sont-ils si rares dans le monde ! Pourquoi le Ciel envie-t-il à la terre ces héros chrétiens qui sont nés pour le bonheur et l'exemple de leurs semblables !

Fr. Soave.

FIN.

TABLE

DES MATIÈRES.

FIN.

www.ingramcontent.com/pod-product-compliance
Ingram Content Group UK Ltd.
Pitfield, Milton Keynes, MK11 3LW, UK
UKHW022100120726
13694UKWH00001B/253